国内外经典教材辅导系列·经济类

多恩布什《宏观经济学》
名校考研真题详解
（第2版）

主编：圣才考研网

www.100xuexi.com

内 容 提 要

本书是“十三五”国家重点图书《宏观经济学》(第12版，多恩布什著，中国人民大学出版社)配套的学习辅导书。本书遵循第12版的章目编排，每一章按常见的考试题型进行分类，分为名词解释、简答题、计算题和论述题。所选考研真题来自指定多恩布什所著的《宏观经济学》为考研考博参考书目的院校，并对所选考研考博真题进行了详细的分析和解答。

圣才考研网(www.100xuexi.com)提供多恩布什《宏观经济学》网授精讲班【教材精讲+考研真题串讲】、电子书、题库。购书即可免费享受一年大礼包增值服务【本书电子书+多恩布什《宏观经济学》(第12版)章节习题精编详解电子书+考研专业课咨询服务】。手机扫码(本书封面的二维码)免费领取本书大礼包。

图书在版编目(CIP)数据

多恩布什《宏观经济学》名校考研真题详解/圣才考研网主编. —2版. —北京:中国石化出版社,2019.4
国内外经典教材辅导系列
ISBN 978-7-5114-5273-3

Ⅰ.①多… Ⅱ.①圣… Ⅲ.①宏观经济学-研究生-入学考试-题解 Ⅳ.①F015-44

中国版本图书馆CIP数据核字(2019)第057236号

中国石化出版社出版发行

地址:北京市朝阳区吉市口路9号
邮编:100020 电话:(010)59964500
发行部电话:(010)59964526
http://www.sinopec-press.com
E-mail:press@sinopec.com
湖北华锦印务有限公司印刷
全国各地新华书店经销

*

787×1092毫米 16开本 13印张 323千字
2019年5月第2版 2019年5月第1次印刷
定价:48.00元

国内外经典教材辅导系列

编　委　会

序　言

多恩布什所著的《宏观经济学》(第12版)是我国众多高校采用的宏观经济学优秀教材，也被众多高校指定为“经济类”专业考研考博参考书目之一(详细介绍参见本书书后附录)。

为了帮助参加研究生入学考试指定考研考博参考书目为多恩布什所著的《宏观经济学》的考生复习专业课，提高专业课成绩，我们从指定多恩布什所著的《宏观经济学》为考研考博参考书目的名校历年考研考博真题中挑选有代表性的考研考博真题，并对所选考研考博真题进行了详细的解答。作为该教材的学习辅导书，本书具有以下几个方面的特点：

1. 针对性强，紧密结合考研考博真题。本书所选考研考博真题来自指定多恩布什所著的《宏观经济学》为考研考博参考书目的名校历年考研考博真题，使本书具有很强的针对性与参考性。另外，本书适当添加了中国人民大学、南开大学等名校近年经典考研真题，以帮助学员更好地理解和掌握相关知识点、理清解题思路和提高解题能力。

2. 全面系统，秉承“三贴近原则”，即贴近教材、贴近考研考博真题、贴近命题方向。为了强化对重要知识点的掌握，本书所选历年考研考博真题都具有一定的代表性，既注重基础知识的掌握，让学员具有扎实的专业基础，也对一些重难点部分(包括教材中未涉及到的知识点)进行详细阐释，以使考生全方位备考。

3. 解答详尽，条理清晰。本书所选部分考研考博真题有相当的难度，对每道题(包括名词解释)都尽可能给出详细的参考答案，条理分明，便于记忆，便于引导考生养成良好的应试技巧和作答思路。

与本书相配套，圣才考研网提供多恩布什《宏观经济学》网授精讲班【教材精讲+考研真题串讲】、电子书、题库。

要深深牢记：考研不同一般考试，概念题(名词解释)要当作简答题来回答，简答题要当作论述题来解答，而论述题的答案要像是论文，多答不扣分。有的论述题的答案简直就是一份优秀的论文(其实很多考研真题就是选自一篇专题论文)，完全需要当作论文来回答！

购书即可免费享受一年大礼包增值服务，手机扫码(本书封面的二维码)免费领取本书大礼包。具体包括：①本书电子书；②多恩布什《宏观经济学》(第12版)章节习题精编详解电子书；③考研专业课咨询服务。

圣才考研网(www.100xuexi.com)是圣才学习网旗下的考研考博专业网站，提供全国各高校经济类专业考研考博辅导班【一对一辅导(网授/面授)、网授精讲班等】、电子书、题库、全套资料(历年真题及答案、笔记讲义等)、经济类国内外经典教材名师讲堂、考研教辅图书等。

考研辅导：kaoyan.100xuexi.com(圣才考研网)

资格考试：www.100xuexi.com(圣才学习网)

圣才学习网编辑部

目　录

第一章 导 论

本章为导论性章节，简单介绍了三个相互联系的描述宏观经济的模型——特长期、长期和短期，将宏观经济学理论概括为三类模型予以介绍。对于本章内容，学员作简单了解即可，历年研究生入学考试未在本章出过相关考题。

第二章　国民收入核算

一、*名词解释*

1. GDP 和 GNP(中山大学 1999 研；北京大学 2011 研)

答：(1)GDP(国内生产总值)是既定时期中，一国所生产的全部最终产品和服务的价值。它包括生产的商品价值，服务的价值等。其中每种产出都以其市场价格计价，这些商品和服务的价值加在一起就得出 GDP。GNP(国民生产总值)是指一国或地区的国民所拥有的全部生产要素在一定时期内所生产的全部最终产品(物品和劳务)的市场价值。GNP 等于 GDP 加上从国外获得的作为本国生产要素的净报酬。

(2)GDP 与 GNP 这两个统计指标在统计思想上反映了是按国土原则还是国民原则进行统计的区分。GDP 按国土原则进行统计，凡是在本国领土上创造的收入，不管是否由本国国民所创造，都被计入国内生产总值。GNP 按国民原则进行统计，凡是本国国民收入，不管生产要素是否在国内，都被计入国民生产总值。

(3)国外要素支付净额(NFP)是指本国生产要素在世界其他国家获得的收入减去本国付给外国生产要素在本国获得的收入。因此，国内生产总值就可以通过国民生产总值减去国外要素支付净额获得：GDP = GNP - NFP。

2. 名义 GDP(中山大学 2002 研)

答：名义 GDP 指在计量既定时期中，以该时期的价格计价的，或者有时表示为以现值美元计价的最终产品的价值。即用生产物品和劳务的当年价格计算的全部最终产品的市场价值，它没有考虑通货膨胀因素。由于通货膨胀等原因，价格可能会发生强烈变化，故为方便比较而引入实际 GDP 的概念。实际 GDP 是指用从前某一年的价格作为基期价格计算出来的当年全部最终产品的市场价值。二者之间的关系式为：实际 GDP = 名义 GDP ÷ GDP 平减指数。

3. 实际利率(浙江大学 2003 研；华南理工大学 2009 研)

答：实际利率与“名义利率”相对而言，指物价不变，从而货币购买力不变条件下的利息率。例如，假定某年度物价变化，甲从乙处取得 1 年期的 1 万元贷款，年利息额 500 元，实际利率就是 5%。美国经济学家费雪首次在其《利息理论》一书中提出以货币和以实际财物计量利率的观点。一般物价总水平存在变动的趋势，在计算实际利率时，就必须扣除名义利率中的物价上涨率。实际利率的计算公式为：

实际利率 = 名义利率 - 物价上涨率

应该着重指出的是，名义利率适应通货膨胀的变化而变化，但并非同步的，从而现实中人们必然以预期的物价上涨率来代替公式中的物价上涨率，否则实际利率的测算往往呈现滞后的问题，但这样同时也使得实际利率水平带有较大的主观性。

4. 名义 GDP 与真实 GDP(华南理工大学 2009、2018 研)

答：GDP 是既定时期内一国生产的全部最终产品和服务的价值。根据购买者的身份，对 GDP 的需求划分为四个部分：消费、投资、政府支出与净出口，即 $Y = C + I + G + NX$。

(1)名义 GDP 计量在既定时期内，以该时期的价格计价的，或者有时表示为以现值美元计价的产品的价值。名义 GDP 年复一年地变动是因为：①产品的物质产出量在发生变化。

②产品的市场价格也在变化。由于价格变化所导致的名义 GDP 的变动，不能反映关于生产商品和服务的经济表现的任何情况，因此，在比较不同年份的产出时，应使用实际 GDP 而不使用名义 GDP。

(2)真实 GDP，又称实际 GDP，计量不同时期内经济的物质产量变化。其方法就是对两个时期中生产的产量以相同价格或以不变美元估价。

(3)名义 GDP 与真实 GDP 的关系为：真实 GDP = 名义 GDP/GDP 平减指数。而 GDP 平减指数是计量通货膨胀的有效手段。

5. GDP 紧缩指数与消费者价格指数(南开大学 2009 研；华南理工大学 2018 研)

答：(1)GDP 紧缩指数，又称 GDP 平减指数，是在给定的一年中，名义 GDP 与该年实际 GDP 的比率。由于 GDP 紧缩指数以经济中生产的全部商品为计算基础，所以，它是一个有广泛基础的物价指数，经常被用来计量通货膨胀。

(2)消费价格指数(CPI)量度代表城市消费者购买一篮子固定商品和服务的花费。

(3)GDP 紧缩指数与 CPI 有三个方面的不同：①GDP 紧缩指数计量的，是远比 CPI 涉及的范围要广泛得多的商品的价格。②CPI 计量的是一篮子年复一年没有变动的给定商品的花费。但在 GDP 紧缩指数中，包括的一篮子商品，年年有所不同。这取决于每年经济生产的是什么。③CPI 直接包括进口价格，而紧缩指数只包括在本国生产的产品的价格。

6. 真实利率与费雪效应(华南理工大学 2012 研)

答：(1)真实利率是与“名义利率”相对而言的，指的是物价不变，从而货币购买力不变条件下的利息率。例如，假定某年度物价不变，甲从乙处取得 1 年期的 1 万元贷款，年利息额 500 元，真实利率就是 5%。美国经济学家费雪首次在其《利息理论》一书中提出以货币和以实际财物计量利率的观点。一般物价总水平存在变动的趋势，在计算实际利率时，就必须扣除名义利率中的物价上涨率。

(2)费雪效应指出当通货膨胀率预期上升时，名义利率也将上升，从而揭示了通货膨胀率预期与利率之间的关系。费雪效应的提出者是著名经济学家费雪，其公式为：名义利率 = 实际利率 + 通货膨胀率。当通货膨胀率发生变化时，名义利率也会随之变化，即名义利率上升的幅度和通货膨胀率完全相等。

二、简答题

1. 谈谈你对 GDP 紧缩指数(即 GDP 平减指数)、CPI 和 PPI 的理解。(华南理工大学 2017 研)

答：(1)GDP 紧缩指数是在给定的一年中，名义 GDP 与该年实际 GDP 的比率。由于紧缩指数以经济中生产的全部商品为计算基础，所以，它是一个有广泛基础的物价指数，经常用来计量通货膨胀。GDP 紧缩指数 = 名义 GDP/实际 GDP。

(2)消费价格指数(CPI)，也称零售物价指数和生活费用指数，是反映消费品(包括劳务)价格水平变动状况的一种价格指数，一般用加权平均法来编制。消费价格指数的优点是能及时反映消费品供给与需求的对比关系，资料容易搜集，能够迅速直接地反映影响居民生活的价格趋势。其缺点是范围较窄，只包括社会最终产品中的居民消费品的这一部分，因而不足以说明全面的情况。

(3)生产价格指数(PPI)，也称为出厂价格指数，是反映全部工业产品出厂价格水平的变动趋势和变动程度的重要指标。

(4)GDP 紧缩指数与 CPI 的区别

①GDP 紧缩指数计量的商品范围远比 CPI 广泛。

②CPI 计量的是一篮子给定的商品，年复一年没有变动，但 GDP 紧缩指数所计量的一篮子商品，年年有所不同，这取决于每年经济生产的是什么。

③CPI 直接包括进口价格，而 GDP 紧缩指数只包括在国内生产的产品的价格。

④GDP 紧缩指数与 CPI 的作用会因时间不同而有所不同。例如，在进口原油价格飞涨的时代，CPI 很可能增长得比 GDP 紧缩指数快。但经过较长时间以后，两者对通货膨胀的计量结果就十分相似了。

(5)PPI 与 CPI 的区别

①覆盖的范围不同。PPI 包括原料与半成品，CPI 包括最终产品(商品和服务)。

②PPI 是设计用来计量批发销售系统早期阶段的价格。CPI 计量城市居民实际支付的价格(即处于零售水平的价格)。

2. 如何按照收入法核算 GDP？按照收入法核算，近年来，中国 GDP 的构成大致如何、面临什么挑战？(中山大学 2010 研)

答：(1)收入法，也称分配法，是从生产过程创造收入的角度，根据生产要素在生产过程中应得的收入份额以及因从事生产活动向政府支付的份额的角度来反映最终成果的一种计算方法。按照这种计算方法，GDP 由全国各行业汇总的劳动者报酬、生产税净额(生产税－生产补贴)、固定资产折旧和营业盈余四部分组成。

(2)按照收入法，中国 GDP 的构成分析

在中国，经济体的总收入被分解为四项：劳动者报酬、生产税净额、固定资产折旧和营业盈余。

劳动者报酬是指劳动者因从事生产活动所获得的全部报酬。包括劳动者获得的各种形式的工资、奖金和津贴，既包括货币形式的、也包括实物形式的，还包括劳动者所享受的公费医疗和医药卫生费、上下班交通补贴、单位支付的社会保险费、住房公积金等。

生产税净额是指生产税减去生产补贴后的余额。生产税是指政府对生产单位从事生产、销售和经营活动以及因从事生产活动使用某些生产要素(如固定资产、土地、劳动力)所征收的各种税、附加费和规费。生产补贴与生产税相反，指政府对生产单位的单方面转移支付，因此视为负生产税，包括政策亏损补贴、价格补贴等。

固定资产折旧是指一定时期内为弥补固定资产损耗，按照规定的固定资产折旧率提取的固定资产折旧，或按国民经济核算统一规定的折旧率虚拟计算的固定资产折旧。它反映了固定资产在当期生产中的转移价值。各类企业和企业化管理的事业单位的固定资产折旧是指实际计提的折旧费，不计提折旧的政府机关、非企业化管理的事业单位和居民住房的固定资产折旧是按照统一规定的折旧率和固定资产原值计算的虚拟折旧。

营业盈余是指常住单位创造的增加值扣除劳动者报酬、生产税净额和固定资产折旧后的余额。它相当于企业的营业利润加上生产补贴，但要扣除从利润中开支的工资和福利等。

因此，有如下公式：

$$增加值 = 劳动者报酬 + 生产税净额 + 固定资产折旧 + 营业盈余$$

(3)面临的挑战

中美两国按照收入法核算 GDP，通过对比，可以发现，在中国，劳动者报酬所占比重大致一直稳定在 50%。在美国，工资收入所占比重一直稳定在 65% 左右。也就是说，中国劳动者报酬所占比重有点低，经济增长过程中民众并没有获得同等的福利待遇。

3. 概要说明总支出或总需求的构成及决定。(华南理工大学2010研)

答: 根据国民收入核算的支出法,GDP的公式可写成:$GDP = C + I + G + NX$,即一个经济体的总支出或总需求由消费、投资、政府购买和净出口四部分构成。

(1)消费

家庭从他们的劳动和资本所有权中得到收入,向政府纳税,然后决定把多少税后收入用于消费,多少用于储蓄。家庭得到的收入为Y,政府向家庭征收税额T,把支付了所有税收之后的收入$(Y-T)$定义为可支配收入,家庭把它们的可支配收入分别用于消费和储蓄。消费水平直接取决于可支配收入水平。可支配收入越高,消费也越多,因此有$C=C(Y-T)$,消费是可支配收入的函数。事实上,消费除取决于可支配收入和边际消费倾向,还受利率、价格水平和收入分配的影响。

(2)投资

投资企业和家庭都购买投资品。经济学中所讲的投资,是指资本的形成,即社会实际资本的增加,包括厂房、设备和存货的增加,新住宅的建筑等。在决定投资的诸因素中,利率是首要因素。这里的利率,是指实际利率。实际利率大致上等于名义利率减通货膨胀率。在投资的预期利润率既定时,企业是否进行投资,首先就决定于实际利率的高低。利率上升时,投资需求量就会减少;利率下降时,投资需求量就会增加。总之,投资是实际利率的减函数即$I=I(r)$。

(3)政府购买

政府对物品和劳务的购买是指各级政府购买物品和劳务的支出。如果政府购买等于税收减转移支付,政府有平衡的预算。如果G大于T,政府有预算赤字,要通过发行政府债券——在金融市场上借贷——来为这种赤字融资。如果G小于T,政府有预算盈余,政府可以用这种盈余来偿还部分未清偿债务。

(4)净出口

净出口被定义为出口与进口的差额。影响净出口的因素有很多,在宏观经济学中,汇率和国内收入水平被认为是两个最重要的因素。对于出口,若实际汇率上升,则本国货币实际贬值,意味着国外商品相对于国内商品变得更加昂贵,这使本国商品的出口变得相对容易。一般来说,出口正向地受实际汇率影响。对于进口,若实际汇率上升,因国外商品相对于国内商品变得更加昂贵,故使进口变得相对困难,从而,进口反向地取决于实际汇率。由于净出口为出口与进口之差,故一般地说:净出口正向地取决于实际汇率。

除了汇率以外,进口还取决于一国的实际收入。当收入提高时,消费者用于购买本国产品和进口产品的支出都会增加。一般认为,出口不直接受一国实际收入的影响。因此,净出口反向地取决于一国的实际收入。

4. 支出法GDP由哪些部分构成?什么是最终消费率?中国最终消费率为什么偏低?(华南理工大学2012研)

答:(1)用支出法核算GDP,就是核算经济社会(指一个国家或一个地区)在一定时期内消费、投资、政府购买以及净出口这几方面支出的总和。消费支出(用字母C表示)包括购买耐用消费品、非耐用消费品和劳务的支出;投资(用字母I表示)指增加或更换资本资产的支出,包括固定资产投资和存货投资两大类;政府对物品和劳务的购买(用字母G表示)是指各级政府购买物品和劳务的支出;净出口(用字母NX表示)指进口与出口的差额。用支出法计算GDP的公式可写成:$Y=C+I+G+NX$。

(2)最终消费率是指一个国家或地区在一定时期内(通常为一年)的最终消费(用于居民个人消费和社会消费的总额)占当年 GDP 的比率。它反映了一个国家生产的产品用于最终消费的比重，是衡量国民经济中消费比重的重要指标。

(3)中国最终消费率偏低的原因

①居民收入增长速度过慢，多年来均低于经济增长 2 ~3 个百分点，直接影响消费总额。

②收入分配格局不合理也是制约消费的重要因素。初次分配中劳动者报酬偏低且持续下降，高收入群体和中低收入群体的收入差距逐年增加，影响经济发展的同时也抑制了消费增长。

③物价上涨降低了实际消费水平，房价高涨更是拉低了其他消费项目的支出。近年来消费价格指数居高不下，居民实际购买能力下降，房价畸高捆绑整个国民经济，扭曲资金配置，削弱了居民的消费能力。

④政府公共服务不足，影响居民消费预期以及跨期消费选择。教育支出大，医疗支出多，养老金制度也不健全，居民的预防性储蓄增加，挤占了正常消费支出。

⑤城镇化进程较快，但质量偏低，许多城镇人口都只是统计意义上的城镇人口，其权益未得到切实保护，享受不到基本生活保障和医疗等公共服务，消费水平也远低于一般市民。

5. 如果在 A、B 两国产出不变的前提下将他们合并成一个国家，分析合并前后对 GNP 总和有什么影响，并举例说明。(浙江大学 2001 研)

答：如果 A、B 两国合并成一个国家，对 GNP 总和不会有影响。分析如下：

国民生产总值(简称 GNP)是指一国或地区的国民所拥有的全部生产要素在一定时期内所生产的全部最终产品(物品和劳务)的市场价值。结合 GNP 的概念可以看出，GNP 所度量的是事后的产出，其值显然与观察者将其视为两个国家还是一国的两个地区无关。

例如，A 国从 B 国进口了2000 美元的产品。合并前，这2000 美元是 A 国的生产要素所生产的最终产品的市场价值；合并后，国际交易变成了国内交易，这 2000 美元仍然是 A 国的生产要素所生产的最终产品的市场价值。

6. 请指出以下各项交易是否能计入我国的 GDP；如果能，请说明其分别是 GDP 中的消费、投资、政府购买及净出口中的哪一部分；如果不能，请说明原因：

(1)国内消费者购买一台二手的海信电视机；

(2)国内投资者购买 2000 股海信电器股票；

(3)海信电器库存电视机增加一万台；

(4)也门政府购买 1000 台新的海信电视机；

(5)政府向海信公司的下岗工人提供失业救济金。(南开大学 2010 研)

答：(1)国内消费者购买一台二手的海信电视机不计入我国的 GDP。理由如下：GDP 是计算期内生产的全部最终产品和服务的价值。消费者购买的这台二手海信电视机在生产时已计入当年或以前的 GDP，因而不能再计入本期 GDP。

(2)国内投资者购买 2000 股海信电器股票不能计入我国的 GDP。理由如下：购买股票只是一种证券交易活动，是一种产权转移活动，并不是实际的生产经营活动。购买股票对个人而言是一种投资，但不是经济学意义上的投资活动，因为经济学意义上的投资是增加或减少资本资产的支出，即购买厂房、设备和存货的行为。

(3)海信电器库存电视机增加一万台需要计入我国的 GDP，属于投资的增加。理由如下：GDP 是一定时期内(往往为一年)所生产而不是所售卖掉的最终产品和服务的价值。库存的电视机可看做是海信公司自己买下来的存货投资，应计入 GDP。

（4）也门政府购买 1000 台新的海信电视机需要计入我国的 GDP，是 GDP 中净出口的一部分。理由如下：净出口指进出口的差额，其中出口应加进本国总购买量之中，因为出口表示收入从外国流入，是用于购买本国产品的支出。

（5）政府向海信公司的下岗工人提供失业救济金属于政府转移支付，不能计入我国的 GDP。理由如下：政府转移支付只是简单地把收入从一些人或一些组织转移到另一些人或另一些组织，并没有相应的物品或劳务的生产或交换发生，因此不计入 GDP。

7. 为什么说消费物价指数（CPI）往往高估了价格上涨的幅度？（对外经济贸易大学 2008 研）

答：消费者物价指数（CPI）量度代表性城市消费者购买一篮子固定商品和服务的花费。在现实中，由于以下多种原因，CPI 倾向于高估价格上涨的幅度：

（1）替代偏差：由于 CPI 衡量固定的一篮子产品的价格，所以，它没有反映出消费者用相对价格下降的产品进行替代的能力，所以相对价格变动时，其真实生活费用的上升比 CPI 慢。

（2）新产品的引进：当一种新产品进入市场时，消费者的状况变好了，因为消费者有了更多可供选择的产品。实际上，新产品的引进提高了本币的实际价值，但本币购买力的提高并没有体现在 CPI 的下降上。

（3）无法衡量的质量变化：当一个企业改善自己出售的产品质量时，产品的价格变化并非全部都是对生活费用变化的反应，如果无法衡量的质量改变是有代表性的，衡量的 CPI 的上升就比 CPI 实际的上升快。

8. 消费者价格指数及其缺陷。（浙江大学 2004 研）

答：（1）消费价格指数（CPI）也称零售物价指数和生活费用指数。它根据若干种主要日用消费品的零售价格以及服务费用而编制，用公式来表示即为：

$$CPI=\frac{\text{一组固定商品按当期价格计算的价值}}{\text{一组固定商品按基期价格计算的价值}}\times 100\%$$

（2）与 GDP 这个指标是经济福利的不完美的度量指标一样，消费价格指数也是生活成本、通货膨胀或总体物价水平的一个不完美的度量指标，其缺陷体现在以下几个方面：

①在计算消费价格指数时，假设消费者对代表性消费品的购买量一直保持不变，这个假设与现实不相吻合。由于消费价格指数衡量固定的一篮子物品的价格，所以，它没有反映消费者用相对价格下降的物品进行替代的能力导致高估总体物价水平和生活成本。

②无法衡量质量变化。随着人类技术的不断进步，产品的品质一直在不断改良，产品的价格反而不断下降，就意味着消费者的生活成本在下降。由此可见，在消费价格指数的计算中，不考虑产品品质的变化会导致高估总体物价水平和生活成本。

③消费价格指数的计算没有考虑新产品的引入。在消费价格指数的计算时，把代表性商品的种类数视为固定不变。随着新产品不断进入消费领域，广大消费者面临的选择范围更加广泛。而选择更多，意味着消费者口袋里的钱会变得更加值钱，意味着要维持相同的生活水准需要支付的钱会减少。因此，让代表性商品的种类数固定不变同样也是会导致高估总体物价水平和生活成本。

9. 在国民经济核算账户中，一个经济体一年所生产的总产量恒等于售出的总销售量，而现实中，总供给与总需求不平衡才是常态。这中间有什么矛盾吗？简述其中的道理。（中央财经大学 2004 研复试）

答：在国民经济核算账户中，一个经济体一年所生产的总产量和售出的总销售量，是实际发生的总产量和总销售量，也就是事后发生。根据国民经济核算的规则，事后的总产出和总供给必然相等。总供给和总需求是指事前计划的总供给和总需求，而计划的总供给和总需求不一定相等。因此，两者之间没有矛盾。

对国民经济核算可以有支出法、生产法和收入法。生产法反映了一段时期内一国生产总量；支出法指经济体在一定时期内消费、投资、政府购买支出和净出口等四部分的总和，实际上反映的是经济体的总销售量。由于任何生产的产品或服务都要销售出去(存货投资在广义的总销售量中)，用支出法和生产法计算的国内生产总值必然相等。因此，一个经济体一年所生产的总产量和总销售量必然相等。

总供给和总需求反映的是事前社会意愿的供给和需求。当总供给等于总需求时，企业意愿生产的产品和服务恰好满足居民意愿的需求，社会经济达到均衡状态。当总供给和总需求不相等时，意愿总供给不等于意愿总需求，就会出现非意愿的投资或者需求不能满足的情况，从而导致物价和国民产出的变化，社会经济处于非均衡状态。

综上所述，国民经济核算的会计原则导致一年总产量和总销售量必然相等，但计划的总供给和总需求不一定相等，这两者之间没有矛盾。

10. 为什么政府转移支付和证券投资收益不计入 GDP？(华南理工大学 2018 研)

答：国内生产总值(GDP)为一国或地区内所拥有的生产要素在一定时期内(通常为一年)生产的全部最终产品(物品和劳务)的市场价值。

政府所实施的转移支付，是简单地把收入从一个人或一个组织转移到另一个人或另一个组织手中，并没有发生相应物品或劳务的交换，因此转移支付不能算作 GDP 的一部分。典型的转移支付是社会保障福利金和失业救济金。

经济学意义上的投资是指物质资本存量的增加，包括房屋建设、机器制造、修建工厂、增加库存等。而证券投资多指在二级市场上证券的买卖，并不属于经济学意义上的投资，因此不计入 GDP。

11. 飓风破坏建筑等，问为什么 GDP 增加？为什么 GDP 不能真实反映社会福利水平？(南开大学 2018 研)

答：(1)GDP 是指经济社会(即一国或一地区)在一定时期内运用生产要素所生产的全部最终产品(物品和劳务)的市场价值。当飓风破坏建筑等设施时，政府会采用财政政策投入资金建设基础设施，政府支出增加，由于支出乘数的作用，社会总产出会扩大，进而 GDP 会增加。

(2)GDP 不能真实反映社会福利水平的原因

①一些物品和劳务因不能用货币衡量而难以进入市场，故不能计入 GDP，如志愿者的服务、地下活动等。

②GDP 是用货币来衡量的，而有些商品和劳务的质量和金额不成正比。有的商品品质非常好，也能带来很好的福利，但随着科技的发展价格越来越低，如计算机。

③环境的恶化和污染不能计入 GDP，但必然导致福利的下降。

④闲暇不能计入 GDP，但能增加福利的水平。

12. 请解释 CPI 与 GDP 平减指数的差别，它们各自属于拉氏指数还是帕氏指数？用这两个指数衡量生活成本时，可能会发生何种偏差？解释原因。(中央财经大学 2017 研)

答：(1)①CPI 是消费者价格指数，表示的是不同时期为购买一篮子商品所支付的成本的价格指数。这一篮子商品通常包括食品、衣服、住房、燃油、交通运输、学费及其他日常生活所必需的商品和服务。消费价格指数的公式为：

$$\text{CPI}=\frac{\text{一组固定商品按当期价格计算的价值}}{\text{一组固定商品按基期价格计算的价值}}\times 100\%$$

②GDP 平减指数是名义 GDP 与实际 GDP 之比，用公式表示为：

$$\text{GDP 平减指数}=\text{名义 GDP}/\text{实际 GDP}\times 100\%$$

(2) CPI 与 GDP 平减指数这两种衡量指标之间的区别

①GDP 平减指数衡量生产出来的所有产品与服务的价格，而 CPI 只衡量消费者购买的特定产品与服务的价格。因此，企业或政府购买的产品的价格的上升将反映在 GDP 平减指数上，而并不反映在 CPI 上。

②GDP 平减指数只包括国内生产的产品。进口品并不是 GDP 的一部分，也不反映在 GDP 平减指数上，但可能反应在 CPI 上。

③关于这两个指数对经济中许多价格加总的方法也不同。CPI 给不同产品的价格以固定的权数，而 GDP 平减指数给予变动的权数。换言之，CPI 是用固定的一篮子产品来计算的，而 GDP 平减指数允许当 GDP 组成部分变动时，一篮子产品随时间变动。

(3) ①CPI 是拉氏指数，倾向于高估人们生活费用的增加。第一，它没有考虑到，随着时间的推移，消费者用变得较便宜的物品替代原有物品的能力。第二，它没有考虑到因新物品的引进而使 1 美元的购买力提高。第三，这个指数因没有衡量物品与服务质量的变动而被扭曲。由于这些衡量问题，消费物价指数高估了真实的通货膨胀。

②GDP 平减指数是帕氏指数，倾向于低估人们生活费用的增加。GDP 平减指数基于 GDP 的概念，只反应在国内生产的所有产品和服务的整体价格走势。产品和服务的组合会自动随着时间的变动而变动。而生活产品比较固定，因此受到组合变动的影响比较大。该指数虽然考虑到不同产品的替代，但并没有反映出这种替代可能引起的消费者福利的减少。

三、计算题

1. 假设一国国民收入账户如下

GDP	6000 元
总投资	800 元
净投资	200 元
消费	4000 元
政府对商品和劳务的购买	1100 元
政府预算盈余	30 元

根据以上信息计算：

(1) NDP；

(2) 净出口；

(3) 政府税收减去转移支付；

(4) 个人可支配收入；

(5) 个人储蓄。（华南理工大学 2014 研）

解：(1) NDP 即国内生产净值，等于 GDP 减去折旧。

$$\text{折旧}=\text{总投资}-\text{净投资}=800-200=600(\text{元})$$

NDP = GDP - 折旧 = 6000 - 600 = 5400(元)

(2)净出口 NX = GDP - (C + I + G) = 6000 - (4000 + 800 + 1100) = 100(元)。

(3)因为政府税收 - 政府对商品和劳务的购买 - 政府转移支付 = 政府预算盈余，所以政府税收减去转移支付 = 政府预算盈余 + 政府对商品和劳务的购买 = 30 + 1100 = 1130(元)。

(4)个人可支配收入 = NDP + 政府转移支付 - 政府税收 = NDP - (政府税收减去转移支付) = 5400 - 1130 = 4270(元)。

(5)个人储蓄 = 个人可支配收入 - 消费 = 4270 - 4000 = 270(元)。

2. 一个国家生产香蕉和上衣两种商品，2012 年和 2013 年生产两种商品的数量和价格分别为：

	2012 年		2013 年	
	产量	价格	产量	价格
香蕉	80	2	100	2.2
上衣	5	60	10	62

请回答如下问题：

(1)分别计算 2012 年和 2013 年的名义 GDP；

(2)以 2012 年为基期，计算 2013 年的实际 GDP；

(3)计算 2013 年的通货膨胀率；

(4)假设 2013 年的名义利率是 8%，则 2013 年的实际利率为多少？(中央财经大学 2015 研)

解：(1)2012 年的名义 GDP = 80 × 2 + 5 × 60 = 460。

2013 年的名义 GDP = 100 × 2.2 + 10 × 62 = 840。

(2)以 2012 年为基年，2013 年的实际 GDP = 100 × 2 + 10 × 60 = 800。

(3)GDP 折算指数 = 2013 年名义 GDP/2013 年实际 GDP × 100% = 105%。

故 2013 年的通货膨胀率为 5%。

(4)2013 年的实际利率 = 名义利率 - 通货膨胀率 = 8% - 5% = 3%。

3. 考虑一个只生产和消费香蕉和服装的经济，下表是两个不同年份的数据。

产品	2006 年		2016 年	
	数量	价格	数量	价格
香蕉	10 万	1 元	20 万	2 元
服装	5 万	40 元	6 万	50 元

假设经济中生产的数量等于消费的数量，试回答如下问题：

(1)以 2006 年为基期，计算 2016 年的名义 GDP、实际 GDP 和 GDP 折算指数；

(2)以 2006 年为基期，计算 2016 年的 CPI 指数；

(3)在 2006 年和 2016 年之间，价格上涨了多少？比较 GDP 折算指数和 CPI 指数给出的答案，简要阐述 GDP 折算指数和 CPI 指数的特点以及在衡量生活成本方面可能存在的误差，以上表数据为例能否写出更合理的"生活成本"指数？(中央财经大学 2017 研)

解：(1)2016 年的名义 GDP = 20 × 2 + 6 × 50 = 340；

2016 年的实际 GDP = 20 × 1 + 6 × 40 = 260；

GDP 折算指数 = 名义 GDP/实际 GDP × 100% = 340/260 × 100% ≈ 130.77%。

(2)2016 年的 CPI 指数 = 固定一组商品按当期价格计算的价值/固定一组商品按基期价格计算的价值 × 100% = (10 × 2 + 5 × 50)/(10 × 1 + 5 × 40) × 100% ≈ 128.57%。

(3)①2016 年的 GDP 折算指数为 130.77%，说明价格较 2006 年上涨了 30.77%；2016 年 CPI 是 128.57%，说明价格较 2006 年上涨了 28.57%。

②特点：GDP 平减指数属于帕氏指数，因为它是由变化了的一组商品计算出来的；CPI 属于拉氏指数，因为它是由确定的一组商品计算的。

它们产生差别的原因主要在于：拉氏指数确定不同物品价格的固定加权数，而帕氏指数则确定可变的加权数。拉氏指数的加权数固定，不能反映由于相对价格发生变动而导致的购买数量的变动，因此，由拉氏价格计算出来的价格指数比由帕氏价格计算的价格指数要大。固定权数指数，比如 CPI，高估了生活成本的变化，因为它没有考虑由于相对价格发生变动而导致的购买数量的变动。另一方面，可变权数指数，比如 GDP 平减指数，低估了生活成本的变化，因为它没有考虑由于替代可能引起的消费者福利的减少。因此，不管是 GDP 平减指数还是 CPI，本身都存在缺陷，所以，无论采取哪种物价指数都很难非常清楚、确切地反映物价水平的变动情况。

更合理的"生活成本"指数可以是两个时期的加权平均价格，即链式加权规则。多种商品计算综合价格指数时，链式加权法设置了更科学的、不断变化的权重。采用链式加权方法比普通加权平均法的优点在于，它考虑了权重的动态变化，往往较普通不变权重的物价指数计算方法要低。

四、论述题

1. 什么是潜在 GDP 增长率？一个国家一定时期内潜在 GDP 增长率的高低是由什么决定的？大约 10 年前的研究表明，中国潜在 GDP 增长率为 9%左右。有人认为，从现在开始中国潜在 GDP 增长率进入下降阶段。请从理论和中国现实结合的角度给出你的看法。(华南理工大学 2013 研)

答：(1)潜在 GDP 增长率

潜在 GDP 增长率，也称潜在经济增长率，是指一国(或地区)经济所生产的最大产品和劳务总量的增长率，或者说一国(或地区)在各种资源得到最优和充分配置条件下，所能达到的最大经济增长率。这里讲的资源包括自然资源，也包括人力资源、技术和管理，还包括制度安排和经济政策。

潜在经济增长率有两种含义：一种是指正常的潜在经济增长率，即在各种资源正常地充分利用时所能实现的经济增长率；另一种是指最大潜在经济增长率，即在各种资源取大限度地充分利用时所能实现的增长率。对潜在增长率的确定需要充分考虑资源的约束条件及利用效率。

(2)潜在 GDP 增长率高低的决定因素

潜在 GDP 增长率的高低主要由人口、资本和生产率因素所决定：

①人口因素。人口因素主要包括人口结构、劳动力人数等，一国人口结构越年青化，即适龄劳动人口的比重越大，人口老龄化和抚养比越低，则一国的劳动力供给就越多，人口红利越大，从而潜在 GDP 增长率也就越高；反之，则潜在 GDP 增长率越低。

②资本因素。资本一般包括各种机器设备、厂房、道路等各种基础设施、存货等，资本数量的增加成为推动经济增长的重要因素，高储蓄率往往成为经济增长的重要原因。一国资

本存量越高，资本投资的效率越高，潜在的GDP增长率越高；反之，则潜在GDP增长率越低。

③生产率因素。一国的技术水平越高，生产率越高，从而全要素生产率对经济增长的贡献越大，潜在GDP增长率也就越高；反之，一国技术生产率越低，其潜在的GDP增长率也就越低。

(3)对中国潜在GDP增长率进入下降阶段的看法

改革开放以来我国快速的经济增长不仅源于技术进步、生产要素以及人力资本的积累，更加得益于对外开放和市场化改革等一系列制度改革的红利。近年来，随着人口结构的变化，人口红利正在面临耗尽局面。中国经济面临刘易斯拐点到来的压力。此外由于制度红利和全球化红利日益耗尽，导致全要素生产率下滑，造成中国经济潜在GDP增长率面临下行压力。中国潜在GDP增长率下降的原因主要体现在以下几个方面：

①经济增长日益依赖资本投入，全要素生产率贡献下滑

资本积累和技术进步是推动我国国民收入增长最主要的两个源泉，1981～2010年期间这两者对国民收入增长贡献的份额年均为57.7%和35.2%；劳动增长贡献的份额仅为10%。值得注意的是，2003年之后国民收入增长越来越多地倚重资本积累。2003～2010年期间，资本对国民收入增长贡献的份额达到88.4%，全要素生产率贡献的份额降为19.8%；而此前1981～2002年期间贡献份额分别为46.8%、40.7%。全要素生产率的贡献在2006年达到极值后出现持续下滑的趋势，导致中国经济增长不得不更多依赖资本增长，这不仅降低了国民收入增长的效率，也对中国经济增长的可持续性形成了挑战。

②中国社会加速老龄化，人口红利逐渐消失

在二元经济条件下，人口红利的实质在于充足和稳定的劳动力供给增长可以防止资本边际报酬递减现象出现，维持了较高的资本回报率。由于可以依靠资本的投入保持高速经济增长，此时企业具有投资动力，这正是中国经济增长的主要动力之一。不过，我国的劳动力供给增长的潜力正在耗尽。据联合国测算，我国总抚养比将由2010年的38.2%下降到2014年的37.4%，之后则将由过去的不断下降逆转为不断上升，并在2020年升至40.3%。总抚养比的上升主要是由于老年抚养比的提高(少儿抚养比则将基本保持稳定)。

统计局的调查资料显示，40岁以上农民工所占比重逐年上升，由2008年的30.0%上升到2011年的38.3%，三年中农民工平均年龄也由34岁上升到36岁。尽管每年农村新增劳动力主要会加入到农民工的行列中，但农民工年龄结构的变化，也说明农民工的“无限供给”状况在改变。随着人口红利的逐渐消失，未来资本报酬率会逐步下降，这会抑制投资，致使原有的经济增长的主要源泉逐渐耗竭，拉低经济增长速度。此外，伴随着此过程而来的工资上涨会产生较强的通胀压力。

③制度红利即将耗尽，市场化改革亟待深化

自改革开放以来我国的市场改革提供的一些制度创新是推动中国经济增长的重要原因。然而，近年来来自改革的制度红利出现了明显衰减。据测算，中国市场化指数自1981年到1999年的平均增速是13.7%，进入21世纪以后增幅则普遍降至5%以下，而且基本保持递减状态，在未来也难以改观。

④全球化红利耗尽，旧的全球分工模式不可持续

新世纪以来，随着国际分工从产业间和产业内分工向产品内分工的转变，亚洲地区垂直分工体系和区域内生产供应网络逐步形成。美欧日及“亚洲四小龙”等经济体日益转向高附

加值的资本和技术密集型生产或加工环节，大规模向外转移低附加值劳动密集型生产和加工环节。中国的劳动成本优势、经济规模优势、20 世纪 90 年代改革开放所形成的制度和政策优势，以及 2001 年加入 WTO 带来的全方位影响，使得中国成为新一轮国际产业转移的最大流入地。然而，随着人口红利和成本优势逐渐耗尽，中国被动接受国外产业转移的模式将变的不可持续。欧美金融危机之后，国际制造业巨头开始逐步将生产基地从中国东部地区转移到内地或者越南、泰国等成本更低的地区。制造业的转移固然为部分地区实现“腾巢换凤”创造了条件，但在中国在高端制造业和服务业尚不具备比较优势的时候，制造业转移可能会造成中国东南沿海地区出现“产业空心化”，从经济增长的潮头跌入“中等收入陷阱”。

综上所述，由于上述诸多方面的原因，中国潜在 GDP 增长率下降已成为必然的趋势，这是挑战也是机遇，只有顺应这一趋势，及时转变中国经济发展方式，实现产业结构的优化升级，开拓中国经济新的潜在增长点和着力点，才能减缓中国潜在 GDP 增长率下滑的趋势，实现中国经济的可持续发展。

2. 具体分析短期 GDP 的波动和潜在 GDP 的决定。（华南理工大学 2009 研）

答：(1)GDP 即国内生产总值是指经济社会（即一国或一地区）在一定时期内运用生产要素所生产的全部最终产品（物品和劳务）的市场价值。用支出法核算 GDP，就是核算经济社会（指一个国家或一个地区）在一定时期内消费、投资、政府购买以及出口这几方面支出的总和。用公式表达即为 $GDP=C+I+G+(X-M)$。短期内无论哪一个方面发生变化都会引起 GDP 的波动。

①消费。消费（指居民个人消费）支出包括购买耐用消费品（如小汽车、电视机、洗衣机等）、非耐用消费品（如食物、衣服等）和劳务（如医疗、旅游、理发等）的支出。居民的消费水平受各种因素的影响，包括消费观念，市场预期，利率等等。假如消费者预期明年产品的市场价格将会提高，那么就会增加本时期的消费，使得本年度的 GDP 水平提高。

②投资。投资包括固定资产投资和存货投资两大类。投资受利率的影响较大。利率提高，则投资减少，使得 GDP 总量减少；利率下降，投资增加，GDP 总量增加。

③政府购买。政府对物品和劳务的购买（G）是指各级政府购买物品和劳务的支出，如政府花钱设立法院、提供国防、建筑道路、开办学校等方面的支出。政府购买只是政府支出的一部分，政府支出的另一些部分如转移支付、公债利息等都不计入 GDP。假如经济处于萧条期，政府为刺激经济，实行扩张性的财政政策，增加政府购买支出，则会导致社会的总需求增加，GDP 总量增加。相反如果政府减少购买支出，则社会总需求减少，GDP 总量减少。

④净出口。净出口指进出口的差额。当净出口增加时，表示对本国产品的需求增加，促进经济的发展，使得 GDP 总量增加，当净出口减少时，表示对本国产品的需求减少，使得 GDP 总量减少。

(2)潜在 GDP 是指经济实现了充分就业时所达到的 GDP 水平。它不是一个实际产出量，一般认为只有在充分就业时，才有可能实现潜在国内生产总值，增加潜在产量的途径是增加劳动、资本等生产要素的投入，实现技术进步。

①劳动。劳动者作为生产要素投入的一个重要方面，对总产量有着非常重要的影响。当全社会人口中，劳动力人口增加、质量提高时会使得潜在 GDP 增长。

②资本。资本存量的规模及人均拥有的资本存量越多，潜在 GDP 就越高。

③技术进步。技术进步会促进生产率的提高，使得潜在 GDP 增长。

④资源配置状况。在劳动、资本、技术等要素相同的条件下，资源配置越合理则产出水

平越高。

⑤知识进展。知识进展是发达国家最重要的增长因素，这里的知识进展含义广泛，包括技术知识、管理知识和由于采用新的知识而产生的关于结构和设备更为有效的设计等等。

3. 诺贝尔经济学奖获得者保罗·萨缪尔森认为，GDP是20世纪最伟大的发明之一。从20世纪30年代GDP这一经济总量指标诞生到2014年，GDP已整整80岁了。80年来，GDP为决策者判断经济冷热、决定政策取向以及在宏观经济调控等方面都发挥了重要作用。但质疑和争论也始终伴随着这一统计指标。

(1)GDP核算是整个宏观经济统计体系的基石，请对GDP的核算方法进行介绍。

(2)GDP受到广泛质疑与现有GDP指标核算的局限性有关，请指出GDP指标的局限性主要体现在哪些方面？

(3)为了使GDP数据更加客观准确地反映一国国民经济发展的实际情况，请你提出改善GDP指标的建议。(武汉大学2011研；中山大学2012研；对外经济贸易大学2015研；华南理工大学2016研)

答：(1)GDP是指一个国家(地区)领土范围内，本国(地区)居民和外国居民在一定时期内所生产和提供的最终使用的产品和劳务的市场价值总和。GDP的核算方法主要有支出法、收入法和生产法三种。

①支出法

用支出法核算GDP，就是通过核算在一定时期内整个社会购买最终产品的总支出(即最终产品的总卖价)来计量GDP。总支出是指经济社会(指一个国家或一个地区)在一定时期内消费、投资、政府购买以及净出口这几方面支出的总和。其计算公式如下：

$$GDP = C + I + G + (X - M)$$

其中：消费 C 包括耐用消费品(如家电、家具等)、非耐用消费品(如食物、衣服等)和劳务(如理发、旅游等)，但不包括个人建筑住宅的支付。

经济学中的投资 I 是指增加或更换资本资产(厂房、设备、住宅和存货)的支出。资本产品和中间产品虽然都用于生产别的产品，但不同的是前者在生产其他物品的过程中是部分被消耗，而后者则是完全转化。资本产品的损耗一方面包括实际的物质损耗，另一方面还包括精神损耗(是指由于技术进步或者是出现了更高效的新设备而导致原设备贬值)。存货投资指存货价值的增加(或减少)，可为正值也可为负值，即期末存货可能大于(或小于)期初存货。公式中的 I 为总投资，而净投资 $= I -$ 重置投资。重置投资是指当年以前资本产品的折旧消耗。

G 为政府购买物品和劳务的支出，转移支付(救济金等)不计入政府支出。

$X - M$ 为净出口，可正可负。

②收入法

收入法即用要素收入(亦即企业生产成本)核算国内生产总值。严格说来，最终产品市场价值除了生产要素收入构成的成本，还有间接税、折旧、公司未分配利润等内容。公式如下：

$$GDP = 工资 + 利息 + 租金 + 利润 + 间接税和企业转移支付 + 折旧$$

其中：工资、利息、租金是最典型的要素收入。工资中还需要包括所得税、社会保险税；利息是指提供资金给企业使用而产生的利息，所以需要剔除政府公债利息和消费信贷利息；租金除了租赁收入外，专利和版权的收入也应归入其中。

利润是指税前利润，包括公司所得税、红利、未分配利润等。

企业转移支付包括对非营利组织的慈善捐款和消费者呆账，间接税包括货物税、销售税、周转税等。

③生产法

生产法是指从生产的角度，按产业部门汇总新创造出来的物品和劳务增加值来衡量国内生产总值。增加值是指当期生产的新增产值，即总产出与中间产品消耗的差额。最终产品价值等于整个生产过程中价值增加之总和，因此，GDP 可以通过核算各行各业在一定时期生产中的价值增值来求得。

理论上讲，支出法、收入法和生产法计算的国内生产总值应该是相等的，但在实际核算中，常有误差，所以需要加上一个统计误差。

(2)GDP 指标的局限性

西方国民收入核算通常通过 GDP 来衡量国民经济总产出水平，衡量经济发展的程度和居民的生活水平。但 GDP 并不是万能的，其局限性有以下几个方面：

①不能反映社会经济成本。例如，某地赌博和黄色交易盛行，也许该地区 GDP 很高，但是不能给人民带来幸福，只能说明社会生活腐朽。

②不能反映经济增长方式付出的代价。例如，如果只顾经济总量和速度增长，而不顾环境污染和环境破坏，那么经济可能增长了，但环境可能严重污染了，今天 GDP 上去了，明天要为治理环境付出惨痛代价。

③不能反映经济增长的效率和效益。例如，如果为了经济增长而高速拼命的耗费资源，对资源采取掠夺式的、低效率的利用，那么可能一时的经济增长上去了，但是经济增长的潜力却丧失了。

④不能反映人们的生活质量。例如。两个生产了同样多 GDP 的国家，如果一国国民十分健康人均寿命长，享受较多闲暇，另一国国民劳动十分紧张、疲于奔命、寿命短暂，那么前一国国民显然要比后一国幸福的多。

⑤不能反映社会收入和财富分配情况。例如。两国人均 GDP 相同，但一国贫富差距比另一国大得多，显然贫富差距大的国家社会总福利比较低。

(3)GDP 指标的改进意见

①提出衡量国家财富新标准

第二次世界大战前。国际社会通常以“国民财富”或“国民收入”作为衡量一国经济实力的主要指标。第二次世界大战后。改用 GDP 或国民收入(GNP)指标来衡量一国经济总量及其经济实力。世界银行专家比较了第二次世界大战前后两种统计方法之后于 1995 年公布了衡量一个国家或地区财富的新标准。新标准将一个国家的经济产出减去机器折旧和生产过程的自然资源消耗。计算出一个国家的财产净值。其内容是从人力资源、自然资源和生产资本等三个方面计算一个国家财富的总量。然后按美元计算出国家财富的人均水平。显然，人均国家财富指标越高，国家越富；反之，国家越穷。新标准把经济增长、社会发展和环境保护融为一体，是一个综合性、能比较全面地衡量一个国家财富状况的总量指标。

②构建福利型 GDP

基于 GDP 指标在反映国民福利方面的局限性和缺陷，一些经济学家先后提出了“经济福利尺度”和“纯经济福利”等新概念或指标。以对 GDP 指标的统计项目进行校正和调整。“经济福利尺度”和“纯经济福利”都是反映人们实际福利的指标。其内容是 GDP 统计还应加上闲暇和地下经济。美国经济学家诺德豪斯、托宾和萨缪尔森根据美国的统计资料分析得出：按人口平均的“经济福利尺度”或“纯经济福利”的增长远远落后于GDP的增长。因此，为了提高“经济福利尺度”或“纯经济福利”，需要对GDP的增长做出必要的调整。即需要适当放慢GDP的增长速度，以保障国民的福利，不能以牺牲国民福利为代价追逐GDP的增长。

③建立绿色GDP的考核指标

GDP作为一个经济增长的总量指标。由于没有考虑在生产过程中造成的环境污染和资源耗费所带来的损失，即GDP忽略了经济增长时所付出的沉重代价，因而存在重大缺陷。

为了弥补GDP的这一缺陷，1997年世界银行设计和推出了“绿色国内生产总值国民经济核算体系”。即将一国经济产出中的能源耗费和二氧化碳的排放量等记录于绿色账户，再将其从GDP中核减，从而形成绿色GDP。由于绿色GDP是在扣除了能源耗费、环境成本之后的国民财富，因而绿色GDP比较真实可靠。如果绿色GDP占GDP的比重越高，则表明一国经济增长的正面效应越大，而负面效应也就相应越小；反之，如果绿色GDP占GDP的比重越低，则表明一国经济增长的负面效应越大，而正面效应也就相应越小。绿色GDP是对GDP指标的一种调整。从保护环境的角度来说，启用绿色GDP的指标有利于防患于未然。虽然目前世界上还没有出现一套科学的、可操作的绿色GDP统计模式，但绿色GDP指标的提出，弥补了传统GDP在统计中的一些不足，对于构建一个能充分反映在经济产出过程中资源成本和环境成本的总量指标有积极的指导意义。

第三章　增长与积累

一、名词解释

1. 索洛剩余（浙江大学 2007 研；对外经济贸易大学 2009 研）

答：索洛剩余，又称索洛残差，由诺贝尔经济学奖得主索洛提出，指不能被投入要素变化所解释的经济增长率。具体而言，索洛剩余是指在剥离资本和劳动对经济增长贡献后的剩余部分。一般认为，剩余部分是技术进步对经济增长的贡献部分。

对于柯布－道格拉斯生产函数 $Y=AN^{1-\theta}K^{\theta}$，索洛剩余用公式可以表示为：

$$\frac{\Delta A}{A}=\frac{\Delta Y}{Y}-(1-\theta)\times\frac{\Delta N}{N}-\theta\times\frac{\Delta K}{K}$$

式中，$\frac{\Delta Y}{Y}$为总产出增长率，$\frac{\Delta N}{N}$为劳动的增长率，$\frac{\Delta K}{K}$为资本的增长率，$(1-\theta)$和 θ 分别表示劳动份额和资本份额，$\frac{\Delta A}{A}$为索洛剩余。因此，根据公式，当知道了劳动和资本在产出中份额的数据，并且有产出、劳动和资本增长的数据，则经济中的技术进步可以作为一个余量被计算出来。

2. 资本存量的黄金法则（浙江大学 2011 研；中央财经大学 2016 研；对外经济贸易大学 2017 研）

答：资本的黄金律水平是指稳定状态人均消费最大化所对应的人均资本水平，由经济学家费尔普斯于 1961 年提出的。他认为如果一个经济的发展目标是使稳态人均消费最大化，在不考虑技术进步的情况下，稳态消费 c^* 等于稳态收入 $y^*=f(k^*)$减去稳态投资$(n+d)k^*$，即：

$$c^*=f(k^*)-(n+d)k^*$$

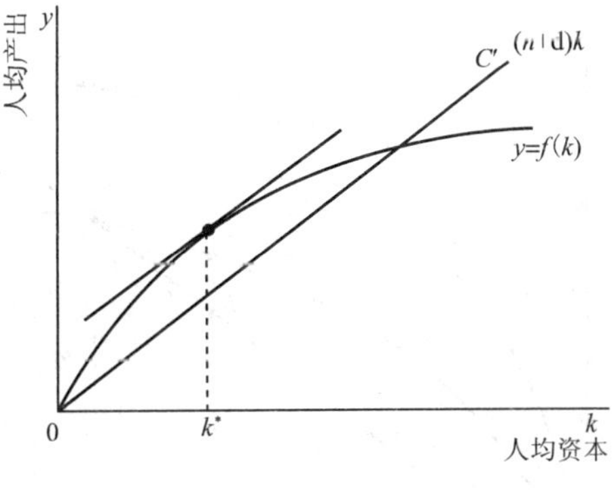

图 3－1　经济增长的黄金分割律

如图 3－1 所示，在资本边际产出的增加恰好足以满足所需投资的增长时，稳态消费达到最大化，即 $MPK(k^*)=(n+d)$。即：当资本存量处在黄金法则水平上时，资本的边际产出等于折旧率加上人口增长率（在技术进步条件下，加上技术进步率）。

从资本黄金律水平可知，当稳态的人均资本量高于黄金律水平时，则可通过增加消费使人均资本量下降到黄金律水平；当稳态的人均资本量低于黄金律水平时，则应该减少消费，提高资本存量，直到人均资本达到黄金律水平。

需要指出，一个经济并不会自动地趋向于黄金律所对应的稳态资本量。如果人们想要得到黄金律所对应的稳态资本存量，就需要一种特定的储蓄率来支持它。

3. 索洛模型中的条件趋同(中央财经大学 2015、2018 研)

答：索洛模型中的条件趋同是指世界上各经济体向各自的稳定状态趋同，其稳定状态又由储蓄、人口增长和人力资本等变量决定。索洛模型认为，在发展条件相似(如储蓄率、人口增长速度以及受教育程度等)的贫穷经济体与富裕经济体之间的差距大约每年缩小 2%，经过若干年，贫穷经济体将会赶上富裕经济体，从而在人均产出方面达到平等，这被称之为经济增长的条件趋同或收敛。

二、简答题

1. 在一个无政府、自由竞争、无技术进步和无失业的封闭经济中，人口具有固定的增长率 n，资本折旧率为 d；生产函数为 $Y=f(K, N)$，实际产出 Y 对实际资本 K 和劳动力 N 的边际产品递减，规模报酬不变。利用新古典增长模型，结合图形证明人均产出和资本存在稳定水平。(中山大学 2004 研)

答：在新古典增长模型中，所谓稳定水平是一种长期均衡状态，在这种状态下，人均资本达到均衡值并维持在均衡水平不变，在忽略了技术变化的条件下，人均产量也达到稳定状态。

经济的稳态均衡就是人均 GDP 与人均资本结合在经济保持静止状态之处，也就是人均经济变量不再改变之处，即 $\Delta y=0$ 且 $\Delta k=0$。根据规模报酬不变，人均产量表示的生产函数可写成：$y=f(k)$。假定人口增长率 n 是恒定的，$n=\dfrac{\Delta N}{N}$。假定保持一个不变的人均资本水平所要求的投资是 $(n+d)k$。假定储蓄是收入的一个固定百分数 s，因此，人均储蓄是 sy。因为收入等于产出，所以可以写成 $sy=sf(k)$。则稳态的推导过程如下：

(1)人均资本的净变化 Δk 是储蓄超过必需投资的部分：

$$\Delta k=sy-(n+d)k$$

(2)稳态定义为 $\Delta k=0$，并且在 y^* 和 k^* 处有：

$$sy^*=sf(k^*)=(n+d)k^*$$

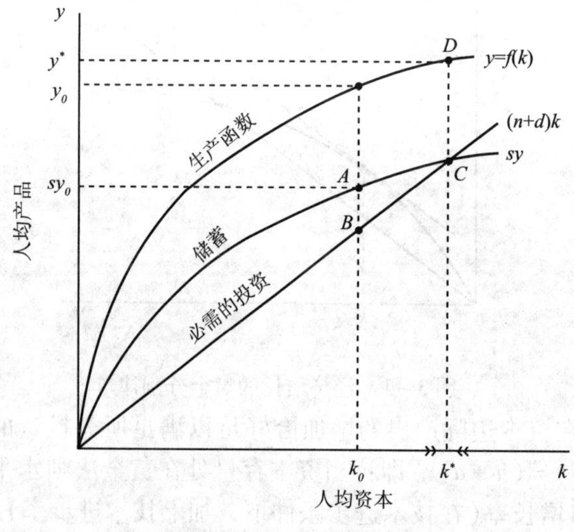

图 3-2　人均资本和人均产出的稳定水平

图 3-2 表示稳态的一个图解。当人们将其收入的一个固定百分比储蓄起来时，sy 曲线——它是产出的一个固定比例——表示在各个人均比率下的储蓄水平。直线 $(n+d)k$ 表示

在各个人均资本下，为置换损耗设备以及配备新工人所提供的机器，是维持人均资本比率固定不变所必需的投资量。在两条线的交点 C 处，储蓄和必需的投资在稳态资本 k^* 处达到平衡。稳态收入可在生产函数上的 D 点得到。

2. 新古典增长理论的四个关键结论。（浙江大学 2010 研）

答：新古典经济增长理论是美国经济学家索洛提出的，产生于20世纪50年代后期与整个60年代。新古典增长理论的四个关键结论是：

(1)稳态中的产出增长率是外生的，它等于人口增长率 n，因而独立于储蓄率 s。

(2)虽然储蓄率增加不影响稳态增长率，但可以通过提高人均资本比率来提高稳态收入水平。

(3)若允许技术进步，并存在稳态增长率的话，可得出稳态产出增长率仍是外生的。稳态的人均收入增长率由技术进步率决定。总产出的稳态增长率是技术进步率和人口增长率之和。

(4)趋同是新古典增长理论的最终预言。如果两国人口增长率、折旧率、储蓄率和生产函数相同，它们最终将达到相同的收入水平。

3. 概述经济增长(生产率增长)的源泉及促进经济增长的政策措施。(华南理工大学2012 研)

答：(1)经济增长的源泉可以分为两大类：即生产要素投入量和生产要素生产率。从生产要素投入量来看，经济增长是劳动、资本和土地投入的结果，土地可以看成是不变的，其他都是可变的。从要素生产率来看，劳动生产率和资本生产率则是指产量和投入量之比，即单位投入量的产出量。要素生产率的增长主要取决于资源配置状况、规模经济和知识进展。综上所述，影响经济增长的因素归结为六个：①劳动供给；②资本存量；③资源配置状况；④规模经济；⑤技术进步；⑥其他影响单位投入产量的因素。

(2)促进经济增长的政策

①鼓励技术进步。索洛模型表明，人均收入的持续增长来自技术进步。政府在改善技术增长方面的一个重要领域是教育；政府还应该在创造和传播技术知识方面发挥作用，鼓励和支持科技研究，直接资助大学的基础研究；并制定相应的政策，如专利制度，鼓励创新，对研发型企业提供税收减免。

②鼓励资本形成。资本存量的上升会促进经济增长。资本存量的增长是储蓄和投资推动的，因此，鼓励资本形成便主要归结为鼓励储蓄和投资，如增加储蓄率。

③鼓励劳动供给。增长核算方程表明，增加劳动供给会引起经济增长。所得税的提高减少了工人的工作所得从而会降低工作的积极性；与之相反，所得税减免是加强激励、促使人们努力工作的一个途径。与物质资本一样，人力资本也提高了一国生产物品和劳务的能力。因此，政府政策还可以提供良好的教育、培训体系，并鼓励人们利用这样的体系。

4. 在不考虑人口增长和技术进步的索洛模型中，假设经济最初处于非黄金规则稳定状态水平，并且人均资本存量 K 高于黄金规则水平 K_g。为了实现向黄金规则水平变化，储蓄率该如何调整？如果储蓄率调整的时刻为 t，自此以后人均产出、消费和投资将会如何变化，在下图中画出各变量的变化轨迹，并阐明其原因。(中国人民大学 2011 研)

答：(1)在人均资本存量 K 高于黄金规则水平 K_g 时，为了实现向黄金规则水平变化，根据新古典经济增长模型，可以通过消费掉一部分资本使人均资本下降到黄金规则的水平，为此政府应该下调储蓄率。如果储蓄率调整的时刻为 t_0，自此以后人均产出、投资均下降，但消费会上升，最后到时刻 t_1 时人均产出、投资达到一个较低的新稳态水平（或者达到较低的黄金规则水平），而消费则达到一个较高的新稳态水平。图 3－3 是各自的变化轨迹。

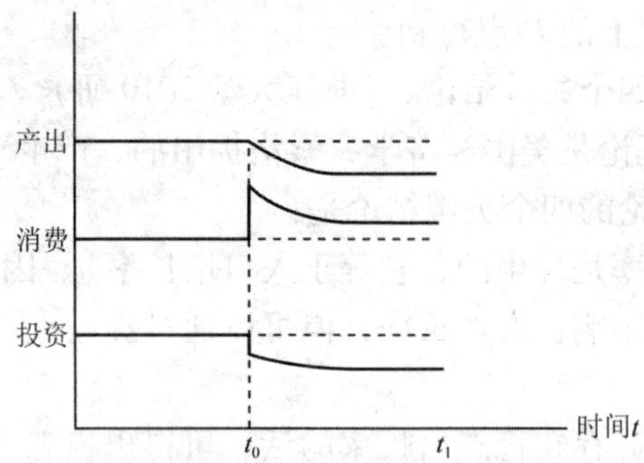

图 3－3 资本过多时降低储蓄率的影响

(2)之所以各变量的轨迹如图 3－3 所示，是因为：

索洛模型的基本方程为：$\dot{k}=sf(k)-\delta k$。其中，k 表示人均资本存量，s 表示储蓄率，δ 表示折旧率，$f(k)$表示生产函数，人均产出率为 $y=f(k)$，人均消费率为 $c=(1-s)f(k)$。

现在考虑储蓄率一次性下降（$s\to s'$，$s>s'$）。此时，在时点 t_0 处，资本存量不变，故产出水平不变，但消费上升为 $c'=(1-s')f(k)$，总投资由 $sf(k)$下降至 $s'f(k)$，净投资从 0 下降为负数。但是，随着人均资本存量趋于黄金规则水平，人均消费稳定下来，对于另外两个变量人均收入和人均投资而言也是如此，一开始有一个脉冲式的减少，但是减少速度越来越慢，最后随着人均资本存量趋于黄金规则水平，两个变量也稳定于其黄金规则水平。

5. 在有技术进步的索洛模型中，经济一旦达到稳定状态，实际利率将维持不变，实际工资将按技术进步的速度增长。

(1)请推导有技术进步的稳定状态。

(2)证明上述关于实际利率和实际工资的判断。（中国人民大学 2017 研）

答：(1)在有技术进步的索洛模型中，假设技术进步是劳动效率型的，即技术进步导致工人的有效数量增加。设 E 为劳动效率，则生产函数为：$Y=F(K,\ L\times E)$。其中，$L\times E$ 为有效工人数。劳动效率型技术进步就像增加劳动力数目一样，对产出构成影响。劳动效率 E 以不变的外生比率 g 增长：$g=\Delta E/E$，称为劳动改善型技术进步的速率。

设 $y=Y/(L\times E)$，$k=K/(L\times E)$，分别表示有效工人的人均产出和人均资本。对生产函数两边同除以 $L\times E$，得到有效工人的人均产出函数：$y=f(k)$。设储蓄率为 s，则有效工人的人均储蓄（投资）为：$sy=sf(k)$。人口增长率为 n，资本折旧率为 δ，则有效工人的人均补偿投资（资本扩展化）为：$(\delta+n+g)k$。从而资本存量的变动为：

$$\Delta k=sf(k)-(\delta+n+g)k$$

在稳定状态下有效工人的人均资本 k 是不变的，即 $\Delta k=0$。因此，当有效工人的人均储蓄和补偿投资相等时，经济达到稳定状态，即：$\Delta k=sf(k)-(\delta+n+g)k=0$，如图 3－4 所示，稳态时不变的有效工人的人均资本为 k^*。

此时有效工人的人均资本 k 不变；有效工人的人均产出 $y=f(k)$，亦不变；人均产出为 yE，以 g 的增长率增长；总产出为 yLE，增长率为 $(n+g)$。

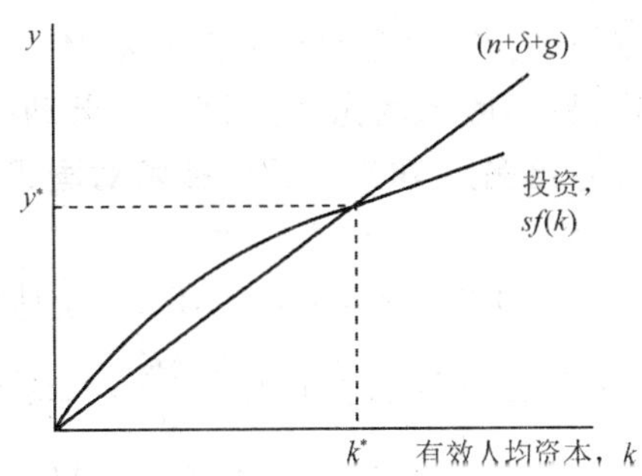

图 3－4　技术进步和索洛模型

（2）记实际利率为 r，实际工资为 w，那么生产者利润最大化条件是：以实物衡量的边际收益＝以实物衡量的边际成本，即为 $MPK = r$，$MPL = w$。

①因为 $MPK = \partial Y/\partial K = f'(k)$，而 $k = k^*$ 不变，那么 MPK 恒定不变，从而实际利率恒定不变；此外社会资本存量 $K = kLE$，增长率为 $(n+g)$，社会资本回报 $MPK \times K$ 的增长率为 $(n+g)$。

②已知 $Y = MPK \times K + MPL \times L$，又知 Y 和 $MPK \times K$ 的增长率均为 $(n+g)$，为了让 $Y = MPK \times K + MPL \times L$ 恒成立，$MPL \times L$ 必定以 $(n+g)$ 为增长率；又知 L 的增长率为 n，因此 MPL 的增长率为 g，即实际工资增长率为 g。

三、计算题

1. 给定规模收益不变的生产函数 $Q = AL^{\alpha}K^{\beta}$，根据边际生产力分配理论。证明：α 为生产要素 L 的收入在总产值中所占的份额，β 为生产要素 K 的收入在总产值中所占的份额。（华南理工大学 2011 研）

解：在生产函数 $Q = AL^{\alpha}K^{\beta}$ 式中，对函数两边求导，由微分学的知识以及微观经济学中边际产量的概念可知：

$$MPL = \frac{\partial Q}{\partial L} = A\alpha L^{\alpha-1}K^{\beta} \tag{1}$$

$$MPK = \frac{\partial Q}{\partial K} = A\beta L^{\alpha}K^{\beta-1} \tag{2}$$

在竞争性的市场上，厂商使用生产要素的原则是，将要素需求量固定在使要素的边际产品价值等于要素实际价格的水平上。设产品的价格为 P，劳动者的工资为 w，资本的价格为 r，则：

$$MPL = \frac{w}{P},\ MPK = \frac{r}{P}$$

所以劳动在总产值中所占的份额为：

$$\frac{L \cdot \frac{w}{P}}{Q} = \frac{L \cdot MPL}{Q} = \frac{L \cdot A\alpha L^{\alpha-1}K^{\beta}}{AL^{\alpha}K^{\beta}} = \alpha$$

即：生产要素 L 的收入在总产值中所占的份额为 α。

同理，资本在总产值中所占的份额为：

$$\frac{K \cdot \frac{r}{P}}{Q} = \frac{K \cdot MPK}{Q} = \frac{K \cdot A\beta L^{\alpha}K^{\beta-1}}{AL^{\alpha}K^{\beta}} = \beta$$

即：生产要素 K 的收入在总产值中所占的份额为 β。

2. 一国国民经济增长率为5%，其中资本增长率为4.2%，劳动增长率为1.7%，土地增长率为2.2%。资本收入占国民总收入的比例为30%，劳动收入占国民总收入的比例为60%，土地收入占国民总收入的比例为10%，那么技术对国民经济增长率的贡献是多少？（清华大学2011研）

解：由题意可知，劳动份额 $\alpha=0.6$，资本份额 $\beta=0.3$，土地份额 $\gamma=0.1$，国民经济增长率 $\frac{\Delta Y}{Y}=0.05$，劳动增长率 $\frac{\Delta N}{N}=1.7\%$，资本存量增长率 $\frac{\Delta K}{K}=4.2\%$，土地增长率 $\frac{\Delta L}{L}=2.2\%$。

将相关数值代入到经济增长核算方程 $\frac{\Delta Y}{Y}=\alpha\times\frac{\Delta N}{N}+\beta\times\frac{\Delta K}{K}+\gamma\times\frac{\Delta L}{L}+\frac{\Delta A}{A}$，可得：

$$\frac{\Delta A}{A}=\frac{\Delta Y}{Y}-\alpha\times\frac{\Delta N}{N}-\beta\times\frac{\Delta K}{K}-\gamma\times\frac{\Delta L}{L}=2.5\%$$

所以，技术对国民经济增长率的贡献是2.5%。

3. 假定一个经济体的总量生产函数是 $Y=K^{\alpha}L^{1-\alpha}$，市场是完全竞争的，生产要素按照边际贡献参与分配，请问资本所得和劳动所得占GDP的比重是多少？劳动所得所占比重在什么情况下可能下降？（中山大学2011研）

解：根据总量生产函数，可得劳动和资本的边际产量，即：

$$MPK=\alpha K^{\alpha-1}L^{1-\alpha},\ MPL=(1-\alpha)K^{\alpha}L^{-\alpha}$$

在竞争性的市场上，厂商使用生产要素的原则是，将要素需求量固定在使要素的边际产量等于要素实际价格的水平上，因此，表达式 $MPL\times L$ 和 $MPK\times K$ 分别为劳动和资本的收益，从而表达式 $\frac{MPL\times L}{Y}$ 就是劳动收益在产出中所占的份额。表达式 $\frac{MPK\times K}{Y}$ 是资本收益在产出中所占的份额。

$$\frac{MPK\times K}{Y}=\frac{\alpha K^{\alpha-1}L^{1-\alpha}\times K}{K^{\alpha}L^{1-\alpha}}=\alpha,\quad \frac{MPL\times L}{Y}=\frac{(1-\alpha)K^{\alpha}L^{-\alpha}\times L}{K^{\alpha}L^{1-\alpha}}=1-\alpha$$

即资本所得占GDP的比重为参数α，劳动所得占GDP的比重为参数1－α。

当劳动的边际产量下降或劳动使用量下降时，劳动所得占GDP的比重有可能下降。

4. 某生产函数为古典增长模型：$Y=K^{0.5}N^{0.5}$，Y 代表总产出，K 代表总资本存量，N 代表劳动数量。假设劳动数量以 $n=0.07$ 速度增长，K 以 $\delta=0.03$ 速度折旧，求：

(1)资本与劳动的收入份额各是多少？

(2)如果储蓄率 $s=0.2$，求稳定状态下人均资本 k 和人均产出 y 的值？

(3)稳定状态下的人均产出 y 的增长率是多少？总产出 Y 的增长率又是多少？（浙江大学2012研）

解：(1)由生产函数 $Y=K^{0.5}N^{0.5}$ 以及柯布－道格拉斯生产函数的性质可知，资本与劳动的收入份额分别为0.5。

(2)由生产函数可得，$y=k^{0.5}$，根据新古典增长模型稳定状态条件 $sy^{*}=(n+\delta)k^{*}$，可得：

$$0.2\times k^{0.5}=(0.07+0.03)\times k$$

解得：稳定状态下，人均资本 $k=4$。

人均产出 $y=4^{0.5}=2$。

(3)根据新古典增长理论的结论，稳定状态下，人均产出 y 的增长率为0，总产出 Y 增长率等于劳动力增长率，为7%。

5. 给定一国的生产函数 $Y=(AN)^{1/2}K^{1/2}$，$A=1$。储蓄率为0.6，人口增长率为2%，折旧率为8%。

(1)求出稳态的人均产出，人均资本量和人均消费水平。

(2)求出黄金律资本量，人均产出和消费量以及相应的储蓄率。

(3)高储蓄率引致的高产出是否一定意味着更高的居民福利。为什么?

(4)如果 $A=K/(16N)$，资本的边际产出、总产出增长率和人均产出增长率是多少? (对外经济贸易大学2016研)

解:(1)由于 A 是常数1，所以该生产函数不考虑技术进步，$Y=N^{1/2}K^{1/2}$。

由题意得，人均增长函数为 $y=Y/N=(K/N)^{1/2}=k^{1/2}$。

由新古典增长模型结论可知，在稳态条件下有 $sy=(n+\delta)k$。

将题目中相关数值代入，得到：$0.6k^{1/2}=(0.02+0.08)k$。

解得 $k=36$，$y=6$。人均消费量 $c=y-sy=6-3.6=2.4$。

(2)在黄金律资本量水平下，稳态消费达到最大化，$\mathrm{d}y/\mathrm{d}k=n+\delta$，即：

$$0.5k^{-1/2}=n+\delta=0.02+0.08$$

解得 $k=25$，$y=5$。

由 $sy=(n+\delta)k$，可得 $s=0.5$。

(3)不一定。由上题可知，更高的储蓄率虽然带来更高的人均产出，但牺牲了当前的消费。

(4)将 A 代入总量生产函数得：$Y=0.25K$，同时除以 N，得到人均生产函数 $y=0.25k$。该生产函数仍然是不考虑技术进步的生产函数。资本的边际产出为 $\mathrm{d}y/\mathrm{d}k=0.25$。

则相应人均储蓄为 $sy=0.6\times0.25k=0.15k$，资本广化为 $(n+\delta)k=0.1k$，所以该生产函数没有稳定状态，始终存在资本深化 $\Delta k=sy-(n+\delta)k=0.05k$，人均产出增长率为0.05，则总产出 $Y=yN$ 增长率为 $0.05+0.02=0.07$。

6. 索洛增长模型中，产量 $Y_t=K_t^{\theta}[(1-u_n)L_t]^{1-\theta}$，其中 t 代表第 t 时期，u_n 为自然失业率。

(1)求稳态时的人均产量 Y_t/L_t 与人均资本 K_t/L_t。

(2)当政府运用某种措施使自然失业率 u_n 降低时，会对当期以及稳态时的人均产出造成什么影响?对哪个的影响会更大?

(3)求黄金律人均资本与黄金律储蓄水平，并分析自然失业率 u_n 变动会对二者的影响。 (南开大学2017研)

解:(1)令 $k_t=K_t/L_t$，$y_t=Y_t/L_t$，则人均产量函数为：

$$y_t=(1-u_n)^{1-\theta}k_t^{\theta}$$

设储蓄率为 s，资本折旧率为 δ，劳动力增长率为 n，技术进步率为 g。则资本深化为：

$$\Delta k_t=sy_t-(n+\delta+g)k_t=s(1-u_n)^{1-\theta}k_t^{\theta}-(n+\delta+g)k_t$$

当达到稳态时，$\Delta k_t=0$，解得：

$$k_t=(1-u_n)\times\left(\frac{s}{n+\delta+g}\right)^{\frac{1}{1-\theta}}$$

$$y_t=(1-u_n)\times\left(\frac{s}{n+\delta+g}\right)^{\frac{\theta}{1-\theta}}$$

所以，稳态时的人均产量为：

$$\frac{Y_t}{L_t}=(1-u_n)\times\left(\frac{s}{n+\delta+g}\right)^{\frac{\theta}{1-\theta}}$$

人均资本为：

$$\frac{K_t}{L_t}=(1-u_n)\times\left(\frac{s}{n+\delta+g}\right)^{\frac{1}{1-\theta}}$$

(2)当自然失业率 u_n 降低时，$1-u_n$ 提高，则当期人均产出 $y_t=(1-u_n)^{1-\theta}k_t^{\theta}$ 和稳态的人均产出 $y_t=(1-u_n)\times\left(\frac{s}{n+\delta+g}\right)^{\frac{\theta}{1-\theta}}$ 都会提高。

又因为 $0\leqslant 1-u_n\leqslant 1$，$0\leqslant 1-\theta\leqslant 1$，所以 $(1-u_n)^{1-\theta}\geqslant 1-u_n$。所以自然失业率降低对当期人均产出的影响更大。

(3)由人均生产函数 $y_t=(1-u_n)^{1-\theta}k_t^{\theta}$ 得：

$$y_t'=\theta(1-u_n)^{1-\theta}k_t^{\theta-1}$$

在人均消费最大化时有：

$$y_t'=\theta(1-u_n)^{1-\theta}k_t^{\theta-1}=\delta+n+g$$

解得黄金律人均资本：

$$k_{gold}=(1-u_n)\times\left(\frac{\theta}{\delta+n+g}\right)^{\frac{1}{1-\theta}}$$

此时有 $s=\theta$。黄金律人均储蓄水平：$sy=\theta(1-u_n)\times[\theta/(\delta+n+g)]^{\theta/(1-\theta)}$。

由此可以看出自然失业率 u_n 下降，黄金律人均资本和黄金律人均储蓄水平都将上升；自然失业率 u_n 上升，黄金律人均资本和黄金律人均储蓄水平都将下降。

7. 假设 y 表示人均有效劳动的产出，k 表示人均有效劳动的资本，考虑由以下生产函数的索洛增长模型描述了一个经济：$y=\sqrt{k}$。

(1)解出 y 作为 s(储蓄率)、n(人口增长率)、g(技术进步速度)和 δ(折旧率)的函数时，达到稳定状态时的值。

(2)假设一个发达国家的储蓄率为28%，人口增长率为每年1%；一个不发达国家的储蓄率为10%，人口增长率为每年4%。而在这两个国家中，$g=0.02$，$\delta=0.04$。求出每个国家稳定状态的 y 值。

(3)对于生产函数为 $y=\sqrt{k}$ 的经济体，黄金律时的储蓄率是多少？(中央财经大学2018研)

解：(1)根据索洛增长模型，当经济达到稳态时，满足条件：$sy=(n+g+\delta)k$，因为 $y=k^{1/2}$，所以可以解出 $k^*=[s/(n+g+\delta)]^2$。

所以稳态人均收入为：$y^*=s/(n+g+\delta)$。

(2)对于发达国家而言，稳态收入为：

$$y_1^*=\frac{s}{n+g+\delta}=\frac{28\%}{1\%+2\%+4\%}=4$$

对于不发达国家而言，稳态收入为：

$$y_2^*=\frac{s}{n+g+\delta}=\frac{210\%}{4\%+2\%+4\%}=1$$

(3)黄金律时 $MPK=n+g+\delta$，可求得：

$$k^*=\frac{1}{4(n+g+\delta)^2}$$

由：

$$s\sqrt{k^*}=(n+g+\delta)k^*$$

可得 $s=50\%$。即黄金律时的储蓄率为 50%。

四、论述题

1. 下图是世界上几个经济体过去200年间的增长纪录，其中纵轴和横轴分别是按1990年美元度量的人均收入和时间。根据图形和你所知道的相关知识，回答下面问题。

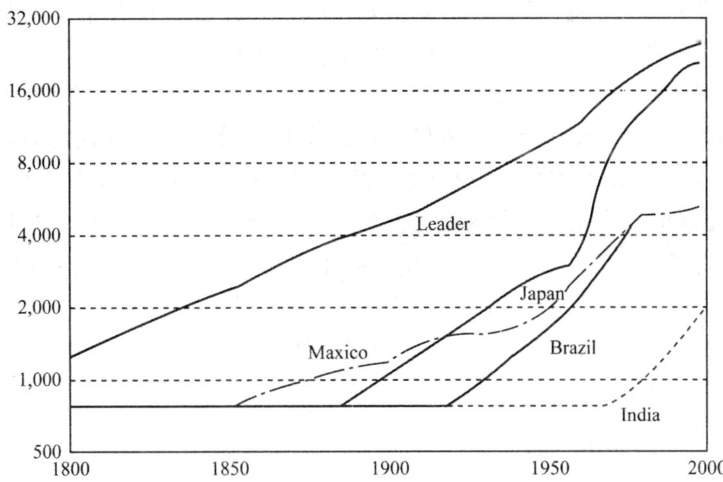

(1) 在过去200年里，一些发达经济体为什么一直存在人均意义上的经济增长？结合你所知道的相关知识，给出理论上的解释。

(2) 在过去200年里，一些经济体先后开始了人均意义上的经济增长。这意味着在世界范围内存在趋同吗？给出你的判断及理由。

(3) 在过去200年里，一些经济体一直存在经济增长，而一些经济体却一直没有经济增长。结合你所知道的相关知识，对这种现象给出理论上的解释。（中山大学2012研）

答：(1) 基本的索罗模型表明，资本积累本身并不能解释持续的经济增长：高储蓄率只能导致暂时的高增长，但经济最终达到一个稳态，此时人均资本保持不变。人均意义上的经济增长来源于技术进步，因此应该从技术进步的角度来考察经济增长。在人类历史的大部分时间，经济更多的体现为总产出的增长，更具体来说是人口的增长。在18世纪末期和19世纪初期，即工业革命时期，劳动生产率增长停滞的状况发生了根本的变化，开始出现了真正意义上的技术进步，经济增长开始起步。

(2) 全球范围内不存在落后经济体赶超发达经济体的趋势，不存在世界范围的趋同。统计研究发现，就1960～1985年间100多个经济体的实际情况来看，并不存在落后经济体赶超发达经济体的趋势。索洛模型对趋同是否会发生做出了清楚的预测。根据该模型，两个经济体是否趋同取决于初始差异。如果两国仅资本存量不同，则可预期两个经济体将趋同，有着较少资本存量的较穷经济体自然将增长得更快，以达到稳定状态。但是，如果两个经济体有着不同的稳定状态，也许是由于这些经济体有着不同的储蓄率、生产函数、折旧率、人口增长率、技术进步率，那么就不应当预期它们会趋同。相反，每一个经济体将达到它自己的稳定状态。

最近的实证研究得出的结论为：世界上的各经济体显示出有条件的趋同，即它们看来向其本身的稳定状态趋同，其稳定状态则由储蓄、人口增长、资本折旧、技术进步、生产函数决定。

当然，如果把注意力限制在经济发展环境比较相似的一组国家或地区，那么就可能发现趋同现象。比如，20 世纪 80、90 年代，亚洲新兴国家经济的快速发展，就表明在一定程度上存在着趋同的可能。

(3)在过去 200 年里，一些经济体一直存在经济增长，而一些经济体却一直没有经济增长，其原因是多方面的。经济增长的影响因素多种多样，除了必要的要素投入，如劳动力、资本等硬投入要素外，还有制度变迁、文化等软因素。经济增长并不是由某一因素就能决定，不同区域、历史背景、文化氛围、资源禀赋等都会导致经济增长上的差异。各国资源禀赋的差异、社会制度的差异等等都能够解释为什么各国经济增长存在较大的差异。

2. 什么叫全要素生产率？根据经济增长核算理论，分析影响现在西方发达国家经济增长的主要因素是什么？其表现形式是什么？（华南理工大学 2010 研；南开大学 2017 研）

答：(1)全要素生产率又称“总要素生产率”，用于衡量将资本和劳动这些生产要素投入对产出增长率的贡献扣除之后，其他各种生产要素对产出增长率的综合贡献。其他各种生产要素综合反映了技术进步(主要包括知识的增进、资源配置的改善、规模经济的作用)等在经济增长中的作用。以具体的生产函数 $Y=AK^{\alpha}L^{\beta}$ 为例，式中，Y、K 和 L 分别表示总产出、资本投入量和劳动投入量，α 和 β 分别是相应的权数，A 表示全要素生产率，则全要素生产率的增长为：$\frac{\Delta A}{A}=\frac{\Delta Y}{Y}-\alpha\frac{\Delta K}{K}-\beta\frac{\Delta L}{L}$。

(2)经济增长是一个复杂的经济和社会现象。影响经济增长的因素很多，正确认识和估计这些因素对经济增长的贡献，对于理解和认识现实的经济增长和制定促进经济增长的政策都至关重要。根据丹尼森和库兹涅茨对经济增长的分析可知，当代西方发达国家经济增长的主要因素有：

①知识存量的增长

知识存量包括的范围很广，它包括技术知识、管理知识的进步和由于采用新的知识而产生的结构和设备的更有效的设计，还包括从国内的和国外的有组织的研究、个别研究人员和发明家，或者简单的观察和经验中得来的知识。

随着社会的发展和进步，人类社会迅速增加了技术知识和社会知识的存量，当这种存量被利用的时候，它就成为现代经济高比率的总量增长和迅速的结构变化的源泉。但知识本身不是直接生产力，由知识转化为现实的生产力要经过科学发现、发明、革新、改良等一系列中间环节。在知识的转化过程中需要有一系列中介因素，这些中介因素包括：对物质资本和劳动力的训练进行大量的投资；企业家要有能力克服一系列从未遇到的障碍；知识的使用者要对技术是否适宜运用作出准确的判断等。在这些中介因素作用下，经过一系列知识的转化过程，知识最终会变为现实的生产力，从而推动了生产率的增长。

②劳动力质量的提高

劳动或人力资源包括一国投入的劳动数量和劳动的质量。从劳动投入的数量来说，劳动投入量受到劳动人口、劳动时间等因素的影响。一般来说，就业人数越多，劳动的投入量就越大，但是在其他条件不变的情况下，单纯就业人数的增加，至多只能增加一国的产出总数，而无法提高人均国民产出。劳动的质量包括劳动者各方面的能力，如掌握的知识、具体的技能、体力、个人的追求、价值取向等等，在现代世界中，劳动的质量比劳动的数量更为重要，劳动力质量的提高可以提高生产率，从而促进经济增长。

③结构变化

库兹涅茨认为，发达的资本主义国家在它们增长的历史过程中，经济结构转变迅速。从部门来看，先是从农业活动转向于非农业活动，后又从工业活动转移到服务性行业。从生产单位的平均规模来看，是从家庭企业或独资企业发展到全国性，甚至跨国性的大公司。从劳动力在农业和非农业生产部门的分配来看，以前要把农业劳动力降低50个百分点，需要经过许多世纪的时间，现在由于结构的迅速变化，在一个世纪中，农业劳动力占全部劳动的百分比就减少了30个到40个百分点。库兹涅茨强调，发达国家经济增长时期的总体增长率和生产结构的转变速度都比它们在现代化以前高得多。库兹涅茨把知识力量因素和生产因素与结构因素相联系起来，以强调结构因素对生产率和经济增长的影响。

④资本积累

资本包括各种机器设备、生产性建筑物、道路等各种基础设施、存货(包括原材料存货、在制品、制成品、零部件存货等等)。从工业革命以来，资本数量的增加成为推动经济增长的重要因素，高储蓄率往往成为经济增长的重要原因。同时，资本也是多种多样的，高效、先进的资本品的出现和普遍使用既是经济增长的体现，也是提高生产率和实现经济增长的手段。

⑤技术进步

在土地、劳动、资本、技术四种要素中，技术是最重要的要素，原因在于，相对于其它三种要素而言，技术进步既不会受到总量上的限制，也不会出现边际报酬递减的情况。土地、劳动、资本要素都受到存量的限制，同时具有边际报酬递减现象，这就决定了这些要素的增加对经济增长的贡献是递减的。根据新古典经济增长模型，在没有技术进步的情况下，经济增长会收敛于均衡路径上，而原因在于要素的边际报酬递减。这里的技术进步是广义的，包括科学技术、管理水平、企业家精神等方面，技术进步最终体现在新生产要素的采用、生产过程的改进和新产品或新劳动的引入等方面。技术进步不会产生边际报酬递减的现象，同时知识储存量可以由人类创造出来，这就决定了技术不存在存量上的限制。

⑥制度创新

制度是实现某种功能和特定目标的社会组织乃至整个社会的一系列规范体系。制度创新是在人们现有的生产和生活环境条件下，通过创设新的、更能有效激励人们行为的制度来实现社会的持续发展和变革的创新。所有创新活动都有赖于制度创新的积淀和持续激励，通过制度创新得以固化，并以制度化的方式持续发挥着自己的作用，这是制度创新的积极意义所在。

制度创新的核心内容是社会政治、经济和管理等制度的革新，是支配人们行为和相互关系的规则的变更，是组织与其外部环境相互关系的变更，其直接结果是激发人们的创造性和积极性，促使不断创造新的知识和社会资源的合理配置及社会财富源源不断的涌现，最终推动社会的进步。

3. 运用经济增长理论相关知识论述一国如何实现长期经济增长。（华南理工大学2012、2017研；南开大学2015研）

答：(1)经济增长是指在一个特定时期内经济社会所生产的人均产量和人均收入的持续增长。通常用一定时期内实际国内生产总值年平均增长率来衡量。经济增长的源泉可以分为两大类：生产要素投入量和生产要素生产率。

从生产要素投入量来看，经济增长是劳动、资本和土地投入的结果。土地可以看成是不变的，其他都是可变的。从要素生产率来看，劳动生产率和资本生产率则是指产量和投入量之比，即单位投入量的产出量。要素生产率的增长主要取决于资源配置状况、规模经济、技术水平和知识进展。影响经济增长的因素可归结为六个：①劳动供给；②资本存量；③资源配置状况；④规模经济；⑤技术进步；⑥其他影响单位投入产量的因素。

(2)新古典增长理论将长期增长归因于技术进步，但对于技术进步的来源并未分析，而是作为既定的假设，即经济增长外生化。索洛模型的一个重要结论是长期经济增长率由技术进步的速率 g 唯一的决定。因此，按照索洛模型的逻辑，所得出的结论是以假定增长来建立增长模型。

为了解释经济增长的来源，弥补索洛模型的缺陷，罗默提出了一个具有外溢性知识的增长模型，在这个模型中，罗默假设技术进步是通过投资的外在性来实现的，由于知识的这种中间产品性质，使知识具有了外部性，因而整个经济中生产的规模报酬递增。罗默更是通过引入一个显性的研究与开发部门来解释技术进步的内生性来源。卢卡斯则通过引进人力资本积累因素(主要是人力资本的外在性与人力资本生产中的正反馈)来解释经济增长的内生性。

内生增长理论认为，如果对资本 K 作出更广义的解释，资本边际收益不变(而不是边际收益递减)的假设就更合理。因为认为知识具有边际收益递减的性质是不合理的，如果接受知识是一种资本的观点，那么，假设资本边际收益不变的内生增长模型就更合理地描述了长期经济增长。而新古典增长模型并没有把人力资本知识等视为资本，故认定资本具有边际收益递减的规律。

(3)实现长期经济增长的政策

①鼓励技术进步。索洛模型表明，人均收入的持续增长来自技术进步。政府在改善技术进步方面的一个重要领域是教育；政府还应该在创造和传播技术知识方面发挥作用，鼓励和支持科技研究，直接资助大学的基础研究；并制定相应的政策，如专利制度、鼓励创新、对研发型的企业提供税收减免。

②鼓励资本形成。资本存量的上升会促进经济增长。资本存量的增长是储蓄和投资推动的，因此，鼓励资本形成便主要归结为鼓励储蓄和投资，如增加储蓄率。

③鼓励劳动供给。增长核算方程表明，增加劳动供给会引起经济增长。所得税的提高减少了工人的工作所得从而会降低工作的积极性；与之相反，所得税减免是加强激励，促使人们努力工作的一个途径。与物质资本一样，人力资本的增加也提高了一国生产物品和劳务的能力。因此，政府政策还可以提供良好的教育、培训体系，并鼓励人们利用这样的体系。

④调整资源配置状况。资源配置得越好，就越有利于各生产要素相互联合地生产，在同样的资源条件下，各资源可以得到充分的利用，所得的产出也会进一步地提高。因此改善资源配置状况有利于经济增长。

4. 一个封闭经济体包含制造业和教育两部门，其生产函数分别为：$Y=AK^{\alpha}(\mu EL)^{1-\alpha}$，$\Delta E=B(1-\mu)E$。其中，$Y$、$E$ 分别表示制造业的产出和教育部门的知识存量，ΔE 表示变量 E 随时间的变化量，A、B 为正的常数，μ 表示制造业工人占有劳动者人数 L 的比率，$0\leqslant\mu\leqslant1$，储蓄率、折旧率、总劳动人数增长率为外生给定，分别用 s、δ 和 n 表示，请回答以下问题：

(1)用 y 表示平均有效工人产出，k 表示平均有效工人资本存量，写出 y 与 k 的关系式，并写出 Δk 的表达式。

(2)什么是储蓄的黄金律水平？当 $\mu=1$ 时，写出黄金律水平时的资本存量 k_{gold}^{*} 以及储

蓄率 s_{gold}。

(3)甲、乙两国分别在 $s>s_{gold}$ 和 $s<s_{gold}$ 的情况下达到稳态(其他条件相同),请问政府采取什么措施可以提高或降低储蓄率?当甲、乙两国政府采取措施试图将储蓄率调整到 s_{gold} 时,试结合图形分析甲、乙两国当期及未来的收入与消费的变化情况。请从帕累托改进的角度分析,在甲、乙两国采取调整储蓄率的措施时,哪一国更容易施行?

(4)$0\leqslant\mu\leqslant l$ 时,Y 的稳态增长率是多少?s 和 μ(有效工人比)分别对其有什么影响?

(5)$0\leqslant\mu\leqslant l$ 时,结合图像分析当 μ 提高时,有效工人的人均资本存量将发生什么变化?人均资本存量 k 提升对经济应该是一件好事,为什么?

(6)索洛残差是什么?如何通过题目中已有的数据来估计?

(7)索洛残差具有强的顺周期性,于是有些经济学家认为其顺周期性正好可以用技术水平的变化来解释(即 *RBC* 模型),但新凯恩斯主义经济学家用了另一种方式来解释,请阐述之。(北京大学2017研)

答:(1)由题意知,μEL 代表有效工人。

用 k 表示平均有效工人资本存量,则 $k=K/(\mu EL)$;

用 y 表示平均有效工人产出,则 $y=Y/(\mu EL)=A[K/(\mu EL)]^{\alpha}=Ak^{\alpha}$,此即为 y 与 k 的关系式。

总资本存量 ΔK 的表达式为:$\Delta K=sY-\delta K$,则有 $\Delta K/(\mu EL)=sY/(\mu EL)-\delta K/(\mu EL)=sy-\delta k$。代入 $y=Ak^{\alpha}$,得

$$\Delta K/(\mu EL)=sAk^{\alpha}-\delta k \qquad ①$$

因为 $k=K/(\mu EL)$,所以 $\Delta k/k=\Delta K/K-\Delta\mu/\mu-\Delta E/E-\Delta L/L$,则 $\Delta K=K(\Delta k/k+\Delta\mu/\mu+\Delta E/E+\Delta L/L)$,$\Delta K/(\mu EL)=\Delta k+k(\Delta\mu/\mu+\Delta E/E+\Delta L/L)$。由题意知,$\Delta\mu/\mu=0$,$\Delta E/E=B(1-\mu)$,$\Delta L/L=n$,则

$$\Delta K/(\mu EL)=\Delta k+k[n+B(1-\mu)] \qquad ②$$

联立①②,得 $\Delta k=sAk^{\alpha}-[n+B(1-\mu)+\delta]k$,此即为 Δk 的表达式。

(2)储蓄的黄金律水平指的是使稳态人均消费最大的储蓄率水平。

由(1)可知,稳态时 $\Delta k=0$,$sy=[n+B(1-\mu)+\delta]k$,则有:

$$c=y-sy=Ak^{\alpha}-[n+B(1-\mu)+\delta]k$$

其一阶导数为:$\mathrm{d}c/\mathrm{d}k=A\alpha k^{\alpha-1}-[n+B(1-\mu)+\delta]=0$;

解得:$k_{gold}^{*}=A^{1/(1-\alpha)}\alpha^{1/(1-\alpha)}[n+B(1-\mu)+\delta]^{1/(\alpha-1)}$。

代入 $sy=[n+B(1-\mu)+\delta]k$,得 $s_{gold}=\alpha$。

即黄金律水平时的资本存量 k_{gold}^{*} 以及储蓄率 s_{gold} 均与 μ 无关。

(3)提高储蓄率的措施有:降低社会保障水平;减少教育、医疗等领域政府投资;扩大居民收入差距;严格金融监管;提高消费信贷标准等。

降低储蓄率的措施有:提高社会保障水平;增加教育、医疗等领域政府投资;缩小居民收入差距;完善信用体系;降低消费信贷标准等。

甲国在 $s>s_{gold}$ 的情况下达到稳态。如图3-5所示。当甲国政府采取措施,试图将储蓄率降低到 s_{gold} 时,当期储蓄下降,消费增加,使有效需求增加,收入增加;未来储蓄下降,使资本存量下降,收入下降,但储蓄下降幅度大于收入下降幅度,所以消费增加;直到经济达到了新的稳态,消费上升并稳定在最大的人均消费水平,收入下降并稳定在使人均消费最大的收入水平。

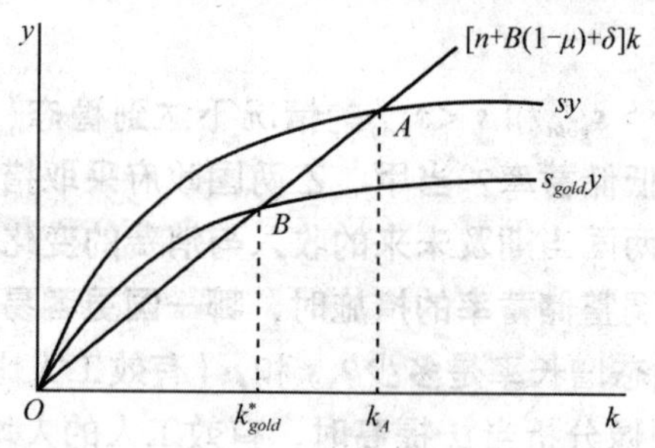

图 3 - 5　甲国储蓄率调整

乙国在 $s<s_{gold}$ 的情况下达到稳态。如图 3 - 6 所示。当乙国政府采取措施，试图将储蓄率提高到 s_{gold} 时，当期储蓄提高，消费减少，使有效需求减少，收入减少；未来储蓄提高，使资本存量提高，收入提高，且收入提高的幅度大于储蓄提高的幅度，所以消费增加；直到经济达到了新的稳态，消费上升并稳定在最大的人均消费水平，收入上升并稳定在使人均消费最大的收入水平。

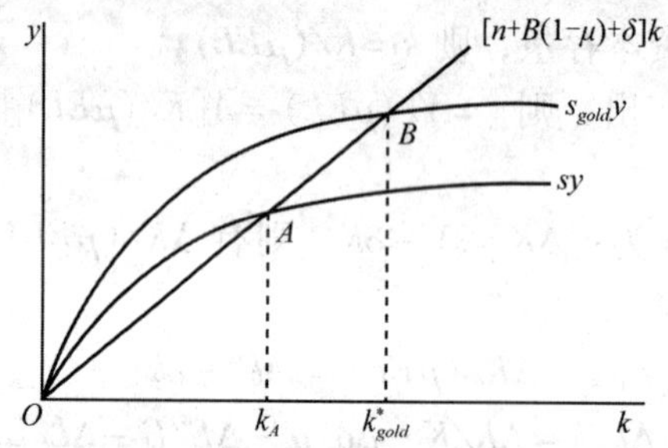

图 3 - 6　乙国储蓄率调整

帕累托改进意味着在没有使任何人境况变坏的前提下，使得至少一个人变得更好。甲国降低储蓄率的措施增加了当期和未来的人均消费，提高了居民效用，是一种帕累托改进，更容易施行。

(4) 因为 $y=Y/(\mu EL)$，所以 $\Delta Y/Y=\Delta y/y+\Delta\mu/\mu+\Delta E/E+\Delta L/L$。由于 $y=Ak^{\alpha}$，所以 $\Delta y/y=\Delta A/A+\alpha\Delta k/k$，由于 A 是常数，且稳态时 $\Delta k=0$，所以 $\Delta y/y=0$。又因为 μ 是常数，$\Delta E/E=B(1-\mu)$，$\Delta L/L=n$，所以 $\Delta Y/Y=n+B(1-\mu)$，即 Y 的稳态增长率是 $n+B(1-\mu)$，与 s 无关，与 μ(有效工人比)负相关。

(5) 如图 3 - 7 所示，μ 提高使 $n+B(1-\mu)+\delta$ 图线顺时针旋转至 $n+B(1-\mu')+\delta$ 位置。有效劳动的人均资本存量从 k^* 增加到 k_B。

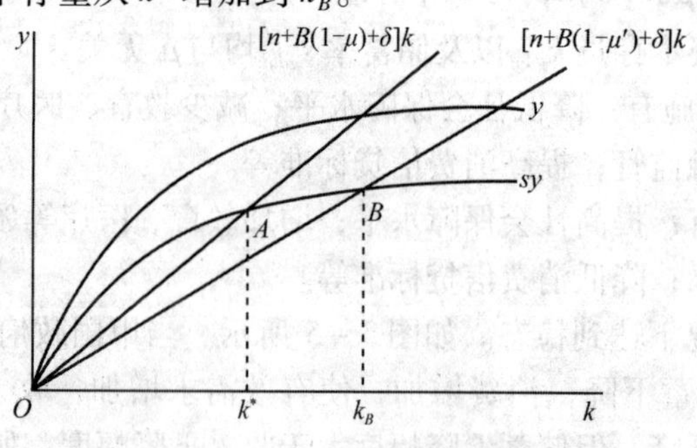

图 3 - 7　μ 提高的影响

由于 $y=Ak^{\alpha}$，且 $\mathrm{d}y/\mathrm{d}k=A\alpha k^{\alpha-1}>0$，即 y 与 k 成正比，所以人均资本存量 k 提升对经济

是一件好事。

(6)索洛残差，又称索洛剩余、索洛余量，指不能为投入要素变化所解释的经济增长率，或者说指剥离资本和劳动对经济增长贡献后的剩余部分。索洛残差可以用公式表示为：$\Delta A/A=\Delta Y/Y-a\Delta K/K-b\Delta N/N$。式中，$\Delta A/A$ 就是索洛残差，$\Delta Y/Y$ 是总产出增长率，$\Delta K/K$ 是资本增长率，$\Delta N/N$ 是劳动增长率，a 和 b 分别是资本份额和劳动份额。因此，如果有产出、劳动和资本增长的数据，且知道劳动和资本在产出中所占的份额，那么索洛残差就可以被计算出来。

由于生产函数分别为 $Y=AK^{\alpha}(\mu EL)^{1-\alpha}$，所以有：$\Delta Y/Y=\Delta A/A+\alpha\Delta K/K+(1-\alpha)(\Delta\mu/\mu+\Delta E/E+\Delta L/L)$。由题意知 $\Delta A/A=0$，$\Delta\mu/\mu=0$，$\Delta L/L=n$，所以 $\Delta Y/Y=\alpha\Delta K/K+(1-\alpha)(\Delta E/E+n)$。因为 $k=K/(\mu EL)$，所以 $\Delta k/k=\Delta K/K-\Delta\mu/\mu-\Delta E/E-\Delta L/L$，$\Delta K/K=\Delta k/k+\Delta\mu/\mu+\Delta E/E+\Delta L/L$。又因为稳态时 $\Delta k/k=0$，所以 $\Delta K/K=\Delta E/E+n$，$\Delta Y/Y=\alpha(\Delta E/E+n)+(1-\alpha)(\Delta E/E+n)=\Delta E/E+n$，$\Delta E/E=\Delta Y/Y-n$。若知道了制造业产出 Y 的增长率 $\Delta Y/Y$，就可以估计出索洛残差 $\Delta E/E$。

(7)新凯恩斯主义经济学家认为索洛残差具有强的顺周期性是因为两个衡量问题。

①在衰退期间，企业可以继续雇用它们不需要的工人，以便当经济复苏时这些工人立即可以为之所用。这一现象被称为劳动储备，这意味着劳动投入在衰退期间被高估了，因为储备的工人很有可能没有和通常一样努力工作。在衰退期间，由于储备的工人无所事事而只是等待衰退结束，因此，即使技术没有变动，用索洛残差衡量的生产率也会下降。

②当需求低时，企业可以生产不易衡量的东西。在衰退期间，工人可以清扫工厂，组织存货，接受一些培训，以及做其他有用的但不被标准的产出衡量指标包括在内的任务。如果情况是这样，那么，产出在衰退期间被低估了，这也会使衡量出来的索洛残差因为技术以外的原因而具有周期性。

综上所述，新凯恩斯主义经济学家认为衰退期间生产率低是因为工人没有和通常一样努力工作以及更多的工人的产出没有被衡量，因而索洛残差具有强的顺周期性。

第四章　增长与政策

一、名词解释

1. 人力资本(中山大学 2009 研)

答：人力资本指在一国居民的教育与技术上的投资。人力资本的实质是为了提高人力资源的生产率而对其进行的投资。人力资本的增长，特别是教育投资的增长，是过去和未来经济增长的最大源泉之一。人力资本的投资可以采取各种形式，包括对正规学校教育、电视教育、职前培训、在职训练、农业技能推广、成人识字，基本技能短期培训、职业市场信息传播、职业研究、营养卫生以及人口流动等等方面的投资。

人力资本与实物资本有相似之处：其关键都在于所进行的投资在经济上是否值得，即收益是否能有足够的数量超过成本；人力资本与实物资本都要计提折旧等等。另外，人力资本与实物资本也存在不同之处：①人力资本不能出售，因而它不能像实物资本那样作为担保品；②个人不能像实物资本的所有者那样将其风险分散化或多样化；③与物质资本不同，人力资本是个人自身素质、智力和技能的提高，不可以脱离人身而独立存在。

经济学家舒尔茨是人力资本理论的主要代表人物。舒尔茨对一些国家在第二次世界大战后经济增长的原因进行研究后认为，经济增长的主要原因是人力资本的增加。现在，人力资本越来越受到人们的重视。

2. 内生增长理论(中山大学 1999、2002 研)

答：内生增长理论是经济增长理论中的一种，它用规模收益递增和内生技术进步来说明一个国家长期经济增长和各国增长率差异的原因，认为经济的长期增长依赖于储蓄率和其他因素，而不仅仅依赖于劳动力数量的增长率。内生增长理论的重要特征就是试图使增长率内生化。

与新古典增长理论不同的是，内生增长理论坚持“两个不变”的假设——规模报酬不变和资本边际报酬不变同时存在。正确理解和把握“两个不变”同时并存，这里的关键在于当单要素(资本 K)的数量变动如果能通过某一途径同时导致其他要素(如劳动生产率 A)发生同方向、同比例的数量变动时，即当技术内生化时，所有要素的规模报酬不变性质已经与单要素边际收益不变性质合而为一了。

根据其依赖的基本假定条件的差异，内生增长理论可分为完全竞争条件下的内生增长模型和垄断竞争条件下的内生增长模型。按照完全竞争条件下的内生增长模型，使稳定增长率内生化的两条基本途径就是：

①将技术进步率内生化；

②如果可以被积累的生产要素有固定报酬，那么可以通过某种方式使稳态增长率被要素的积累所影响。

二、简答题

1. 内生增长理论主要通过什么途径来内生化稳态增长率？(中山大学 2002 研)

答：(1)内生增长理论的含义

内生增长理论是经济增长理论中的一种。与新古典增长理论不同，内生增长理论用规模收益递增和内生技术进步来说明一个国家长期经济增长和各国增长率差异的原因，认为经济的长期增长依赖于储蓄率和其他因素，而不仅仅依赖于劳动力的增长率。内生增长理论重要特征就是试图使经济增长率内生化。

(2)内生增长模型的一个简化分析

假定资本的边际产出不变，并且资本是惟一的要素，则有：

$$Y = aK$$

也就是，产出与资本存量成比例，资本的边际产出保持不变，为常数 a。

假定储蓄率也恒定不变，为常数 s，人口没有增长，资本没有折旧。于是，所有的储蓄都用来增加资本存量，则有：

$$\Delta K = sY = saK$$

或：

$$\frac{\Delta K}{K} = sa$$

由于产出与资本成比例，产出增长率为：

$$\frac{\Delta Y}{Y} = sa$$

在这个例子中，储蓄率越高，产出增长率就越高。

(3)内生化稳态增长率的途径

与新古典增长理论不同的是，内生增长理论坚持“两个不变”的假设——规模报酬不变和资本边际报酬不变同时存在。正确理解和把握“两个不变”同时并存，这里的关键在于当单要素(资本 K)的数量变动如果能通过某一途径同时导致其他要素(如劳动生产率 A)发生同方向、同比例的数量变动时，即当技术内生化时，所有要素的规模报酬不变性质已经与单要素边际收益不变性质合而为一了。

罗默用“资本报酬的外部性”、“人力资本”，“私人报酬”与“社会报酬”区别的引入对此进行了成功的解释。他提出，投资不仅产生新机器设备，而且产生新的生产方式。尽管厂商攫取了新机器的生产利益(表现为资本的私人边际报酬递减)，但由于思想和方法易于复制，要将发明的新思想和新方法的好处攫取尽并不让其他企业获得好处是非常困难的。这就是资本报酬的外部性。考虑到人力资本的作用，特别是知识投资，与物质资本的复制相比，思想复制需要的耗费很少甚至无需耗费。知识的利益只是部分为创造者所攫取，还存在相当大的外部好处。考虑到其外部性，就可以理解为什么资本的边际报酬不变而不是递减，这是站在综合考虑资本带给创造者自身和其他人外部好处的角度给出的观点。经济学家认为，一般的人力资本投资和具体的研究与开发是理解长期增长的关键。

2. 说明内生经济增长理论和新古典经济增长理论的主要区别。(暨南大学 2011 研；中央财经大学 2016 研)

答：内生经济增长理论也称为新经济增长理论，是继新古典经济增长理论之后的又一经济增长理论，产生于 20 世纪 80 年代后期与 90 年代初期，代表人物有罗默、卢卡斯和阿罗等经济学家。新古典经济增长理论是美国经济学家索洛提出的，产生于 20 世纪 50 年代后期与整个 60 年代。内生经济增长理论和新古典经济增长理论的主要区别有以下三个：

(1)假设条件不同。新古典经济增长理论假设资本边际收益递减，而内生经济增长理论则假设资本边际收益不变。这是内生经济增长理论和新古典经济增长理论的关键区别。另外，新古典经济增长理论假设技术是外生的，而内生经济增长理论则认为技术和资本一样，是“内生”的。

(2)模型形式不同。内生经济增长理论模型中的生产函数为$Y=AK$，其中Y是产出，K是资本存量，而A是一个常量。新古典经济增长理论模型中的生产函数为$Y=F(N, K)$，其中Y是产出，K是资本存量，而N是投入的劳动量。这里，对$Y=F(N, K)$的假设包括规模报酬不变。

(3)结论不同。内生经济增长理论的结论是经济增长率是内生的，即促使经济增长的因素是模型内决定的，储蓄和投资会引起经济的长期增长。新古典经济增长理论的结论则是经济增长取决于外生的技术进步，而储蓄只会导致经济的暂时增长，资本边际收益递减最终使经济增长只取决于外生技术进步的稳定状态。

三、计算题

假设某国生产函数为$Y=AK^{\alpha}L^{1-\alpha}$，其中$Y$表示产出，$K$表示资本存量，$L$表示劳动，$A$表示全要素生产率。从2014年到2015年，某国资本存量的增长率为4%，劳动的增长率为2%，产出的增长率为8%，假设资本收入占总收入的份额为40%，请计算全要素生产率的增长率是多少？根据内生增长理论，全要素生产率增长的原因主要包括哪些？（中央财经大学2016研）

答：由题意知：$\Delta K/K=4\%$，$\Delta L/L=2\%$，$\Delta Y/Y=8\%$，$\alpha=0.4$，经济增长的核算方程为：

$$\Delta Y/Y=\Delta A/A+\alpha\Delta K/K+(1-\alpha)\Delta L/L$$

所以全要素生产率的增长率为：

$$\Delta A/A=\Delta Y/Y-\alpha\Delta K/K-(1-\alpha)\Delta L/L=8\%-0.4\times4\%-0.6\times2\%=5.2\%$$

根据内生增长理论，全要素生产率增长的原因主要包括一般的人力资本投资和具体的研究与开发。

四、论述题

什么是内生增长？说明内生增长模型与新古典增长模型有何不同？请阐述内生增长理论能解释增长率的国际差异吗？（对外经济贸易大学2005博）

答：(1)内生增长的概念

内生增长是指经济增长的根本动力不是来源于外部因素，而是由经济有机体内部因素引起的增长。

(2)内生增长模型与新古典增长模型的区别

新古典增长理论持“外生”说，即认为技术进步是一种外生的力量，在规模收益不变的前提下，当扣除了物质资本要素和劳动增长因素之外，剩余部分便是由外生技术进步带来的。在新古典增长理论中，经济增长依赖于外生变量(如人口增长率、技术进步率)。新古典生产理论假定资本收益递减规律的存在，任何经济都将逐渐收敛到各自的稳态水平，除非存在外生的技术进步，否则人均产出不可能持续增长。

内生增长模型将资本这一基本要素广义化，不但用来指物质资本，同时还包括人力资本在内，它通过生产者“知识溢出”和人力资本“外部效应”的作用，使得投资收益递增，从而避免了资本积累收益递减倾向。另外，内生增长理论对研究与开发活动更加重视。在技术进步中包含着研究与开发活动的生成机制，并且这些研究与开发出来的产品能够获得超额垄断利润。因此，市场结构和垄断地位为技术持续进步提供了动力。

(3)内生增长理论不能完全用来解释增长的国际差异

内生增长模型存在着争论，其用到的许多概念无法测度：

①规模效应。内生增长理论一般都包含某种“规模效应”，即人口规模越大(外部性模

型），从事人力资本积累或 R&D 活动的人口比例越高（R&D 模型），经济增长率就越高。琼斯首先提出了质疑，认为内生增长理论关于“规模效应”的预测与工业化国家的时间序列数据并不一致：二战以来，尽管各国从事研究开发的科学家和工程师的数量和比例都有了巨大的提高，但经济增长率并没有表现出明显的增加。其他一些学者指出，如果确实存在规模效应，那么像印度、中国这样的人口大国应该具有较快的增长率，但事实上并非如此。

②资本积累。新古典增长理论是以资本积累为核心的，而内生增长理论则将知识积累、人力资本积累或 R&D 视为经济增长的驱动力。不过，绝大多数的经验检验都表明资本积累与经济增长具有很强的相关关系。

③R&D。在内生增长理论中，R&D 模型是最有前途的分析框架，也符合宏观经济理论必须具有微观基础的经济学发展趋势。不过，多数的经验检验并没有证实 R&D 与经济增长之间的正相关关系。

④许多内生增长理论模型都用到人力资本，而人力资本是很难测度的。

⑤内生经济增长理论非常强调知识和技术在长期经济增长中的作用，可是，对知识的研究还远不够深入，知识仍是一个缺乏明晰界定的概念。

第五章　总供给与总需求

一、名词解释

1. 短期总供给曲线（浙江大学 2009 研）

答：短期总供给曲线是反映短期内总供给水平与总价格水平关系的曲线。因短期内资本和设备不会变动，要想扩大生产规模就必须多雇佣工人，劳动的供给是固定的，要想增加劳动供给，只有提供更多的激励，即提高工资。提高工资，引起生产成本上升，必然引起物价水平提高，所以物价水平和供给水平成同方向变动。因此，短期总供给曲线向右上方倾斜，价格水平与总供给水平成同方向变动。

短期总供给曲线向右上方倾斜，可利用黏性工资、黏性价格和错觉理论这三个理论予以分析。①黏性工资：名义工资的调整慢于劳动供求的变化。物价上升，实际工资减少，利润增加，就业增加，总供给增加。②黏性价格：短期中价格的调整不能随着总需求的变动而迅速变化。由于企业调整价格存在菜单成本。物价上升时，企业产品的相对价格下降，销售增加，生产增加，总供给增加；反之，总供给减少。③错觉理论：物价水平的变动，会使企业在短期内对其产品市场变动发生错觉，作出错误的决策。当物价上升时，增加供给；反之，减少供给。以上三个理论表明，短期总供给与物价水平同方向变动，即短期总供给曲线向右上方倾斜。

凯恩斯总供给曲线是水平的，表明厂商在现有价格水平上愿意供给所需的任何数量的商品。作为凯恩斯总供给曲线基础的思想是：由于存在失业，厂商可以在现行工资水平上获得他们所需要数量的劳动。因而，他们的平均生产成本被假定为不随产出水平变化而变化。于是，他们愿意按现行价格水平，提供需求所要求的数量。在凯恩斯的总供给曲线上，价格水平不取决于 GDP。

2. 附加预期的总供给函数（对外经济贸易大学 2007 研）

答：附加预期的总供给函数是指加入预期价格后表示产出与价格变动关系的总供给函数，又称卢卡斯总供给曲线，用公式一般表示为：

$$Y - Y^{*} = \gamma(P - \hat{P})$$

式中 Y 为总产出，P 为价格水平，Y^{*} 为经济的潜在产量，参数 $\gamma > 0$，$\hat{P}$为预期价格。

附加预期的总供给函数表明，经济的总产出与未被预期到的价格上升之间具有正相关关系。预期价格与实际价格的偏离会导致实际产出与经济正常产出的偏离，如果价格水平等于人们预期的值，则总供给等于自然率的产出水平。否则，随着现实价格水平超出预期的价格水平，产出增加到自然率水平之上。

3. 滞胀（浙江大学 2010 研）

答："滞"指经济停滞，失业增加；"胀"指通货膨胀严重。滞胀指的是经济处于高通货膨胀率、高失业率和低经济增长率交织并存的状态。滞胀最初出现于 20 世纪 70 年代初的西方发达国家。

根据凯恩斯的理论，失业与通货膨胀是不会并存的，存在通货膨胀就意味着实现了充分就业，存在失业就意味着不会有通货膨胀。菲利普斯曲线修改了凯恩斯主义的观点，认为失业与通货膨胀是可以并存的，但失业与通货膨胀之间存在着相互交替的关系，即通货膨胀率高时，失业率低；通货膨胀率低时，失业率高。滞胀的出现是对凯恩斯主义的沉重打击，也是对菲利普斯曲线的重大修正。滞胀的出现使凯恩斯主义的经济思想面临着严峻挑战，打破了凯恩斯主义在宏观经济学中的垄断地位，先后出现了货币主义、供给学派和理性预期学派。新古典综合学派用成本推进的通货膨胀理论和劳工市场的结构特性来解释滞胀，并提出以收入政策、人力政策等供给管理政策来对付滞胀。新自由主义经济学家则把滞胀归罪于凯恩斯主义指导下的对国民经济的国家干预。他们认为是国家干预导致了虚假繁荣，是国家干预破坏了有效的市场机制，因此他们建议减少对经济的国家干预，主张让市场自行调节经济中出现的问题。但是，不管多少流派的经济学，还没有哪一派能深刻认识滞胀，也没有哪一种政策能从根本上解决这一问题。

4．财富效应（浙江大学2005研）

答：财富效应一般是指金融资产等的价格的上涨所导致资产持有人财富拥有量的增长，进而产生消费增长并进一步带动经济的发展的效应。在宏观经济学中，财富效应又称"财富消费效应"或"庇古效应"，指价格和利率水平的变化导致消费需求变化的传导和反应过程，由英国经济学家庇古（Pigou）于20世纪40年代提出。庇古认为，价格和利率水平的变化，首先造成消费者的真实货币余额（或有价证券收益）的变化和其财富的变化，进而引起消费需求的变化。当物价水平上升时，消费者拥有的货币余额的实际价值就会降低，消费者发现自己的财富减少了。消费者为了维持自己的实际财富不变，只能相应地减少消费需求。反之，当物价下降时，消费者就会花掉这些"额外增加的财富"，从而增加消费需求。当利率水平上升时，消费者原来持有的有价证券的固定收益就会相对降低，现有财富的实际价值就会减少，因此消费者就会减少消费。反之，当利率水平下降时，消费者持有的有价证券的收益就会相应上升，从而使消费增加。

5．供给学派经济学（中山大学2010研）

答：20世纪70年代，在西方国家出现"滞胀"局面时，供给学派兴起。供给学派把经济分析的着眼点放到刺激生产即供给方面，认为刺激供给的主要手段是降低税率，因为累进税制的高税率政策会严重挫伤企业主的经营积极性，使储蓄率和投资率下降，劳动者工作热情低落，从而使生产和就业停滞，并由此导致"滞胀"。只有大幅度减税以增加个人收入和企业利润，进而促进储蓄和投资，刺激工作和经营积极性，才能使生产率提高，并使政府课税基础扩大，税收总额随之增加，财政赤字得到控制，通货膨胀也会消失。

供给学派主要代表人物之一拉弗把供给经济学解释为："提供一套基于个人和企业刺激的分析结构。人们随着刺激而改变行为，为积极性刺激所吸引，见消极性刺激就回避。政府在这一结构中的任务在于使用其职能去改变刺激以影响社会行为。"

二、简答题

1．比较古典总供给曲线与凯恩斯总供给曲线。（浙江大学2011研；华南理工大学2011研）

答：总供给函数是指总产量与一般价格水平之间的关系。在以价格水平为纵坐标，总产量为横坐标的坐标系中，总供给函数的几何表达即为总供给曲线。古典总供给曲线与凯恩斯总供给曲线的差别是由于对货币工资（W）和价格水平（P）进行调整所要求的时间的长短的看法不一致而产生的。

（1）古典总供给曲线

在古典总供给曲线中，认为在长期当中，价格和货币工资具有伸缩性，可以迅速调整，并始终处在充分就业的状态上，经济的产量水平也位于潜在产量或充分就业的水平上，不受价格变动的影响。因此，古典学派认为，总供给曲线是一条位于经济的潜在产量或充分就业产量水平上的垂直线。其政策含义是增加需求的政策并不能改变产量，而只能造成物价上涨。

如图5－1所示，初始均衡位于点E，对应的就业为充分就业。当总需求曲线从AD移动到AD'时，价格水平上升为P'。也就是说，对产品需求的增加，只会带来较高的价格，而不是较高的产量。

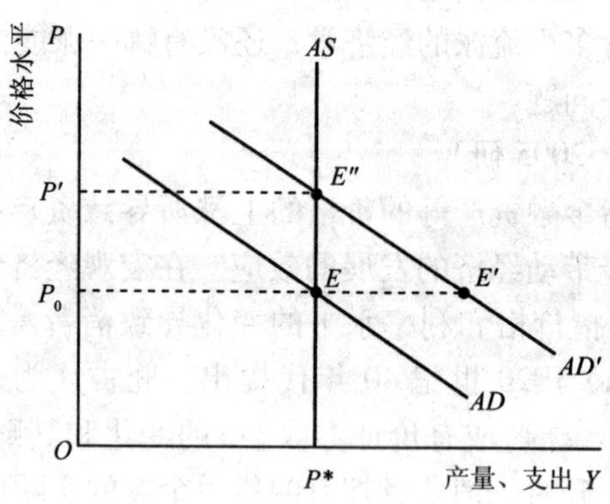

图5－1　总需求的扩张：古典情况

(2)凯恩斯总供给曲线

凯恩斯总供给曲线是水平的，表明厂商在现有价格水平上愿意供给所需的任何数量的商品。其含义或基本思想是：由于存在失业，厂商们可以在现行工资水平上，获得他们所需要数量的劳动。因而，他们的平均生产成本被假定为不随产出水平变化而变化。于是，他们愿意按现行价格水平提供需求所要求的数量。

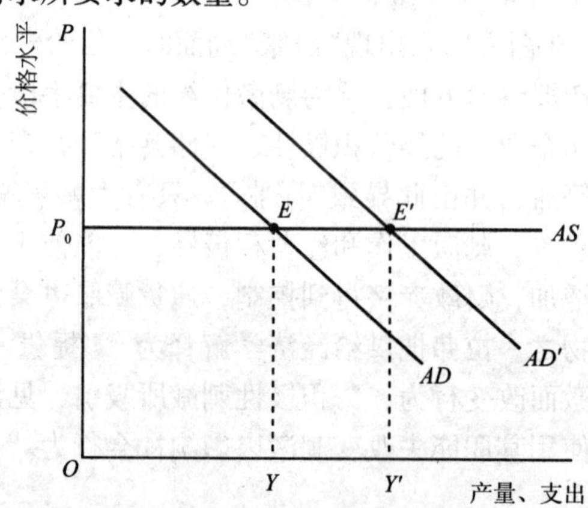

图5－2　总需求的扩张：凯恩斯情况

如图5－2所示，初始时，AS与AD相交于E。假如增加政府支出、减税或者增加货币供给，则AD曲线将移动到AD'，新的均衡点位于E'。可以看出，增加政府支出、减税或者增加货币供给这些举动的惟一作用，是增加产量与就业，价格保持不变。

2．短期总供给曲线到长期总供给曲线的动态调整过程。(浙江大学2008研)

答：(1)短期总供给曲线与长期总供给曲线

短期总供给曲线向右上方倾斜，是因为黏性工资、黏性价格和错觉理论。①黏性工资：

名义工资的调整慢于劳动供求的变化。物价上升，实际工资减少，利润增加，就业增加，总供给增加。②黏性价格：短期中价格的调整不能随着总需求的变动而迅速变化。由于企业调整价格存在菜单成本。物价上升时，企业产品的相对价格下降，销售增加，生产增加，总供给增加；反之，总供给减少。③错觉理论：物价水平的变动，会使企业在短期内对其产品市场变动发生错觉，做出错误的决策。当物价上升时，增加供给；反之，减少供给。以上三个理论表明，短期总供给与物价水平同方向变动，即短期总供给曲线向右上方倾斜。

长期总供给曲线是一条垂直的直线。这是因为，在长期中，货币工资对价格有充分的时间进行反应，即工资和价格都具有灵活的弹性，使得工资处于劳动力市场均衡的水平。劳动市场在工资的灵活调整下，充分就业的状态总能被维持，因此，经济中的产量总是与劳动力充分就业下的产量即潜在产量相对应。即使价格水平再上升，产量也无法增加。因而长期总供给曲线是一条与价格水平无关的垂线。长期总供给曲线说明，在长期中，经济稳定在潜在的产出水平上，此时，价格变动对总供给量不会产生影响。

(2)短期总供给曲线至长期总供给曲线的动态调整

新凯恩斯主义提出的黏性工资模型认为在短期内名义工资(货币工资)是黏性的。因为在劳动市场中，追求利润最大化的厂商和追求效用最大化的个人通常通过谈判签订为期几年的长期劳动合同，名义工资由长期合约确定，当经济状况变动时，工资不能迅速调整。黏性工资模型还假定就业由厂商需求的劳动量所决定，因为企业与个人之间的谈判只决定了固定的名义工资，并没有事先决定就业人数，通常，工人同意按事先决定的名义工资提供企业希望雇佣的劳动数量。

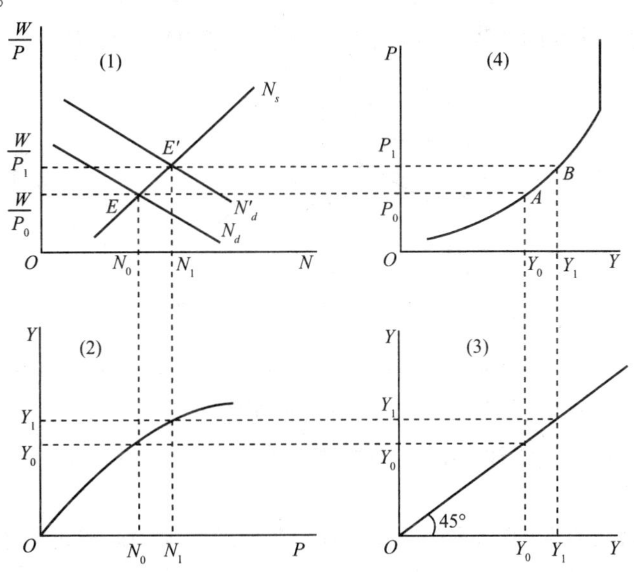

图 5－3　短期总供给曲线：黏性工资模型

在上述假定条件下，名义工资不易因物价的变动而改变，劳动供给量只会随货币工资的上升而提高。因此，在图 5－3(1)中，劳动供给曲线 N_s 的位置在短期内不发生变动，只有劳动的需求曲线发生移动，因为厂商对劳动的需求取决于实际工资水平，当价格由 P_0 上升到 P_1 时，实际工资水平$\frac{W}{P_1}$下降，所以劳动的需求量上升。N_d 右移到 N_d'，与 N_s 交于E'点时，此时的均衡就业量为 N_1，产出上升至 Y_1，经过图(3)的转换，图(1)的均衡点 E、E'可以转换为图(4)的A、B点，连接A、B即为新凯恩斯主义的总供给曲线。当然长期内，劳动供给曲线会发生移动，从而形成古典的总供给曲线——垂直情形。

总供给曲线的导出表明在工资黏性时，价格水平提高将使实际工资下降，这又使劳动需求量增加，就业量增加，国民收入增加。在图中，总供给量随着价格水平的提高而增加就表现为总供给曲线向右上倾斜。

3. 一个经济的总需求和总供给分别为：

AD：$m+v=p+y$

AS：$p=p^e+\lambda(y-y^*)$

其中，p^e代表对价格水平的预期，y^*为充分就业产出水平，m为货币总量。v和λ为常数。

(1)若预期为完美预期，求出均衡的价格与产出水平。

(2)若货币当局实行了一次意料外的并且是永久性的货币扩张，图解这次政策操作的短期和长期效应。(中山大学2006研)

答：(1)如果预期为完美预期，则$p=p^e$，由总供给AS：$p=p^e+\lambda(y-y^*)$可得：均衡时的产出水平为$y=y^*$，即产出为实现充分就业产出水平。

此时，由总需求曲线AD：$m+v=p+y$，可得均衡的价格水平为：$p=m+v-y^*$。

(2)若货币当局实行了一次意料外的并且是永久性的货币扩张，在短期内，人们可能没有意识到货币政策的改变，因此，人们将不会调整其对价格的预期p^e。如图5-4所示，由于预期p^e没有发生改变，短期总供给曲线仍然为AS_0，货币扩张使总需求曲线从AD_0右移至AD_1，产出从初始充分就业的产出Y^*增至Y_1，价格水平由P_0增至P_1。

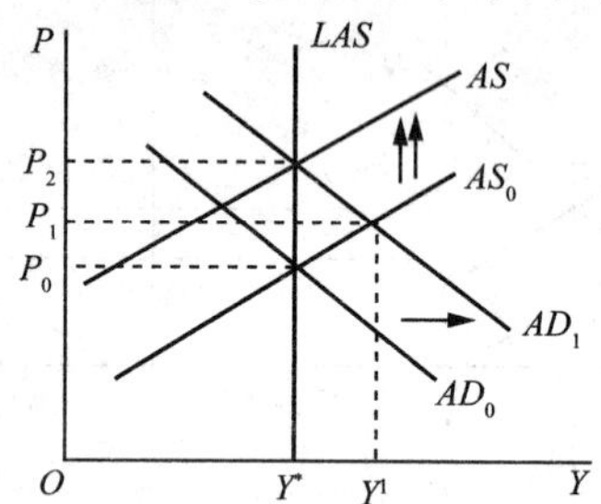

图5-4 一次意料外的并且是永久性的货币扩张的短期和长期影响

但是，在长期人们就会意识到发生了永久性的货币扩张，因此，人们将修正其对价格的预期，如图5-4所示，总供给曲线将由AS_0上移至AS，产出重新回复到充分就业水平Y^*，价格上升为P_2。

因此，货币扩张在短期内提高了产出，但是在长期，人们调整价格预期后，产出维持在充分就业产出水平不变，货币扩张只会引起价格水平的上升。

4. 总供给曲线有哪些类型？请分别说明。(中南财经政法大学2011研)

答：总供给曲线的理论主要由总量生产函数和劳动力市场理论来反映，在劳动力市场理论中，经济学家对工资和价格的变化及调整速度的看法存在分歧，因此不同的经济理论推导出不同的总供给曲线。总供给曲线主要有三类：古典供给曲线、凯恩斯供给曲线和常规供给曲线。

(1)古典总供给理论认为，劳动力市场运行没有阻力，在工资和价格可以灵活变动的情况下，劳动力市场得以出清，使经济的就业总量维持充分就业状态，从而在其他因素不变的情况下，经济的产量总能保持在充分就业的产量或潜在产量水平上。因此，在以价格为纵坐标、总产量为横坐标的坐标系中，古典供给曲线是一条位于充分就业产量水平的垂直线。

(2)凯恩斯的总供给理论认为，在短期，一些价格是刚性的，从而不能根据需求的变动而调整。由于工资和价格刚性，短期总供给曲线不是垂直的，凯恩斯总供给曲线在以价格为纵坐标、收入为横坐标的坐标系中是一条水平线，表明经济中的厂商在现有价格水平上，愿意供给所需的任何数量的商品。凯恩斯总供给曲线的基础思想是，作为工资和价格刚性的结果，劳动力市场不能总维持在充分就业状态，由于存在失业，厂商可以在现行工资下获得所需劳动，因而它们的平均生产成本被认为是不随产出水平变化而变化的。

(3)一些经济学家认为，古典的和凯恩斯的总供给曲线分别代表着劳动力市场的两种极端的情况。在现实中，工资和价格的调整经常介于两者之间。在这种情况下，以价格为纵坐标、产量为横坐标的坐标系中，总供给曲线是向右上方延伸的，这即为常规的总供给曲线。

总之，针对总量劳动市场关于工资和价格的不同假设，宏观经济学中存在着三种类型的总供给曲线。

5. 凯恩斯主义的减税与供给学派的减税有什么本质区别？(清华大学2011研)

答：虽然在政策建议上，凯恩斯主义和供给学派都主张减税，但是二者有本质的区别。

凯恩斯主义是站在总需求的角度主张减税的。凯恩斯主义认为有效需求不足导致了经济萧条，而刺激总需求的最有力、最直接的手段就是财政政策，其中减税就是财政政策手段之一。

供给学派则是站在总供给角度主张减税的。供给学派认为不是需求决定供给，而是供给能够创造需求，而刺激供给的主要手段是降低税率，因为累进税制的高税率政策会严重挫伤企业主的经营积极性，使储蓄率和投资率下降，劳动者工作热情低落，从而使生产和就业停滞，并由此导致“滞胀”。只有大幅度减税以增加个人收入和企业利润，进而促进储蓄和投资，刺激工作和经营积极性，才能使生产率提高。

6. 试述供给学派宏观经济政策的核心特征。(浙江大学2004研)

答：20世纪70年代，在西方国家出现“滞胀”局面时，供给学派兴起。该学派的理论特点是强调供给效应，反对凯恩斯需求管理政策。主要代表人物有蒙德尔、费尔德斯坦、拉弗、罗伯茨、吉尔德等。

(1)供给学派的主要理论观点

①否定凯恩斯有效需求理论，主张恢复萨伊定律。

②反对高额的边际税率，力主减税、增加供给。

③主张减少政府干预，减少政府财政支出，加强市场调节。

④认为应在刺激供给的同时，实行限制性货币政策。

(2)供给学派的政策主张

从供给学派对经济政策的供给效应和供给学派经济理论的基本命题中，可以直接看出供给学派经济学的政策主张。

①减税。滞胀的原因在于凯恩斯主义经济政策所引起的不利的供给效应。减税可以提高人们工作的积极性，增加劳动供给，又可以提高储蓄和投资的积极性，增加资本存量，这样既可降低失业率，又可以增加产量，从而降低供给小于需求造成的通货膨胀。

②在减税的同时，削减社会福利支出，因为供给学派认为社会福利制度一方面增加了政府支出，从而增加了税收，产生了不利的供给效应，另一方面助长了穷人依赖政府的思想。

③紧缩性政策反通货膨胀也会产生不利的供给效应，结果反而引起价格水平上涨，反通胀的需求管理是提高税率和减少货币供给，提高税率会减少劳动供给和资本形成，减少货币供给会提高利率，从而减少投资，这些都会减少产量，导致总供给曲线向左移动使价格水平提高。与此相反，减税和适当增加货币供给会抑制通胀。

④稳定币值，恢复金本位制。

⑤减少政府的规制，让企业更好的按市场经济原则行动。

7. 为什么总需求曲线斜率为负？（南开大学 2018 研）

答：总需求曲线表示在满足产品市场的均衡条件和满足货币市场的均衡条件时，价格和国民收入之间的关系。总需求曲线斜率为负，即总需求曲线向右下方倾斜。总需求曲线斜率为负的原因可从获得方法和产生的效应两方面来分析。

(1) 从总需求曲线的获得方法来看

总需求曲线可由 *IS* - *LM* 曲线推导得出，从总需求曲线推导中可以看到，总需求曲线表示社会的需求总量和价格水平之间的反向的关系，即总需求曲线是向右下方倾斜的。

(2) 从总需求曲线的产生效应来看

总需求曲线向右下方倾斜主要取决于实际余额效应、时际替代效应和开放替代效应三个因素。

①实际余额效应。当价格水平上升时，人们手中名义资产的数量不会改变，但以货币实际购买力衡量的实际资产的数量会减少。因此，人们在收入不变的情况下就会减少对商品的需求量而增加名义资产数量以维持实际资产数额不变，这就是实际余额效应。实际余额效应的结果是价格水平上升时，人们所愿意购买的商品总量减少；价格水平下降时，人们所愿意购买的商品总量增加。因此，总需求曲线向右下方倾斜。

②时际替代效应。一般来讲，价格上升时会提高利率水平。利率水平的提高也就意味着当前消费的机会成本增加而未来消费的预期收益提高。因此，人们会减少当前消费量，增加未来消费量。因此，随着总价格水平的提高，人们会用未来消费替代当前消费从而减少对商品的需求总量；而随着总价格水平的下降，人们则会用当前消费替代未来消费从而增加对商品的需求总量，这就是时际替代效应。时际替代效应也会导致总需求曲线向右下方倾斜。

③开放替代效应。当一国价格水平上升时，在其他国家生产的产品就会变得相对便宜，本国居民就会用外国产品来替代本国产品，增加对进口品的需求；而外国居民则会用本国产品替代外国产品，减少对出口品的需求，从而商品需求总量会减少。因此，总价格水平上升，人们会用进口替代出口，从而减少对国内商品的需求量；而总价格水平下降，人们则会用出口替代进口，从而增加对国内商品的需求量，这就是开放替代效应。当一个经济对外开放时，开放替代效应就构成了总需求曲线向右下方倾斜的另一个原因。

三、计算题

1. 某国经济总量生产函数为 $Y=2K^{0.5}L^{0.5}$，其中 Y 为实际产出，K 为资本存量总额且 $K=100$，L 为总劳动力。

(1) 求劳动力的需求函数。

(2) 用实际工资表示产出。

(3) 如果名义工资开始为 4，实际价格水平和预期价格水平均为 1，实际工资目标为 4，计算初始产出水平和充分就业的产出水平。

(4) 按照工资粘性模型，假设名义工资固定在 $W=4$，求总供给方程。（对外经济贸易大

学 2013 研）

解：(1)由经济总量生产函数为 $Y=2K^{0.5}L^{0.5}$，将 $K=100$ 代入，可得 $Y=20L^{0.5}$，可得 $MP_L=\frac{10}{\sqrt{L}}$。由劳动要素市场均衡条件：$MP_L=W/P$，可得 $L=100/(W/P)^2$，W 表示名义工资，P 表示价格水平，此即劳动力的需求函数。

(2)由(1)有 $L=100/(W/P)^2$，代入生产函数 $Y=20L^{0.5}$，可得产出为 $Y=200/(W/P)$，此即为用实际工资表示的产出水平。

(3)由于名义工资初始为 4，价格水平为 1，则初始产出水平为：

$$Y=200/(W/P)=50$$

由于预期价格水平也为 1，初始的实际工资水平为 4，等于目标实际工资，故初始经济处于充分就业的产出水平，所以，充分就业的产出水平也为 50。

(4)假设名义工资固定在 $W=4$，根据产出函数 $Y=200/(W/P)$，则可得 $Y=50P$，此即为总供给方程。

2. 假设一封闭经济体，在产品市场上，消费函数为 $C=95+0.75Y_d$，投资函数为 $I=300-4000r$，政府购买 $G=400$，税收函数为 $T=100+0.2Y$，总产出函数为 $Y=15N-0.01N^2$。在货币市场上，货币需求函数为 $L=0.2Y-2000r$，名义货币供给量 $M=200$。在劳动市场上，劳动的供给函数为 $N_s=60+5W/P$，劳动的需求函数为 $N_d=180-10W/P$。其中，Y_d 为个人可支配收入，r 为利率，Y 为国民收入，N 为劳动投入，w 为名义工资水平，P 为价格水平。

(1)推导出总需求函数。

(2)假设工资和价格水平是可以灵活调整的，求解总供给函数。

(3)求解总供求均衡时的产量、价格水平、工资水平。（对外经济贸易大学 2016 研）

解：(1)由题意，可推导出 IS 曲线为：$Y=95+0.75(Y-100-0.2Y)+300-4000r+400$，即 $Y=1800-10000r$。

LM 曲线为：$200/P=0.2Y-2000r$，即 $Y=1000/P+10000r$。

联立 IS、LM 曲线，可得：$Y-900+500/P$，此即为总需求函数。

(2)当工资和价格可以灵活调整时，可认为劳动市场处于充分就业水平，根据劳动市场均衡条件 $N_s=N_d$，可得 $W/P=8$，进而有 $N=100$。将 100 代入总产出函数，解得 $Y=1400$。此时，也就是充分就业时产出。所以总供给函数为：$Y=1400$。

(3)将 $Y=1400$ 代入总需求函数，可得 $P=1$；将 $P=1$ 代入劳动市场均衡条件方程，可得 $W=8$。所以，总供求均衡时的产量是 1400，价格水平为 1，工资水平为 8。

四、论述题

1. 什么是长期和短期？有人说，在宏观经济分析中，短期看需求，长期看供给。谈谈你对这句话的理解。（中山大学 2013 研）

答：(1)短期指厂商来不及调整全部生产要素的数量，至少有一种生产要素的数量是固定不变的时期。通常认为劳动要素的数量在短期是可变的，资本要素的数量在短期不变。在短期，价格、工资缺乏伸缩性，往往在某一预先决定了的水平上保持不变。短期中，总供给曲线平坦，价格水平固定。所以在短期中，产量只取决于总需求而价格不受产量水平的影响。

长期指生产者可以调整全部生产要素数量的时期。在长期，价格、工资被认为具有充分的伸缩性，并且能够对需求和供给的变化做出及时有效的反应。长期中，总供给曲线是垂直的，产出水平只取决于总供给，价格水平则取决于总需求和总供给两者。很高的通货膨胀率都是由总需求的变化引起的。

(2)在宏观经济学中，短期看需求，长期看供给，主要是说明在长期和短期，需求和供给对国民经济产出的不同影响。下面分别加以说明：

①短期看需求

短期中，由于厂商不愿调整工资与价格而倾向于更容易进行的改变产量活动，因而总供给曲线是平坦的，影响产量的因素在于需求。如图5－5所示，AS为一条水平的短期总供给曲线，此时产量只取决于总需求而价格不受产量水平的影响，若总需求增加，AD曲线右移至AD'，产出从Y增加到Y'，价格水平不变。此种情形即为凯恩斯供给曲线下的情形。

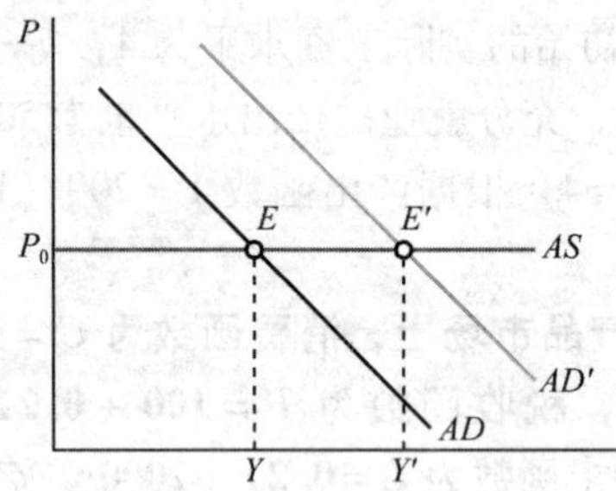

图5－5　短期中的总需求与总供给

②长期看供给

在长期中，价格、工资被认为具有充分的伸缩性，经济位于潜在(自然)产出水平，因而总供给曲线是垂直的。相比之下，价格水平是可以取任何值的。

如图5－6所示，经济初始均衡点位于点E，若总需求增加使得总需求曲线从AD右移到AD'，由于总供给不变，总需求的增加最终使得物价水平从P_0上涨到P'，但产出不变。由此得出，长期中，产量只取决于总供给，而价格则取决于总供给与总需求两者。此种情况为古典供给曲线下的情形。

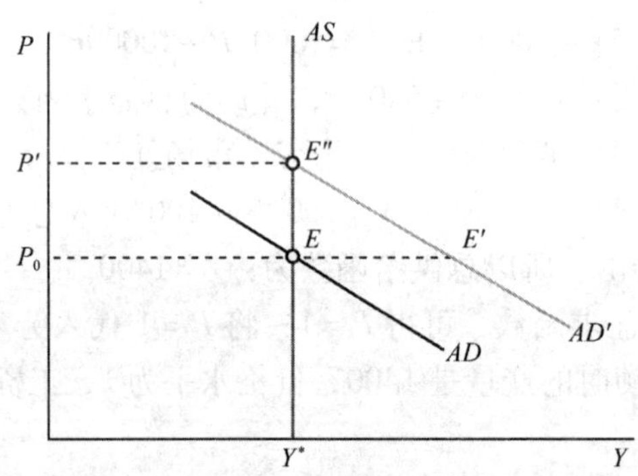

图5－6　长期中的总需求与总供给

因此在宏观经济分析中，短期看需求，长期看供给概括了长期和短期中，总需求和总供给模型中需求和供给变动对经济均衡的影响。短期看需求长期看供给，并不意味着在短期只需要考虑需求，长期只需要考虑供给，而是不同时期的主导因素不同。

2. 要求对所给的材料进行正确的评析，能言之成理，体现独特的思考能力。

1965年，美国经济在接近于其生产能力的状态下运行。约翰逊总统面临着一个问题：他想在越南开战，但是他又不想让美国人知道一场战争要耗费多少钱，结果是他决定不提高

税收，至少不完全用提高税收来支付战争的费用。另外，他不打算削减政府支出，不仅如此，他还提出了向贫困开战的计划，该计划包括很多费用极高的新的社会方案。

试运用总供给和总需求的框架对上述情况做出分析，同时解释并推测至60年代末期美国的宏观经济运行状况。（浙江大学2001研）

答：（1）1965年美国的经济运行情况

1965年，美国经济接近充分就业，表现在总需求和总供给图形上，经济的均衡点处于总供给曲线的垂直部分。约翰逊总统的措施（不提高税收、不打算削减政府支出）不仅不能抑制总需求，向贫困开战的计划反而使总需求曲线向右移动。也就是说，政府刺激的是已接近充分就业的经济，这样价格水平显著上升，而产量几乎没有增加。由此可以推测到20世纪60年代末期美国出现严重的通货膨胀。

（2）运用总供给和总需求的框架的分析

约翰逊总统实行的这些政策无疑使总需求增加，在总供给不变的情况下，最终使物价水平上升过快，产量增加较少。

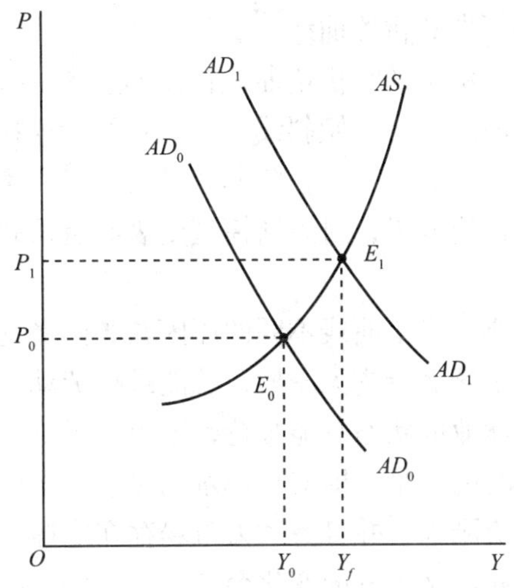

图5-7　总需求曲线向右移动的后果

如图5-7所示，初期，AD_0和AS相交于代表接近充分就业的E_0点。E_0点的产量为Y_0，价格水平为P_0。总需求增加，总需求曲线向右移动到AD_1的位置，这样，AD_1和AS相交于E_1点。E_1点的产量为潜在产出水平Y_f，价格水平为P_1。通过比较可以看出，这一情况表示经济处于过热的状态。这时产量增加的可能性越来越小，而价格上升的压力越来越大。

可以看出，总需求曲线向右移动的过程中，价格和产量增加的比例并不相同。在E_0的右方，总需求曲线越向右移动，价格上升的幅度越大，产出增加的空间越来越小。当产出接近于潜在产出水平时，总需求曲线的向右移动更多的体现为价格的上涨。也就是说，在E_0的右方，总需求曲线向右方移动的距离越大，价格上升的比例越要高于产量上升的比例。

结合总需求—总供给模型可以推测出：约翰逊总统实行的这些政策无疑会给美国20世纪60年代末宏观经济运行带来风险，体现为高通货膨胀率。一旦遭遇不利的供给冲击，即20世纪70年代的石油危机，美国经济则出现了“滞胀”，即生产停滞与通货膨胀并存。

3. 解释凯恩斯和古典总供给曲线不同的原因，并利用总需求—总供给模型分析凯恩斯情形和古典情形下的财政扩张效应。（中山大学1999研）

答：（1）凯恩斯和古典总供给曲线的含义

①古典总供给曲线又称为长期总供给曲线，是一条垂直线。其原因在于假设工资的充分弹性或劳动市场的充分竞争性。劳动市场的充分竞争性保证了劳动市场经常处于均衡位置即充分就业。劳动的供求主要受实际工资的影响。在名义工资既定时，价格变动将引起实际工资变动，从而导致劳动市场非均衡，或劳动供大于求、或劳动求大于供。由于充分竞争性，非均衡将导致名义工资变动，直至重新回到均衡位置。

②凯恩斯总供给曲线又称为短期总供给曲线，是一个倾斜线段和垂直线段连接在一起的图形。凯恩斯总供给曲线形状在于其两个假设：

a. 货币工资刚性，只能升不能降；

b. 人们有“货币幻觉”，只注意货币的票面价值，而忽视货币的实际购买力。当价格上升时，实际工资下降，劳动力市场的供给减少，要求货币工资增加，就业量不变，总供给不变。

(2)凯恩斯和古典总供给曲线的区别主要表现在：

①短期总供给曲线和长期总供给曲线的差别。古典经济学的总供给曲线是长期总供给曲线；而凯恩斯总供给曲线是短期总供给曲线。

②图形形状差别。古典经济学的总供给曲线在图形上是一条位于经济的潜在产量水平上的垂直线；而凯恩斯总供给曲线是一个倾斜线段和垂直线段连接在一起的图形。

③蕴含的政策效果不同。古典模型中，除非总供给曲线发生变动，否则财政和货币政策只会带来价格的变化，没有任何效果；凯恩斯模型则表明货币政策和财政政策都将带来产出的变化，而无法影响价格。

综上所述，凯恩斯和古典总供给曲线不同的原因在于两者理论基础不同：

①古典理论认为，劳动市场运行毫无摩擦，总能维持劳动力的充分就业，既然在劳动市场，在工资灵活调整下充分就业的状态总能维持，因此，无论价格水平如何变化，经济中的产量总是与劳动力充分就业时的产量，即潜在产量相对应，所以总供给曲线总是垂直的。

②凯恩斯主义则假设工资刚性，并且劳动力市场存在摩擦，充分就业和达到潜在产量只是一种理想状态。实际工资和名义工资的变化会带来劳动供给的变化，所以总供给曲线不会维持在充分就业水平上保持垂直，而是应该保持水平或者至少保持正斜率。

(3)利用总需求—总供给模型分析凯恩斯情形和古典情形下的财政扩张效应

①在凯恩斯极端情形下(如图5-8(a))，扩张的财政政策只是提高产量和就业，对价格不产生任何影响。即使在总供给曲线向上倾斜的情况下，扩张性的财政政策也会导致产出的增加，当然政策效果没有极端的凯恩斯主义条件下明显。

②在古典情形下(如图5-8(b))，扩张的财政政策只是提高价格，而实际产量(产量、就业)不会发生变化。

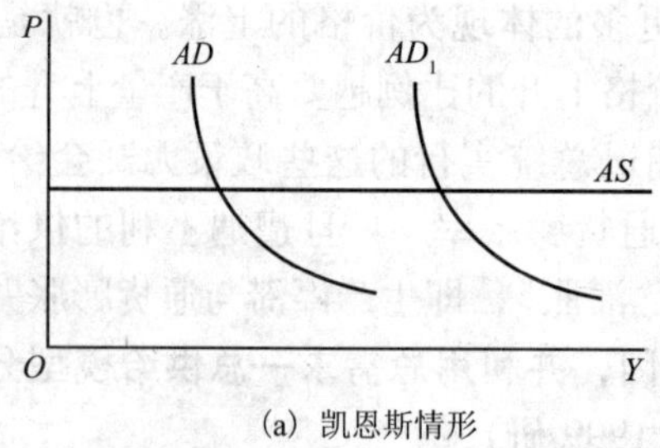

(a) 凯恩斯情形

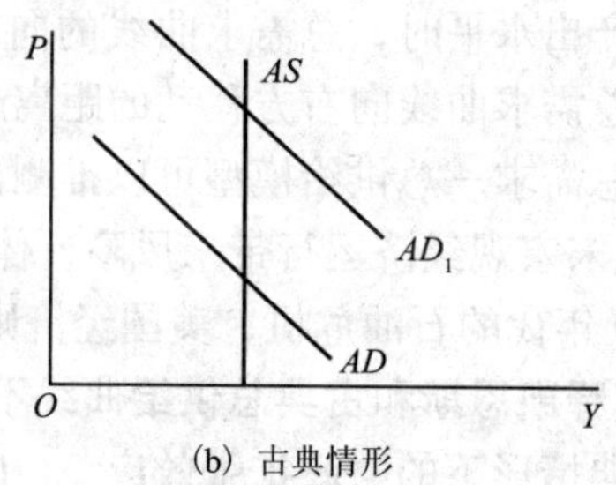

(b) 古典情形

图5-8　利用总需求—总供给模型分析凯恩斯情形和古典情形下的财政扩张效应

4. 根据总需求和总供给模型，试分析石油价格的上涨对一国宏观经济的短期和长期的影响。（对外经济贸易大学 2006 博）

答：石油价格上涨可以视为是一种总供给冲击。总供给冲击是指一国生产活动所需某项或某几项重要投入品的成本迅速上升而引起总供给曲线上移，由此拉动一般物价水平上升，进而导致通货膨胀和均衡产出水平下降的现象。总供给冲击包括作为加工原料的农产品价格的上升、燃料价格的上升、工资水平的突然上升、核心技术和关键部件的价格上升等。

如图 5－9 所示，在初始均衡的基础上，假定总供给曲线由于受到供给冲击（石油价格上涨，工资提高）而向左移动，此时总需求曲线不变。在短期内，一国宏观经济将出现滞胀现象（经济停滞和通货膨胀并存，高物价，低产出）。这种情况下，短期均衡点处均衡产量低于原正常情况下的均衡产量，而价格高于原价格水平。

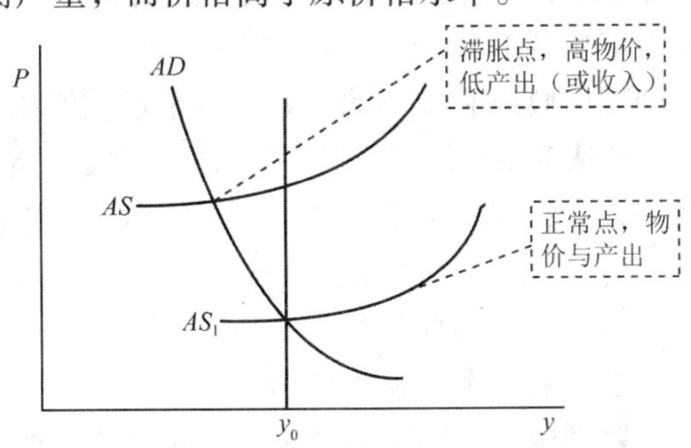

图 5－9　供给冲击的短期与长期影响

在长期中，一切价格都能够自由的涨落，工人的实际工资回复到原来的均衡工资水平，经济重新回复到充分就业状态，因而总供给曲线为垂直线。因此，一般情况下，石油价格冲击在长期中只会使价格上涨，对产出没有多大影响，产出仍然回复到充分就业产出水平。

5. 简述供给学派的主要观点及其对中国供给侧结构性改革的借鉴意义。（华南理工大学 2018 研）

答：（1）供给学派的主要观点

供给学派是 20 世纪 80 年代初在美国兴起的并红极一时的西方经济学流派。该流派的理论特点是强调供给效应，反对凯恩斯需求管理政策。

供给学派的主要理论观点是：①否定凯恩斯有效需求理论，主张恢复萨伊定律。②反对高额的边际税率，力主减税、增加供给。③主张减少政府干预，减少政府财政支出，加强市场调节。④认为应在刺激供给的同时，实行限制性货币政策。

供给学派的政策主张是：①减税；②削减社会福利支出；③稳定币值，恢复金本位制；④减少政府的管制，让企业更好的按市场经济原则行动。

（2）供给侧结构性改革

目前，我国存在严重的供需关系结构性失衡。“供需错位”已成为阻挡中国经济持续增长的最大路障：一方面，过剩产能已成为制约中国经济转型的一大包袱。另一方面，中国的供给体系与需求侧严重不配套，总体上是中低端产品过剩，高端产品供给不足。此外，中国的供给侧低效率，无法供给出合意的需求。因此，强调供给侧改革，就是要从生产、供给端入手，调整供给结构，为真正启动内需，打造经济发展新动力寻求路径。供给侧结构性改革，是从提高供给质量出发，用改革的办法推进结构调整，矫正要素配置扭曲，扩大有效供给。需求侧改革主要有投资、消费、出口三驾马车，供给侧改革则有劳动力、土地、资本、制度创造、创新等要素。

改革开放四十年来，中国经济持续高速增长，成功步入中等收入国家行列。但随着人口红利衰减、“中等收入陷阱”风险累积、国际经济格局深刻调整等一系列内因与外因的作用，经济发展正进入“新常态”——2015 年以来，我国经济进入了一个新阶段，主要经济指标之间的联动性出现背离，经济增长持续下行与 CPI 持续低位运行，居民收入有所增加而企业利润率下降，消费上升而投资下降，等等。

因此，为适应这种变化，在正视传统的需求管理还有一定优化提升空间的同时，迫切需要改善供给侧环境、优化供给侧机制，通过改革制度供给，大力激发微观经济主体活力，增强我国经济长期稳定发展的新动力。

(3)供给学派的主要观点对中国供给侧结构性改革的借鉴意义

①减少政府干预，加强市场调节

深化经济体制改革，处理好政府和市场的关系，使市场在资源配置中起决定性作用，同时更好地发挥政府作用。具体表现在深入推进“简政放权、放管结合、优化服务”的行政审批制度改革，以管住、管好政府这只“看得见的手”。通过严格规范政府的行权方式，做到廉洁、高效、透明、公正、公开，一方面优化合法经营、公平竞争、高度法治的市场环境，另一方面也要加强政府对市场的监管和规范，增加公共产品和公共服务的供给。

②逐步推进各项减税政策，减轻企业税收负担

根据供给学派的观点，累进税制的高税率政策会严重挫伤企业主的经营积极性，使储蓄率和投资率下降，劳动者工作热情低落，从而使生产和就业停滞，并由此导致“滞胀”。只有大幅度减税以增加个人收入和企业利润，进而促进储蓄和投资，刺激工作和经营积极性，才能使生产率提高。供给侧改革通过降低边际税率，减轻企业，尤其是中小企业的税收负担，使企业有资金进行技术研发，设备更新，员工培训，从而提高产品和服务质量。

6. 运用经济学原理分析说明国际油价上涨的原因以及对经济运行(产出、就业和物价)的影响。(华南理工大学 2010 研)

答：(1)国际油价上涨的原因

在市场经济中，商品的价格是由商品的供给和需求两方面共同作用决定的，一种商品的均衡价格是指该种商品的市场需求量和市场供给量相等时的价格，需求曲线或供给曲线的位置的移动都会使均衡价格水平发生变动。根据供求定理：在其他条件不变的情况下，需求变动分别引起均衡价格和均衡数量的同方向的变动；供给变动引起均衡价格的反方向的变动，引起均衡数量的同方向的变动。

①供给方面。由于石油是非可再生资源，受战争、恶劣气候以及主要石油产出国策略性行为的影响，石油的产量下降，供给减少导致了国际油价的上涨。

②需求方面。国际油价上涨的原因是各国经济的增长或者受投机资本的冲击，对石油的需求增加导致了国际石油价格的上涨。

由于供给和需求两方面的共同原因，国际油价不断上涨。

(2)石油价格上涨可以视为是一种总供给的冲击。总供给冲击是指一国生产活动所需某项或某几项重要投入品的成本迅速上升而引起总供给曲线上移，由此拉动一般物价水平上升，进而导致均衡产出下降和通货膨胀的现象。

如图 5－10 所示，国际石油价格上升等不利供给冲击发生，引起 AS 曲线向上移动到 AS'，经济均衡点从 E 点移动到 E'点，价格水平上升，产出水平下降，经济出现了通货膨胀

和经济萧条共生的现象，即“滞胀”现象。在 E' 点的失业迫使工资连同价格水平一起下降。沿着 AD 曲线，名义工资缓慢调整，持续下降，产出水平逐渐恢复，直至 E 点为止。

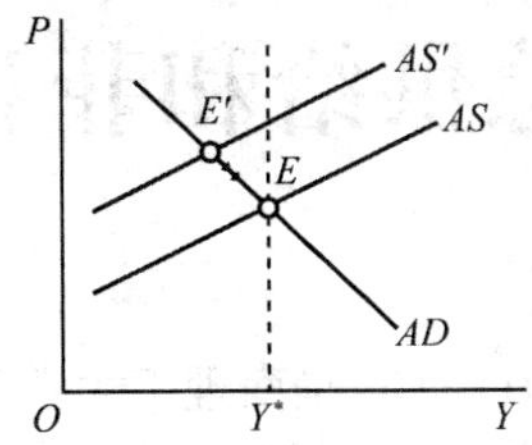

图 5－10　石油价格上涨对经济运行的影响

在长期，经济均衡点为 E 点，经济恢复到充分就业，价格水平也与冲击发生之前一样，但名义工资率要低于冲击发生之前，因此不利的供给冲击降低了实际工资水平。

第六章　总供给和菲利普斯曲线

一、名词解释

1. 菲利普斯曲线(浙江大学2011研；华南理工大学2011研；中央财经大学2019研)

答：英国经济学家菲利普斯根据1861～1957年英国的失业率和货币工资变动率的经验统计资料，得出货币工资增长率与失业率之间存在反比例关系，故称之为菲利普斯曲线。后来的学者用物价上涨率(即通货膨胀率)代替货币工资上涨率，以表示物价上涨率与失业率之间也有对应关系：物价上涨率增加时，失业率下降；物价上涨率下降时，失业率上升。这就是一般所说的经过改造后的菲利普斯曲线。菲利普斯曲线如图6－1所示。

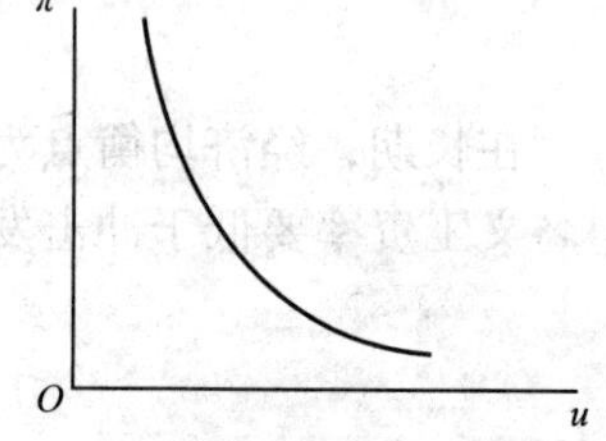

图6－1　菲利普斯曲线

菲利普斯曲线提供的失业率与通货膨胀率之间的关系为实施政府干预、进行总需求管理提供了一份可供选择的菜单。它意味着当通货膨胀率过高时，可通过紧缩性的经济政策使失业率提高，以换取低通货膨胀率；当失业率过高时，采取扩张性的经济政策使通货膨胀率提高，以获得较低的失业率。

对于菲利普斯曲线具体的形状，不同学派对此有不同的看法。普遍接受的观点是：在短期内，短期菲利普斯曲线向右下方倾斜，而长期菲利普斯曲线是一条垂直线，表明失业率与通货膨胀率之间不存在替换关系。

2. 奥肯定律(浙江大学2006、2012研；对外经济贸易大学2007研；华南理工大学2011研)

答：奥肯定律说明的是实际国内生产总值与失业率之间的关系。该定律是美国经济学家阿瑟·奥肯在研究上述两者之间的关系时发现的一种规律，奥肯利用美国55个季度(从1947年第二季度到1960年第四季度)中失业率变化和实际国内生产总值变化的资料，通过简单的回归方程，估算出反映两者之间变化关系的一个数值。奥肯定律的内容是：失业率每高于自然失业率1个百分点，实际GDP将低于潜在GDP 2个百分点。奥肯定律用公式表示为：

$$\frac{Y-Y^*}{Y^*}=-\omega(u-u^*)$$

其中，Y为实际产出，Y^*为潜在产出，u为实际失业率，u^*为自然失业率，ω为大于零的参数。

奥肯定律的一个重要结论是：实际GDP必须保持与潜在GDP同样快的增长，以防止失业率的上升。也就是说，GDP必须不断增长才能保证失业率留在原地，如果想让失业率下降，实际GDP的增长必须快于潜在GDP的增长。

不同的国家有不同的国情，奥肯定律所揭示的数量关系未必适用于所有国家，但它毕竟说明了经济增长与就业或失业之间存在着相关关系。

3. 惯性通货膨胀(浙江大学2003研)

答：惯性通货膨胀又称为预期到的通货膨胀，指通货膨胀过程被经济主体预期到了，以及由于这种预期而采取各种补偿性行动引发的物价上升运动。如在工资合同中规定价格的条款，在商品定价中加进未来原材料及劳动成本上升因素等。

但是一般认为，如果通货膨胀的预期现象普遍存在，那么无论是什么原因引起了通货膨胀，即使最初引起通货膨胀的原因消除了，通货膨胀也会因经济主体预期而采取的行动得以持续，甚至加剧。

4. 滞胀与菲利普斯曲线(华南理工大学2012研)

答：滞胀又称为萧条膨胀或膨胀衰退，指经济生活中出现了生产停滞、失业增加和物价水平居高不下同时存在的现象，它是通货膨胀长期发展的结果。自20世纪60年代末、70年代初以来，西方各主要资本主义国家出现了经济停滞或衰退、大量失业以及物价持续上涨同时发生的情况。西方经济学家把这种经济现象称为滞胀。

菲利普斯曲线表示的是在一定的通货膨胀预期下，通货膨胀率与失业率之间的关系。菲利普斯曲线说明通货膨胀率取决于两种力量：预期的通货膨胀率、失业与自然率的背离(周期性失业)，即：$\pi=\pi^e-\beta(U-U_n)$。

滞胀的出现意味着菲利普斯曲线所表示的通货膨胀率与失业率之间的交替关系可能不存在，现实中可能出现高通货膨胀率和高失业率并存。对此，货币学派和理性预期学派对新古典综合学派提出的向右下方倾斜的菲利普斯曲线提出了质疑。

5. 奥肯定律与菲利普斯曲线(华南理工大学2011研)

答：奥肯定律描述的是实际国内生产总值与失业率之间的关系。奥肯定律的内容是：失业率每高于自然失业率1个百分点，实际GDP将低于潜在GDP2个百分点。奥肯定律的一个重要结论是：实际GDP必须保持与潜在GDP同样快的增长，以防止失业率的上升。也就是说，GDP必须不断增长才能保证失业率留在原地，如果想让失业率下降，实际GDP的增长必须快于潜在GDP的增长。

菲利普斯曲线描述的是通货膨胀率与失业率之间的关系。一般来说，短期内，菲利普斯曲线向右下方倾斜，表明通货膨胀率与失业率之间存在替代关系；长期内，菲利普斯曲线为一条垂直线。

结合奥肯定律和菲利普斯曲线可推导得出总供给曲线。

6. 效率工资理论(中央财经大学2016研)

答：效率工资理论是在最低工资法和工会之外解释工资刚性的第三个原因。效率工资理论认为，在一定限度内，企业通过支付给工人比劳动市场出清时更高的工资，可以促使劳动生产率的提高，获得更多的利润。效率工资取决于两个因素：其他企业支付的工资与失业率水平。效率工资理论可分为四种：①高工资有助于提高和保持企业的整体素质；②高工资有助于调动工人的工作积极性；③高工资有助于保持企业工人的稳定性；④在发展中国家高工资有助于改善工人的健康状况，从而提高劳动生产率。总之，效率工资理论认为，支付高于均衡水平的工资对企业本身有利，而这又造成劳动力市场工人因等待而失业的现象。

二、简答题

1. 设菲利普斯曲线为$\frac{W_{t+1}-W_t}{W_t}=-\varepsilon(u-u^*)$，其中$W$、$u$、$u^*$分别代表名义工资、失业率和自然失业率。又假设：(1)产出与就业成比例：$Y=aN$；(2)价格为劳动成本的一个固定比例加成：$P=\frac{(1+z)}{a}W$。请回答下面问题：

(1)菲利普斯曲线的含义和古典学派观点的主要区别是什么?

(2)根据上述条件推导总供给曲线。(中山大学2009研)

答:(1)原始菲利普斯曲线$\frac{W_{t+1}-W_t}{W_t}=-\varepsilon(u-u^*)$表示货币工资的变动率与失业率之间的变动的反向关系。再根据$P_t=\frac{(1+z)}{a}W_t$,所以$\frac{W_{t+1}-W_t}{W_t}=\frac{P_{t+1}-P_t}{P_t}$,则通胀率就与货币工资增长率一致,于是得到修正后的菲利普斯曲线方程$\pi_t=-\varepsilon(u_t-u^*)$。菲利普斯曲线反映了通货膨胀与失业之间的反向变动关系:失业率高,通胀率就低;失业率低,通胀率就高。它显示了要实现充分就业就必然要出现较高的物价上涨率。

20世纪60年代后期,经济现实与菲利普斯曲线越来越背离,一些国家出现了通货膨胀率与失业率同时上升的滞胀现象。以弗里德曼为代表的古典学派指出,菲利普斯曲线的最大缺陷是采用名义工资率代替通货膨胀率,并由此推断通货膨胀与失业率之间具有稳定的替代关系,而忽视了工人对通货膨胀的预期。一旦考虑到预期,菲利普斯曲线方程可写为$\pi=\pi^e-\varepsilon(u-u^*)$,其中$\pi^e$表示预期通胀率,该方程被称为附加预期的菲利普斯曲线。一旦形成了通货膨胀预期,短期菲利普斯曲线就会上移,工人会要求足以补偿物价上涨的更高的名义工资,而雇主则不愿在这个工资水平上提供就业,最终,失业率又恢复到“自然失业率”水平。从长期菲利普斯曲线来看,扩张性政策虽然能够在短期内暂时降低失业率,但无法在长期内降低失业率,如果政府采取持续的扩张性政策,必然会造成通货膨胀加速上升,失业率始终保持在自然失业率水平上。

(2)推导总供给曲线

从菲利普斯曲线推导总供给曲线需要以下两个步骤:

第一,将产出转变为就业,即奥肯定律$(Y-Y^*)/Y^*=-\omega(u-u^*)$。

第二,应用(1)中推导的修正后的菲利普斯曲线:$(P_{t+1}-P_t)/P_t=-\varepsilon(u-u^*)$。

将这两个方程综合到一起,可得到:

$$P_{t+1}=P_t\left(1+\frac{\varepsilon}{\omega}\frac{Y-Y^*}{Y^*}\right)$$

化简得:$P_{t+1}=P_t[1+\lambda(Y-Y^*)]$,其中$\lambda=\varepsilon/(\omega Y^*)$。

把上述步骤结合起来,推导出一条向右上方倾斜的总供给曲线。

2. 利用线性生产函数($Y=aL$,其中Y是产出,L是就业,a是常数)、菲利普斯曲线和产品加成定价原理来推导总供给曲线,并以图形绘出长期和短期总供给曲线的形状。(中山大学2006研)

答:(1)总供给曲线的推导

从菲利普斯曲线推导总供给曲线需要三个步骤。首先,通过奥肯定律,将失业率与产出联系起来;其次,通过成本加成公式,将工资和价格水平联系起来;最后,将前两部的工作代入菲利普斯曲线,即得到了总供给曲线。

令经济体中劳动力总人数为N,每一期的就业人口和失业人口分别为L_t、U_t。该经济体的产出函数为$Y_t=aL_t$,也即$Y_t=a(N-U_t)$。充分就业时,经济体达到了潜在产出水平Y^*并且此时有$Y^*=a(N-U^*)$,于是产出缺口率为:

$$\frac{Y_t-Y^*}{Y^*}=\frac{a(N-U_t)-a(N-U^*)}{a(N-U^*)}=-\frac{U_t-U^*}{N-U^*}=-\frac{1}{(1-u^*)}(u_t-u^*)$$

由于$\frac{1}{(1-u^*)}$为一固定常数，设为φ，因此得奥肯定律：

$$\frac{Y_t-Y^*}{Y^*}=-\varphi(u_t-u^*) \qquad ①$$

根据生产函数可知，工资是惟一的成本，设劳动生产率为β，则单位劳动产品的生产成本就是$\frac{W}{\beta}$，厂商在劳动成本上附加加成比例z来确定价格：$P=\frac{(1+z)W}{\beta}$。令参数$\theta=\frac{(1+z)}{\beta}$，则$P_t=\theta W_t$，所以$\frac{W_{t+1}-W_t}{W_t}=\frac{P_{t+1}-P_t}{P_t}$，联立原始菲利普斯曲线方程可得：

$$\pi_t=\frac{P_{t+1}-P_t}{P_t}=-\varepsilon(u-u^*) \qquad ②$$

联立公式①②可得：$\pi_t=\frac{P_{t+1}-P_t}{P_t}=\frac{\varepsilon}{\varphi}\cdot\frac{Y_t-Y^*}{Y^*}$，所以最终得到总供给曲线方程：

$$P_{t+1}=P_t[1+\lambda(Y_t-Y^*)]$$

其中，$\lambda=\frac{\varepsilon}{\varphi Y^*}$。

(2)从上面的短期总供给曲线方程可以看出，短期总供给曲线是一条向右下方倾斜的曲线。而长期由于$P_{t+1}=P_t$，总供给曲线是一条垂直于充分产出水平的直线。长期总供给曲线和短期总供给曲线如图6－2所示。

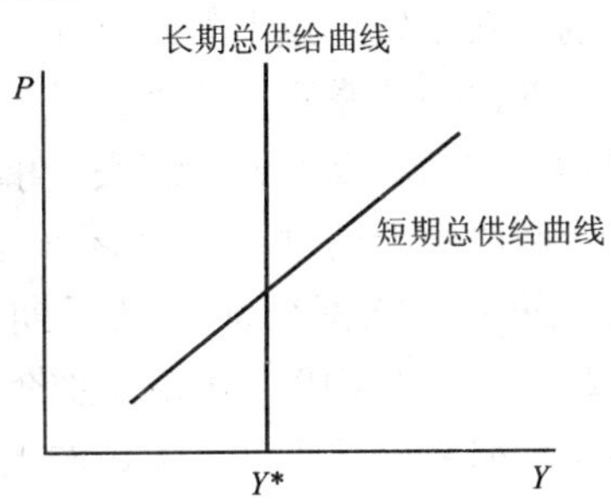

图6－2　长期总供给曲线和短期总供给曲线

3. 菲利普斯曲线描述的是什么关系？这一关系的政策含义是什么？（中山大学2001研）

答：(1)菲利普斯曲线是说明失业率和货币工资变动率之间的一种反向关系的曲线。失业率越高，工资膨胀率就越低。同时，货币工资率的提高是引起通货膨胀的原因，引起物价上涨，从而导致通货膨胀。所以菲利普斯曲线又成为当代经济学家用以表示失业率和通货膨胀之间此消彼长、相互交替关系的曲线。若设u^*表示自然失业率，则可以将简单形式的菲利普斯曲线表示为：$g_w=-\varepsilon(u-u^*)$。菲利普斯曲线是一条自左上方向右下方倾斜的曲线，可用图6－3说明。

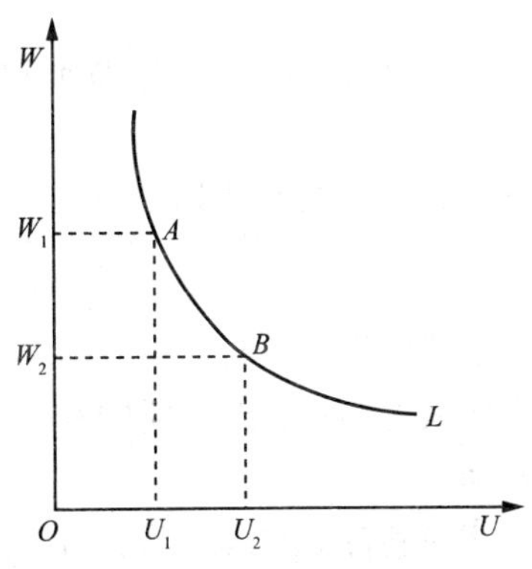

图6－3　菲利普斯曲线

图6－3中W为货币工资变动率，U为社会的失业率，L即为菲利普斯曲线。当失业率由U_2降到U_1时，货币工资增长率就由W_2上升到W_1。这表明失业率与货币工资变动率有着一种交替关系。也就是

说，要实现充分就业就必然会出现较高的物价上涨率。由于货币工资变动率与物价上涨率有关，而通货膨胀又用物价上涨率来表示。因而，进一步对图 6－3 引申，便可表示通货膨胀率与失业率之间的关系。

(2)菲利普斯曲线既反映出通货膨胀与失业的替代关系，即失业率高，通胀率就低，失业率低，通胀率就高，又可用于分析抑制通货膨胀的对策。在一定的时点上，政府可设置一个经济能够最大限度承受的通货膨胀与失业的界限，通过总需求管理政策把通货膨胀和失业都控制在此界限之内。当通货膨胀率过高时，可通过紧缩性的经济政策使失业率提高，以换取低通货膨胀率；当失业率过高时，采取扩张性的经济政策使通货膨胀率提高，以获得较低的失业率，以避免经济过分波动。

4. 简述现代菲利普斯曲线的构成因素，及其与原始菲利普斯曲线的区别，并指出前者与总供给曲线的关系。(南开大学 2009 研)

答：(1)现代菲利普斯曲线的构成因素

现代菲利普斯曲线即附加预期的菲利普斯曲线，表达式为：$\pi=\pi^e-\varepsilon(u-u^*)$。由公式可以看出，现代菲利普斯曲线的构成因素有预期的通货膨胀率、失业与自然率的背离和供给冲击。

(2)现代菲利普斯曲线和原始菲利普斯曲线的区别

现代菲利普斯曲线和原始菲利普斯曲线的区别主要体现在以下三个方面：

①现代菲利普斯曲线用物价膨胀代替工资膨胀。不过这种差别并不是至关重要的，因为物价膨胀与工资膨胀是密切相关的。在工资迅速上升的时期，物价也迅速上升。

②现代菲利普斯曲线包括了预期的通货膨胀。弗里德曼和菲尔普斯认为，简单菲利普斯曲线最大的问题在于忽略了预期到的或预料到的通货膨胀。事实上，失业并非取决于通货膨胀水平，而是取决于超过预期通货膨胀之上的过度通货膨胀。

③现代菲利普斯曲线包括供给冲击。20 世纪 60 年代后期，一些国家出现了通货膨胀率和失业率同时上升的滞胀现象。20 世纪 70 年代，世界石油价格的大幅度上升，使得原始菲利普斯曲线无论在理论上还是在实证研究上都受到了尖锐的批评，也使得经济学家更加认识到总供给冲击的重要性。

(3)附加预期的菲利普斯曲线与总供给曲线的关系

①表达式的互推

利用附加预期的菲利普斯曲线方程 $\pi-\pi^e=-\varepsilon(u-u^*)$ 以及奥肯定律 $\frac{y-y_f}{y_f}=-\alpha(u-u^*)$，并记 $\lambda=\frac{\alpha y_f}{\varepsilon}$，可得出以下方程式：

$$y=y_f+\lambda(P-P^e)$$

上式即为总供给方程。其中，y_f 表示潜在产出；P^e 表示预期价格水平。这一方程可以同时代表古典的、凯恩斯的和常规的总供给曲线，而三者的差别在于参数 λ 的取值及对 λ 的解释。

②菲利普斯曲线和总供给曲线二者反映的本质是完全相同的，都是对“价格水平变动是实物经济的实际产出、就业量由最初的偏离充分就业水平——通过工资—价格调整——回归充分就业水平”的过程的刻画。总供给曲线与菲利普斯曲线都对应着古典经济学、凯恩斯主义、货币主义、理性预期学派、新凯恩斯主义本质相同的观点所决定的不同表现形式。

③两者的区别：总供给曲线侧重于“价格—产出”之间的关系，现代菲利普斯曲线侧重于“价格的变动率—产出（就业）的变动率”之间的关系。前者是二者绝对水平的相依关系，后者是二者相对变化率的相依关系。前者是静态的，而后者开始涉及到动态问题。

5. 根据附加预期的菲利普斯曲线推导国民收入与物价水平之间的关系，并说明滞胀现象的成因。（对外经济贸易大学2013研；华南理工大学2015研）

答：（1）附加预期的菲利普斯曲线为 $\pi-\pi^e=-\varepsilon(u-u^*)$。

用 $P-P_{-1}$ 代替 π，用 P^e-P_{-1} 代替 π^e，这里 P 为当期价格水平，P_{-1} 为前一期价格水平，P^e 为预期价格水平。则上式变为：$P-P^e=-\varepsilon(u-u^*)$。

另一方面，根据奥肯定律，有：$(y-y_f)/y_f=-\alpha(u-u^*)$。

将上式代入到 $P-P^e=-\varepsilon(u-u^*)$ 中，替换掉 $(u-u^*)$ 后得：$P-P^e=\varepsilon/\alpha[(y-y_f)/y_f]$。

记 $\lambda=\alpha y_f/\varepsilon$，则上式可写为：$y=y_f+\lambda(P-P^e)$。此即为国民收入与物价水平之间的关系。

（2）滞胀又称为萧条膨胀或膨胀衰退，指经济生活中生产停滞、失业增加和物价水平居高不下同时存在的现象，它是通货膨胀长期发展的结果。

根据原始的菲利普斯曲线，通货膨胀与失业率之间存在此消彼长的权衡关系，不可能出现高失业率与高通货膨胀率并存的滞胀现象。引入通胀预期后，很容易揭示滞胀的形成机制：当人们预期通货膨胀较高时，经济体将出现高通货膨胀预期的短期菲利普斯曲线，如图6－4中的最右上方的那条短期菲利普斯曲线。这时，通货膨胀与失业率之间的权衡关系依然存在，如果将实际通货膨胀率控制在低于人们预期的水平以下（实际通货膨胀的绝对水平仍然较高），那么实际失业率将超过自然失业率，保持在较高的水平上，如图6－4中的 s 点。

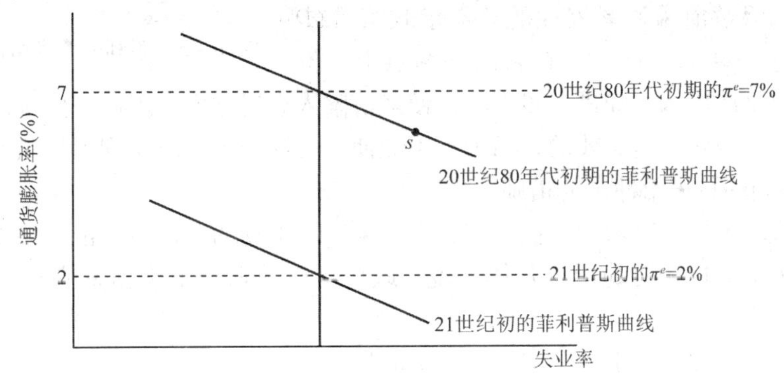

图6－4　滞胀的形成机制

6. 假定中央银行的损失函数是 $L(u,\ \pi)=u+\gamma\cdot\pi^2$，其中 u 为失业率，π 为通货膨胀率。中央银行的货币政策目标是在附带预期的菲利普斯曲线的约束下，通过选择通货膨胀率 π 使其损失函数最小化，请证明盯住通货膨胀的固定规则货币政策优于相机抉择或斟酌处置的货币政策。（中国人民大学2016研）

答：联立菲利普斯曲线和央行损失函数方程组进行分析求解：

菲利普斯曲线：$u=u^n-\alpha(\pi-\pi^e)$；

央行损失函数：$L(u,\ \pi)=u+\gamma\cdot\pi^2$。

（1）考虑盯住通货膨胀的固定规则货币政策

规则把央行规定在特定的通货膨胀水平，只要私人主体相信央行对于该通胀水平的承诺，则 $\pi=\pi^e$，$u=u^n$。所以在固定规则政策下，央行应当实行零通胀。

（2）考虑斟酌处置的货币政策

将菲利普斯曲线函数代入损失函数，则 $L(u, \pi)=u^{n}-\alpha(\pi-\pi^{e})+\gamma\cdot\pi^{2}$。

两边对 π 求导，得：$\partial L(u, \pi)/\partial\pi=-\alpha+2\gamma\cdot\pi$；

令 $\partial L(u, \pi)/\partial\pi=0$，可得 $\pi=\alpha/(2\gamma)$。

所以当 $\pi=\alpha/(2\gamma)$ 时，央行损失最小。

而理性的私人主体将预期央行选择这一通胀水平 $\pi^{e}=\pi=\alpha/(2\gamma)$，所以 $u=u^{n}$。

可见在两种政策下，u 相同，而第二种政策下的通货膨胀率显然高于第一种政策，所以盯住通货膨胀的固定规则货币政策优于斟酌处置的货币政策。

7. 试用 AS－AD 模型说明在不利的总供给冲击下，传统的总需求管理政策为什么无效？那么政府可以采取哪些措施应对不利的总供给冲击？（南开大学 2010 研）

答：（1）传统的总需求管理政策无效的原因分析

不利的总供给冲击会导致总供给下降，即 AS 曲线向左移动，从而造成经济生活中的滞胀现象。传统的总需求管理政策是通过调节总需求来达到一定的政策目标的宏观经济政策工具。如图 6－5 所示，在不利的总供给冲击，即在滞胀条件下，传统的总需求管理政策是无效的。这是因为，面对总产出水平的下降，政府如果采用扩张性的总需求政策，AD 曲线向右移动达到新的均衡点，在新的均衡点上，产出达到了充分就业水平，但是价格水平更高，经济中的通货膨胀水平更高。反之，如果政府采用紧缩性的总需求政策，AD 曲线向左移动达到新的均衡点，在新的均衡点上，价格水平下降，但是产出水平却进一步下降，使经济陷入衰退之中。因此，传统的总需求管理政策在解决滞胀的问题上是失效的，因为它不能使价格和产出同时达到理想状态。

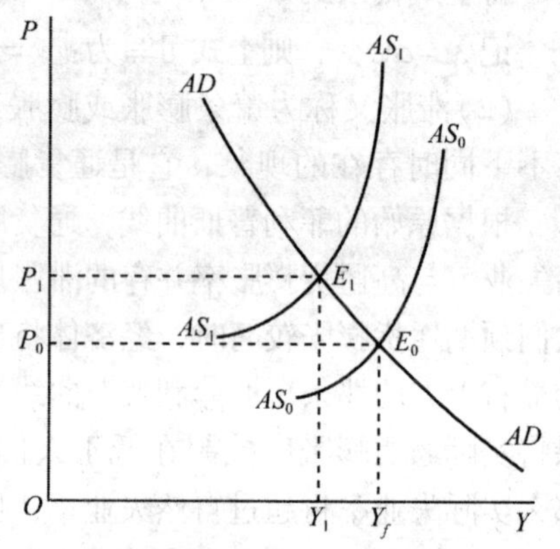

图 6－5　不利的总供给冲击的后果

（2）应对不利的总供给冲击的措施

政府可以采取措施同时增加总供给和总需求来应对不利的总供给冲击，使得产出回到均衡水平，价格水平保持相对稳定。具体来说，政府可以采取以下措施来应对不利的总供给冲击：

①提高企业生产的技术水平，增加产品供应量。

②加大政府对技术更新等的支持力度，促进社会技术进步。

③部分行业、企业实行税收优惠、补贴等，鼓励新能源、新技术的开发应用。

三、计算题

1. 设一经济的短期菲利普斯曲线方程如下：

$$\pi=\pi_{-1}-0.5(u-0.06)$$

其中，π 和 π_{-1} 分别表示当前和上一期的通货膨胀率，u 为实际失业率。计算：

（1）该经济的自然失业率为多少？

（2）为使通货膨胀率减少 5 个百分点，必须有多少周期性失业（用百分比表示）。（对外经济贸易大学 2007 博）

解：（1）自然失业率就是通货膨胀率不变的失业率，因此根据菲利普斯曲线 $\pi=\pi_{-1}-0.5(u-0.06)$ 易知经济的自然失业率是 6%。

（2）为使通货膨胀率减少 5 个百分点，$0.5(u-0.06)$ 就要增加 5 个百分点，则 $(u-0.06)$

要增加10个百分点。因此，为使通货膨胀减少5个百分点，必须有16%的周期性失业。

2. 假设经济由如下三个式子来描述：总需求状况为 $g_{yt}=g_{mt}-\pi_t$；菲利普斯曲线为 $\pi_t-\pi_{t-1}=-0.8(u_t-4\%)$；奥肯定律为 $u_t-u_{t-1}=-0.4(g_{yt}-3\%)$。其中 g_{yt} 为产出增长率，g_{mt} 为货币供给增长率，π_t 为通货膨胀率，u_t 为失业率。求：

(1)经济的自然失业率是多少？

(2)假设失业率等于自然失业率，通货膨胀率为8%。产出增长率是多少？货币供给增长率是多少？

(3)假设政府要把通货膨胀率从第一年的8%降到第二年的4%，求第二年的实际失业率并计算牺牲率。

解：(1)自然失业率就是通货膨胀率不变的失业率，因此根据菲利普斯曲线 $\pi_t-\pi_{t-1}=-0.8(u_t-4\%)$ 易知经济的自然失业率是4%。

(2)当失业率等于自然失业率时，根据奥肯定律 $u_t-u_{t-1}=-0.4(g_{yt}-3\%)$ 易知产出增长率为3%。将 $\pi_t=8\%$，$g_{yt}=3\%$ 代入到 $g_{yt}=g_{mt}-\pi_t$ 中可得货币供给增长率 $g_{mt}=11\%$。

(3)将 $\pi_{t-1}=8\%$，$\pi_t=4\%$ 代入到菲利普斯曲线 $\pi_t-\pi_{t-1}=-0.8(u_t-4\%)$ 可得第二年的实际失业率为9%。由奥肯定律 $u_t-u_{t-1}=-0.4(g_{yt}-3\%)$ 得，此时的产出增长率为 -9.5%，损失的产出百分比为12.5%。根据牺牲率的公式(牺牲率=损失的产出百分比/减少的通货膨胀)则可计算出牺牲率为 $12.5\%\div4\%=3.125$。

3. 假定经济的菲利普斯曲线是：$\pi=\pi_{-1}-0.5(u-u^n)$，而且自然失业率是过去两年失业率的平均数：$u^n=0.5(u_{-1}+u_{-2})$。

(1)为什么自然失业率会取决于最近的失业率？

(2)假设央行遵循永久性地降低通货膨胀1%的政策，这种政策对一段时期中的失业率有什么影响？

(3)这个经济中的牺牲率是多少？请解释。

(4)这些方程式对通货膨胀与失业之间的短期和长期的取舍关系意味着什么？(中国人民大学2013研)

解：(1)在该模型中，自然失业率是过去两年中失业率的平均数，因此，如果衰退提高了某一年的失业率，那么自然失业率也会提高。这说明该模型表现出了滞后性：短期的周期性失业影响长期的自然失业率。之所以自然失业率会取决于最近的失业率，是因为：

①近期的失业率可能影响摩擦性失业的水平。失业工人失去工作技能而更难找到工作。而且，失业工人可能失去寻找工作的热情而不努力找工作。

②近期的失业率可能影响等待性失业的水平。如果在服务谈判中局内人比局外人更有发言权，那么局内人可能会提高工资水平，这样工作岗位就会变少。这种情况在工业企业和工会的谈判中很容易发生。

(2)中央银行永久性地降低通货膨胀1%的政策会使一段时间的失业率上升。由菲利普斯曲线知，在第一期 $\pi_1-\pi_0=-0.5(u_1-u_1^n)$，这意味着通货膨胀率下降1%，失业率在自然失业率基础上上升2%。然而在下一个时期，由于周期性失业的提高，自然失业率也提高，新的自然失业率为：

$$u_2^n=0.5(u_1+u_0)=0.5[(u_1^n+2)+u_1^n]=u_1^n+1$$

因此，自然失业率上升1%。如果中央银行要把通货膨胀保持在新的水平上，那么第二期的失业率就应该等于新的自然失业率 u_2^n，因此 $u_2=u_1^n+1$。在以后的每个时期，失业率仍然要等于自然失业率。这个自然失业率绝不可能回到其最初水平。这点可以从下列的失业率得到：

$$u_3=(1/2)u_2+(1/2)u_1=u_1^n+1\frac{1}{2}$$

$$u_4=(1/2)u_3+(1/2)u_2=u_1^n+1\frac{1}{4}$$

$$u_5=(1/2)u_4+(1/2)u_3=u_1^n+1\frac{3}{8}$$

因此，若中央银行遵循永久性地降低通货膨胀1%的政策，则第一年失业率在自然失业率基础上上升2%，以后每年在自然失业率基础上上升1%或更高。

(3)这个经济的牺牲率是4。分析如下：如果失业率要在自然失业率的基础之上上升2%，则根据奥肯定理，GDP要损失4%，则牺牲率=4%/1%=4。

(4)如果没有滞后作用，则通货膨胀和失业率之间只存在短期的取舍关系。滞后作用使得通货膨胀与失业率不仅存在短期取舍关系，还存在长期取舍关系：即若要降低通货膨胀，失业必须持续升高。

四、论述题

1．近年来，预期通货膨胀是人们关注的热点问题，结合你所知道的宏观经济学知识，回答下面的问题。

(1)什么是预期通货膨胀？如何把其引入菲利普斯曲线？

(2)结合 *AS*－*AD* 分析框架说明，如果不进行任何宏观经济管理，预期通货膨胀将会对经济体带来的影响；如果进行宏观经济管理，则应如何管理？将会达到什么效果？（中山大学2011研）

答：(1)预期通货膨胀率是指人们预测出来用于确定货币工资率及其他货币价格的通货膨胀率，是对未来的实际通货膨胀的估计。当工人和厂商协议工资时，他们关心的是工资的真实价值。因此，双方都愿意在合同期内，根据预期通货膨胀或多或少地调整名义工资水平。失业并非取决于通货膨胀水平，而是取决于预期通货膨胀之上的过度通货膨胀。附加预期的菲利普斯曲线即短期菲利普斯曲线，就是人们预期通货膨胀率保持不变时，表示通货膨胀率与失业率之间关系的曲线，其典型的特征是存在着通货膨胀与失业的替代关系。附加预期的菲利普斯曲线方程为：

$$\pi=\pi^e-\varepsilon(u-u^*)$$

其中，π^e 为预期通货膨胀率，整理得 $\pi-\pi^e=-\varepsilon(u-u^*)$。可见，当实际通货膨胀率等于预期通货膨胀率时，失业率处于自然失业率状态。

(2)一旦有了通货膨胀预期，民众为了保持实际工资水平不下降，会要求涨工资，工资的提高就导致成本提高，从而导致一般价格水平的上涨，反映到图形中体现为 *AS* 曲线向左移动，如图6－6所示。结合 *AS*－*AD* 分析框架可以看出，如果不进行任何宏观经济管理，预期通货膨胀将演化成事实的通货膨胀，且产出水平下降。

一旦有了通货膨胀预期，如果进行宏观经济管理，将采用需求管理政策。若采取紧缩性的政策，使得 *AD* 曲线向左移动。移动的结果是物价水平有所下降，但产出水平进一步下降。或者，政府为了防止产出水平的下降，采取扩张性的政策，使得 *AD* 曲线向右移动，此时产出水平得到一定的恢复，但物价水平进一步上涨。从分析可以看出，需求管理政策无效，无法应对由通货膨胀预期所引起的经济问题。

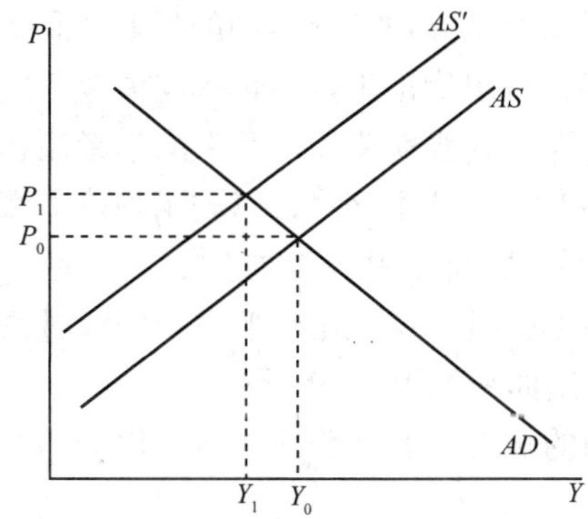

图 6－6　预期通货膨胀对经济体带来的影响及宏观经济管理

2. 索洛模型为什么存在稳态？请画出经济体处于稳态时的菲利普斯曲线。（中山大学2010 研）

答：（1）索洛模型存在稳态的原因

索洛模型之所以存在稳态，原因在于假定要素边际生产率递减，规模报酬不变。

如图 6－7 所示，在新古典增长模型中资本边际产出递减，对应的生产函数斜率递减，导致储蓄曲线肯定与投资需求曲线有一个交点，从而确定一个稳态。图 6－7 所示，在 C 点，与人均资本 k^* 相关联的储蓄，恰好与必需的投资相一致，此时经济达到了稳态。如果储蓄 sy 超过 $(n+d)k$，导致人均资本上升，人均收入上升；反之，如果 sy 不足补充 $(n+d)k$，则人均资本下降，人均收入下降。

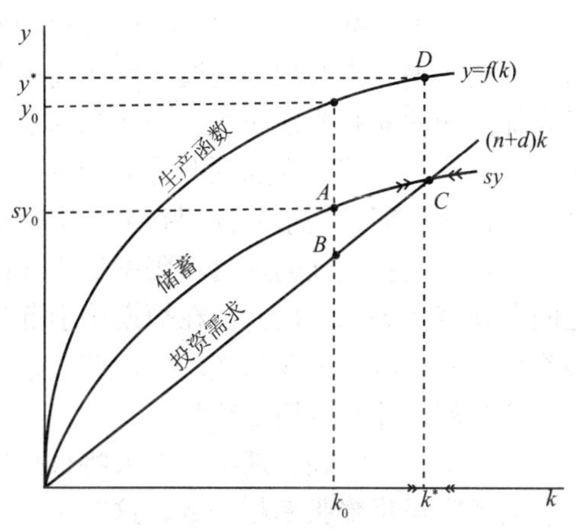

图 6－7　索洛模型

（2）经济体处于稳态时的菲利普斯曲线

经济体处于稳态意味着经济体达到均衡，保持稳定的状态运行，此时失业率也将固定不变。如图 6－8 所示，经济体处于稳态时，菲利普斯曲线为长期菲利普斯曲线，为一条垂直线。

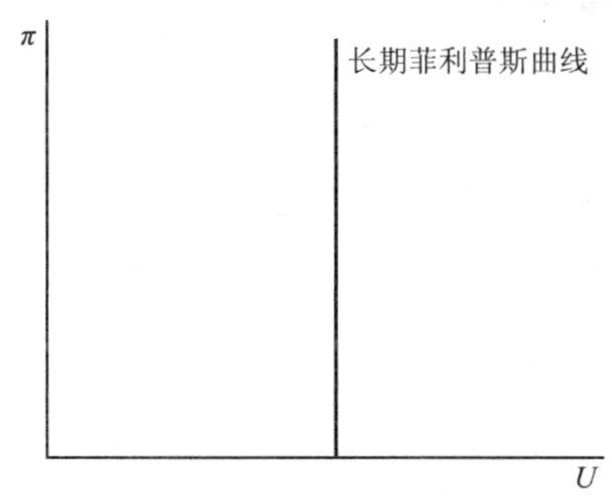

图 6－8　经济体处于稳态时的菲利普斯曲线

3. 什么是菲利普斯曲线，它有哪几种类型，其各自的政策含义是什么？（中国人民大学 2007、2015 研；南开大学 2014 研）

答：（1）菲利普斯曲线的含义

英国经济学家菲利普斯根据1861～1957年英国的失业率和货币工资变动率的经验统计资料，得出货币工资增长率与失业率之间存在反向变动关系，故称之为菲利普斯曲线。后来的学者用物价上涨率(即通货膨胀率)代替货币工资上涨率，以表示物价上涨率与失业率之间也有对应关系：物价上涨率增加时，失业率下降；物价上涨率下降时，失业率上升。这就是一般所说的经过改造后的菲利普斯曲线。菲利普斯曲线如图6－9所示。

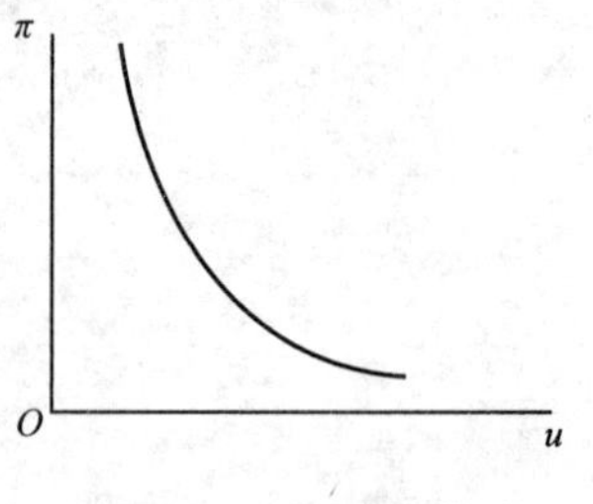

图6－9　菲利普斯曲线

(2)按照经济中调整时间的长短，菲利普斯曲线可以分为短期菲利普斯曲线和长期菲利普斯曲线。

①短期的菲利普斯曲线

经济学含义：指预期通胀率保持不变时，表示通货膨胀率与失业率之间关系的曲线，又称之为附加预期的菲利普斯曲线：$\pi=\pi^{e}-\varepsilon(u-u^{*})$。

弗里德曼指出，企业和工人关注的不是名义工资，而是实际工资。当劳资双方谈判新工资协议时，他们都会对新协议期的通货膨胀率进行预期，并根据通胀率的预期来相应的调整名义工资水平。人们预期的通胀率越高，名义工资增加的就越快。由此，弗里德曼等人提出了附加预期的菲利普斯曲线。当实际通货膨胀率等于预期通货膨胀率时，失业处于自然失业水平上。这意味着，附加预期的菲利普斯曲线在预期的通货膨胀水平上与自然失业率相交。这里所说的短期，是指从预期到需要根据通货膨胀做出调整的时间间隔。

政策含义：在预期通货膨胀率低于实际通货膨胀率的短期中，失业率和通货膨胀率两者之间存在替代关系。由此，在短期中引起通货膨胀率上升的扩张性财政政策和扩张性货币政策都可以起到减少失业的作用，即调节总供求的宏观政策在短期内有效。

②长期的菲利普斯曲线

经济学含义：在长期中，工人将根据实际发生情况不断调整自己的预期，工人的预期迟早会与实际通货膨胀率相一致，这时工人要求改变名义工资，以使实际工资不变，从而较高的通货膨胀率就不会起到减少失业的作用。在以失业率为横轴，通货膨胀率为纵轴的坐标系中，长期菲利普斯曲线是一条垂直线，表明失业率与通货膨胀率之间不存在替代关系。而且在长期中，经济能够实现充分就业，经济社会中的失业率将处在自然失业率水平。

政策含义：从长期来看，政府运用扩张性财政政策或货币政策不但不能降低失业率水平，还会使得通货膨胀率不断上升。

第七章　失　业

一、名词解释

1. 结构性失业（中山大学2003研；浙江大学2004研；中央财经大学2018研）

答：结构性失业是指劳动力的供给和需求不匹配所造成的失业，其特点是既有失业，又有职位空缺，失业者或者没有合适的技能，或者居住地点不当，因此无法填补现有的职位空缺。

根据凯恩斯的观点，结构性失业既有失业，也有职位空缺，两者并存，但不匹配。结构性失业经常被认为是摩擦性失业的极端形式，它不能通过扩大总需求予以解决。一般认为对就业有严重影响的比较重要的结构变化有：消费者趣味的变化、技术水平的变化、人口增长速度的变化以及政府政策的变化。消费者趣味和技术水平的长期变化会新产生一些行业，也会淘汰一些行业，从而造成失业。人口的增长由于它既能影响生产又能影响劳动力供给，所以也会影响失业。随着政府在经济中的作用越来越大，政府的开支和税收政策对失业影响也在增加。

在宏观经济学界，对结构性失业还存在另一种观点。新古典经济学派认为，通过劳动者相对工资的调整，可以反映出引起劳动力需求结构性失调的根本性需求变化，可以消除结构性失业，因而结构性失业不可能长期存在。他们还认为，自然失业率包含一种摩擦性和结构性因素。结构性因素来自劳动力和商品市场的特征以及社会和法律的障碍，因此他们认为，失业和空缺的并存与结构性失业无关。

2. 摩擦性失业（中山大学2002、2005研）

答：摩擦性失业是指在生产过程中由于难以避免的摩擦造成的短期、局部性失业，引起摩擦性失业的原因有劳动力市场运行机制不完善或者因为经济变动过程中的工种转换困难而产生的失业。摩擦性失业是劳动力在正常流动过程中所产生的失业。在一个动态经济中，各行业、各部门和各地区之间劳动需求的变动是经常发生的。即使在充分就业状态下，由于人们从学校毕业或搬到新城市而要寻找工作，总是会有一些人的周转。摩擦性失业量的大小取决于劳动力流动性的大小和寻找工作所需要的时间。由于在动态经济中，劳动力的流动是正常的，所以摩擦性失业的存在也是正常的。

3. 自然失业率（浙江大学2008研；中山大学2009研；北京大学2011研；华南理工大学2011、2014、2016研）

答：自然失业率又称“有保证的失业率”、“正常失业率”、“充分就业失业率”等，它是经济围绕其波动的平均失业率，是经济在长期中趋近的失业率，是充分就业时仍然保持的失业水平。

自然失业率是在没有货币因素干扰的情况下，让劳动市场和商品市场自发供求力量起作用时，总供给和总需求处于均衡状态时的失业率。所谓“没有货币因素干扰”，指的是失业率的高低与通货膨胀率的高低之间不存在替代关系。自然失业率决定于经济中的结构性和摩擦性的因素，取决于劳动市场的组织状况、人口组成、失业者寻找工作的能力愿望、现有工作的类型、经济结构的变动、新加入劳动者队伍的人数等众多因素。

任何把失业降低到自然失业率以下的企图都将造成加速的通货膨胀。任何时候都存在着与实际工资率结构相适应的自然失业率。自然失业率是弗里德曼对菲利普斯曲线发展的一种观点，他将长期的均衡失业率称为“自然失业率”，它可以和任何通货膨胀水平相对应，且不受其影响。

4. 失业率与劳动力参与率（华南理工大学 2018 研）

答：（1）失业率是指失业人口占劳动力人口的百分比，是资本市场的重要指标，属滞后指标范畴。用公式表示为：失业率 = 失业人数/劳动力总数 ×100%。

失业率增加是经济疲软的信号，为降低失业率，中央银行会放松银根，刺激经济增长；相反，失业率下降，将形成通货膨胀，为降低通货膨胀率，中央银行会收紧银根，减少货币投放。影响失业率的因素包括摩擦性因素、结构性因素、临时性或季节性因素、技术性因素等。

（2）劳动力参与率是经济活动人口（包括就业者和失业者）占劳动年龄人口的比率，是用来衡量人们参与经济活动状况的指标。用公式表示为：劳动力参与率 = 劳动力/成年人口数 ×100%。

根据经济学理论和各国的经验，劳动力参与率反映了潜在劳动者个人对于工作收入与闲暇的选择偏好，它一方面受到个人保留工资、家庭收入规模，以及性别、年龄等个人人口学特征的影响，另一方面受到社会保障的覆盖率和水平、劳动力市场状况等社会宏观经济环境的影响。个人和社会的多方面因素共同影响着个人的劳动力供给选择，并最终影响了社会整体的劳动力参与率。

5. 自然失业率与产出缺口（华南理工大学 2013 研）

答：自然失业率又称“有保证的失业率”“正常失业率”“充分就业失业率”等，它是经济围绕其波动的平均失业率，是经济在长期中趋近的失业率，是充分就业时仍然保持的失业水平。自然失业率决定于经济中的结构性和摩擦性的因素，取决于劳动市场的组织状况、人口组成、失业者寻找工作的能力愿望、现有工作的类型、经济结构的变动、新加入劳动者队伍的人数等众多因素。

产出缺口是指衡量实际产量与经济中现有资源得到充分利用时所能生产的产量之间的差额。产出缺口 = 潜在产出 - 实际产出，潜在产出是指充分就业时的产量。一般认为，只有在充分就业时，才有可能实现潜在产出，此时产出缺口为 0。

6. 自然失业率与周期性失业率（华南理工大学 2010 研）

答：自然失业率又称“有保证的失业率”“正常失业率”“充分就业失业率”等，是指在没有货币因素干扰的情况下，让劳动市场和商品市场供求力量自发起作用时，总供给和总需求处于均衡状态时的失业率。

周期性失业又称为总需求不足的失业，是由于总需求不足而引起的短期失业，它一般出现在经济周期的萧条阶段，这种失业与经济中的周期性波动是一致的。在复苏和繁荣阶段，各厂商争先扩大生产，就业人数普遍增加。在衰退和谷底阶段，由于社会需求不足，前景黯淡，各厂商又纷纷压缩生产，大量裁减雇员，形成令人头疼的失业大军。

当失业水平为自然失业率时，此时不存在周期性失业。

7. 充分就业与自然失业率（湘潭大学 2019 研）

答：（1）充分就业

充分就业指在某一工资水平之下，所有愿意接受工作的人，都获得了就业机会。充分就业并不等于全部就业，而是仍然存在一定的失业。但所有的失业均属于摩擦性的和结构性的，而且失业的间隔期很短。通常把失业率等于自然失业率时的就业水平称为充分就业。

(2)自然失业率

自然失业率又称“有保证的失业率”“正常失业率”“充分就业失业率”等，指在没有货币因素干扰的情况下，让劳动市场和商品市场自发供求力量起作用时，总供给和总需求处于均衡状态时的失业率。所谓没有货币因素干扰，指的是失业率的高低与通货膨胀的高低之间不存在替代关系。自然失业率是弗里德曼对菲利普斯曲线发展的一种观点，他将长期的均衡失业率称为“自然失业率”，它可以和任何通货膨胀水平相对应，且不受其影响。

(3)自然失业率是充分就业时仍然保持的失业率。自然失业率决定于经济中的结构性和摩擦性的因素，取决于劳动市场的组织状况、人口组成、失业者寻找工作的能力愿望、现有工作的类型、经济结构的变动、新加入劳动者队伍的人数等众多因素。任何把失业降低到自然失业率以下的企图都将造成加速的通货膨胀。任何时候都存在着与实际工资率结构相适应的自然失业率。

二、简答题

1. 简述失业的三种类型。(浙江大学2003研)

答：宏观经济学通常将失业分为三种类型，即摩擦性失业、结构性失业以及周期性失业。

(1)摩擦性失业是指在生产过程中由于难以避免的摩擦造成的短期、局部性失业，引起摩擦性失业的原因有劳动力市场运行机制不完善或者因为经济变动过程中的工种转换困难而产生的失业。摩擦性失业通常起源于劳动力的供给方，是短期的局部的，是经济处于充分就业时的失业。

(2)结构性失业是指劳动力的供给和需求不匹配所造成的失业，其特点是既有失业，又有职位空缺，失业者或者没有合适的技能，或者居住地点不当，因此无法填补现有的职位空缺。结构性失业在性质上是长期性的，而且通常起源于劳动力的需求方。结构性失业是由经济变化导致的，这些经济变化引起特定市场和区域中的特定类型劳动力的需求相对低于其供给。

(3)周期性失业是指经济处于衰退或萧条时因需求下降而造成的失业。它是超过摩擦性失业以上的失业部分，它发生于产出低于其充分就业水平的时候，会引起整个经济体系的较普遍的失业。

通常用自然失业率来衡量失业的程度，用奥肯定律来估计失业对整个经济的影响。自然失业率是整个经济处于充分就业水平下的失业率，如果失业率超过或低于自然失业率，整个经济都没有达到潜在水平。奥肯定律表示失业率的增加会使产出水平下降，失业率的减少会使产出水平增加，经济进入繁荣。

2. 简述经济社会总有些人是失业者的原因，失业的主要代价何在？(武汉大学2010研)

答：(1)经济社会中存在自然失业的原因

经济社会中总有些人是失业者，这是因为经济中存在着自然失业。自然失业率是经济社会在正常情况下的失业率，是劳动市场处于供求均衡状态的失业率。自然失业包括摩擦性失业和结构性失业。摩擦性失业是指劳动力在正常流动过程中所产生的失业；结构性失业是因为对某种劳动的需求增加，而对另一种劳动的需求减少，与此同时，供给没有迅速作出调整而造成的劳动力供求不一致时产生的失业。

(2)失业的代价

对于个人来说，如果是自愿失业，则会给他带来闲暇的享受；但如果是非自愿失业，则会使他的收入减少，从而生活水平下降。

对社会来说，失业增加了社会福利支出，造成财政困难，同时，失业率过高又会影响社会的安定，带来其他社会问题。

从整个经济看，失业在经济上最大的损失就是实际国民收入的减少。美国经济学家阿瑟·奥肯研究了失业率变动对实际国民收入的影响，提出了奥肯定理。其主要内容为：失业率如果超过充分就业的界限(通常以4%的失业率为标准)时，失业率每降低1%，实际国民生产总值则增加2%；反之，失业率每增加1%，实际国民生产总值则减少2%。

3. 简要说明为什么自然失业率不为0？（南开大学2015研）

答：自然失业率是指在没有货币因素干扰的情况下，让劳动市场和商品市场自发供求力量起作用时，总供给和总需求处于均衡状态时的失业率。没有货币因素干扰指的是失业率的高低与通货膨胀的高低之间不存在替代关系。因此，自然失业率应等于某一时点上摩擦性和结构性失业率之和。形成自然失业率的原因在于经济中的结构性和摩擦性的因素，如劳动力市场的组织状况、人口组成、失业者寻找工作的愿望、现有工作的类型、经济结构的变动、新加入劳动者队伍的人数等众多因素。自然失业率不为0的原因有：

(1)存在摩擦性失业。摩擦性失业是指劳动力在正常流动过程中所产生的失业。在一个动态经济中，各行业、各部门和各地区之间劳动需求的变动是经常发生的。即使在充分就业状态下，由于人们从学校毕业或搬到新城市而要寻找工作，总是会有一些人的周转。摩擦性失业量的大小取决于劳动力流动性的大小和寻找工作所需要的时间。由于在动态经济中，劳动力的流动是正常的，所以摩擦性失业的存在也是正常的。

(2)存在结构性失业。结构性失业是因为对某种劳动的需求增加，而对另一种劳动的需求减少，与此同时，供给没有迅速作出调整而造成的劳动力供求不一致时产生的失业。当某些部门相对于其他部门出现增长时，可以经常看到各种职业或地区之间供求的不平衡。这种情况下，往往“失业与空位”并存，即一方面存在着有工作无人做的“空位”，而另一方面又存在着有人无工作的“失业”，这是劳动力市场的结构特点造成的。

4. 结合相关理论和模型回答有关经济周期的问题：

(1)以下各变量的周期性(顺周期、反周期、无周期)是怎样的？

a. 消费

b. 投资

c. 就业人数

d. 失业率

e. 就职率

f. 离职率

g. 职位空缺率

h. 净出口

i. 资本利用率

(2)消费、投资与总产出的波动性有怎样的关系？造成此现象的可能原因有？

(3)什么是保留工资？它是如何受到失业保障金水平影响的？

(4)技术进步对就职率的影响是不是确定的？有哪些可能影响？

(5)贝弗里奇曲线指哪两个变量的关系？如何解释这一关系？

(6)资本利用率是如何决定的？如何受到技术进步冲击的影响？（北京大学2016研）

答：（1）顺周期性指变量按与实际 GDP 相同的方向波动；反周期性，又称逆周期性，指变量按与实际 GDP 相反的方向波动；无周期性，又称非周期性，指变量在经济周期期间不按特定方向波动。题中给出的各变量的周期性分别如下：

a. 消费，是顺周期性的。

b. 投资，是顺周期性的。

c. 就业人数，是顺周期性的。

d. 失业率，是反周期性的。

e. 就职率，是顺周期性的。

f. 离职率，是顺周期性的。

g. 职位空缺率，是顺周期性的。

h. 净出口，是反周期性的。

i. 资本利用率，是顺周期性的。

（2）实际消费支出一般按与实际总产出（实际 GDP）相同的方向波动，但变化幅度小于总产出的变化幅度。实际总投资也按与实际总产出（实际 GDP）相同的方向波动，但在比例上要比总产出的波动大得多。造成此现象的可能原因如下：

当劳动市场和资本服务市场出清时，可以得到一个简化的家庭预算约束公式：消费 + 实际储蓄（投资）= 实际收入。家庭会将实际收入在消费和投资之间进行划分。但是投资是为了增加未来的消费，所以实际收入的划分是对现期消费还是今后消费做出选择。收入的增加会带来两种效应：收入效应和跨时期替代效应。若收入增加是暂时性的，则此时只有跨时期替代效应而没有收入效应，表现为现期的消费不变，收入的增加全部用来投资。此时边际消费倾向为 0，边际储蓄倾向为 1；若收入增加是永久性的，则此时只有收入效应而无跨时期替代效应，现期消费会增加，而投资不变。此时边际消费倾为 1，边际储蓄倾向为 0。实际的经济情况介于两者之间，收入效应和跨时期替代效应都会发挥作用即收入增加会同时增加消费和投资，消费和投资都是顺周期的。

（3）保留工资是从劳动力供给方的决策中延伸的一个概念。含义是：如果市场工资尚未达到处于劳动力水平之外的人对其边际闲暇小时价值的判断，那么这些人宁愿不工作，也不愿意接受水平达不到自己认为的最低要求的薪酬去工作，即“保留”自己的劳动力。

对现实经济中的求职者来说，一般而言，根据自身能力水平和观察到的劳动市场的工资分布，对未来职业的工资有一个预期。这一心理价位的工资水平被称为“保留工资”。理论上，保留工资应该是劳动者“次佳职位”所能带来的报酬（机会成本）。

失业保障金水平的变化意味着劳动者机会成本的变化。具体来说，失业保障金的提高意味着劳动者工作的机会成本提高，于是劳动者会提高自身的保留工资。

（4）技术进步对就职率的影响具有不确定性，取决于技术冲击是暂时的还是永久的。

①对于暂时的技术性冲击，劳动的边际产出 MP_L 暂时性增加。从劳动供给的角度看，闲暇的成本将变得昂贵，劳动者会增加劳动供给，就职率增加；从劳动需求的角度看，实际工资 w/p 会提高，在劳动者保留工资不变的情况下，会使得更多的劳动者愿意就职工作。因此，技术进步的暂时性冲击可以提高就职率。

②对于永久性的技术冲击，劳动的边际产出 MP_L 永久增加。从劳动供给的角度看，这意味着只需要提供更少的劳动就能获得和原来一样的工资，于是收入效应将变得明显，劳动者会减少劳动供给。从劳动需求的角度看，实际工资 w/p 以及保留工资都会提高。这时就

职率就取决于实际工资 w/p 与保留工资变化幅度的大小。只有当实际工资的增加幅度大于保留工资的增加幅度时，就职率才会提高。

(5)贝弗里奇曲线是反映劳动力市场中失业率与岗位空缺率之间存在负相关关系的曲线，有时也被称为 UV 曲线。曲线横轴测量的是经济中职位空缺数，纵轴测量的是失业人数。45 度线表示的是职位空缺数目与寻找工作的数目相等的线，即一般意义上的充分就业。其中最重要的用途是作为一种实用工具将失业分解为不同的类型——由于需求不足引起的周期性失业和由于匹配低效率引起的结构性失业与摩擦性失业，UV 曲线通过对失业率与岗位空缺率共同运动趋势的分析能够提供更多的关于当前经济的经济周期波动与劳动力市场运作效率的信息。

由于失业率是反周期性的，职位空缺率是顺周期性的。故当 GDP 发生波动时，失业率与岗位空缺率的变动是反向的，即失业率与岗位空缺率之间存在负相关关系。

(6)资本利用率是指资本存量在生产中被利用的份额。当资本利用率增加时，实际租金收入会增加，同时折旧也会增加。资本的净实际收益 = 实际租金收入 - 折旧。厂商追求资本的净实际收益最大化的过程中，确定了资本利用率的最优水平。

资本利用率是顺周期的，有利的技术冲击会提高资本边际产量 MP_K，实际租金收入增加，增加对资本服务的需求，从而提高资本利用率。

三、论述题

在中国如何度量失业？中国可否采用财政政策治理失业？如果可以，则应该如何治理，在治理中将面临哪些挑战？(中山大学 2009 研)

答：(1)中国如何度量失业

失业是有劳动能力的人想工作而找不到工作的社会现象。根据这一定义，失业者要符合三个条件：有劳动能力、有劳动愿望、没有工作。

要度量失业，首先要度量一个经济体总人口中适合劳动的人口。世界各国一般根据年龄来界定，通常是把 14 周岁 ~65 周岁界定为劳动年龄人口。在我国，男性 16 周岁 ~60 周岁、女性 16 周岁 ~55 周岁为劳动年龄人口。但并不是所有的劳动年龄人口都是劳动力人口，不包括在其中的主要有在校学生、家务劳动力者、因病、伤残和服刑等不能工作的人员以及不愿工作的人员等。从劳动年龄人口中减去不在劳动力人口就是劳动力人口。就业者和失业者总和就是劳动力，失业者占劳动力的百分比称为失业率。

因此，可以总结如下：

劳动力人口 = 劳动年龄人口 - 不在劳动力人口

劳动参与率 = 劳动力人口/劳动年龄人口

失业率 = 失业人口/劳动力人口

不同的国家，测量失业率的方法和口径有所差异。其中，我国一直使用城镇登记失业率这一指标来测量。城镇登记失业率是指在报告期末城镇登记失业人数占期末城镇从业人员总数与期末实有城镇登记失业人数之和的比重。在城镇单位从业人员中，不包括使用的农村劳动力、聘用的离退休人员、港澳台及外方人员。我国政府决定，从 2011 年(十二五期间)开始，我国不再使用“城镇登记失业率”这一指标，而采用“调查失业率”这一指标。

(2)中国可否采用财政政策治理失业

就失业的类型来看，主要有摩擦性失业、季节性失业、周期性失业、需求不足型失业、结构性失业、自愿性失业和非自愿性失业等。宏观经济主要调整的是周期性失业和结构性失业，其中财政政策和货币政策调整总需求，从而调整周期性失业，供给政策调整结构性失业。所以，财政政策可以治理一部分失业，但是不能解决所有的失业问题，需要更多的手段和措施一同治理。

(3)我国如何治理失业以及治理失业面临的挑战

我国的劳动市场供求结构比较特殊。在高级复杂劳动市场上，高级人才比较稀缺；在中级劳动市场上，存在着结构性失业；在低级劳动市场上，存在着总体上供给过多，但在有些地区却严重缺乏的现象。

根据凯恩斯的分析，就业水平取决于国民收入水平，而国民收入水平又取决于总需求。通过财政政策，可以调整社会总需求水平，从而调整周期性失业，比如实行扩张性的财政政策，用举债的方式扩大政府开支。主张政府承担公共事业投资，承担社会福利责任。政府还应对私人进行订货和贷款，通过国家直接进行投资或消费来弥补私人消费和投资的不足，以便提高国民收入和就业水平。

政府还应对各个产业和地区进行宏观调控，使各个产业和地区平稳发展，避免产生大波动从而减小更大范围的结构性失业的可能性。如果技术进步和产业结构变化的幅度和速度较快，就可能比较经常和较大幅度地引发自然失业。政府也可以通过增加劳动力的流动性来缓解结构性失业。

总之，对于处于转轨过程中的我国经济来说，劳动力市场条件乃至整个经济体制都处于不断变化之中。特别是近年来产业结构变动速度加快，劳动力市场改革力度加大，都会导致自然失业率的提高。总体而言，中国经济具有较高的并且继续升高的自然失业率，表明单纯依靠宏观反周期政策不能完全消除或缓解失业现象，扩大就业和治理失业，要求综合以下一系列政策手段：

第一，改变劳动力供给状况减少失业。失业的存在首先表现为劳动力供给总量大于需求总量，另外就是劳动力的结构与需求不对称。其治理包括以下几方面内容：控制和减少劳动力的供给，延长每个劳动者接受教育的年限、控制人口的增长；为失业者或易受失业威胁的劳动者提供帮助，比如可通过大力培育劳动力市场，为劳动力要素供求双方提供信息，通过政策和舆论手段，使全社会关心失业职工；广泛开展职业培训，提高劳动者的素质，使劳动力供给与需求相适应。

第二，提高经济活动水平，扩大就业岗位。寻找多元化经济增长点，提高经济活动水平，既是治理失业的战略选择，也是使经济持续协调健康发展的有力保证。可采取的措施主要是：①通过直接增加政府投资刺激经济增长。一方面通过扩大财政支出搞建设项目，另一方面通过银行贷款投资建设项目。但后者容易导致通货膨胀，应严格控制其规模和比例。②通过民间投资，刺激经济的增长。民间投资是指资金所有者用自有资金上项目、买股票债券等。国家应鼓励提倡民间投资，尤其是鼓励支持失业人员自筹资金兴办实业，创办个体私营合伙企业，广开就业渠道。③通过大量吸引外资刺激经济增长。为了使我国的劳动力资源得到有效利用，使其优化配置，应充分利用国内外两种资源，开拓两个市场。

第三，建立适度的失业保障体制。根据自然失业率理论，就业水平是由一个国家的经济活动水平所决定的。从现代发达市场经济国家的发展进程中不难发现，充分的社会保障起到了社会“减震器”的作用，缓解了社会矛盾，保证了市场的正常运行。建立多层次完善的社会保障体系将是一段时期内我国经济体制改革和社会发展与稳定的重要任务，也是规避风险、减少社会震荡、实现社会公平和共同富裕的重要制度保证。

第八章　通货膨胀

一、名词解释

1. 痛苦指数(对外经济贸易大学 2017 研)

答： 痛苦指数又称遗憾指数，是指把通货膨胀率与失业率加在一起所计算出的指数。例如，通货膨胀率为 5%，失业率为 5%，则痛苦指数为 10%。痛苦指数说明人们对宏观经济状况的感觉，这个指数越大，人们会感觉到越痛苦或越遗憾，人们会对宏观经济状况越不满。一般来说，各个社会有一个临界点，在痛苦指数低于这个临界点时，社会是安定的，越过这个临界点则会引起各种社会问题。

2. 成本推动通货膨胀(对外经济贸易大学 2008 研)

答： 成本推动通货膨胀又称为成本通货膨胀或供给通货膨胀，指在没有超额需求的情况下，由于供给方面成本的提高所引起的一般价格水平持续和显著地上涨。成本推动通货膨胀又可以分为工资推动通货膨胀和利润推动通货膨胀(这里的利润通常为垄断利润)。工资推动通货膨胀指不完全竞争的劳动市场造成的过高工资所导致的一般价格水平的上涨。利润推动通货膨胀是指垄断企业和寡头企业利用市场势力谋取垄断利润所导致的一般价格水平的上涨。

二、简答题

1. 说明当不利的供给冲击导致通货膨胀时，为什么不能实行工资指数化？(对外经济贸易大学 2012 研)

答： 工资指数化是指工人的货币工资随物价指数浮动，按照价格指数自动调节收入的一种工资制度。工资指数化的目的是为了消除市场经济条件下，物价波动对员工工资水平的影响，对工资制度实行物价补偿的原则，根据物价指数的变动而相应调整工资，使工资的增长高于或至少不低于物价的上涨。

当总需求既定不变，经济遭遇不利的供给冲击时，厂商生产成本增加，从而导致消费品价格上升。在工资指数化制度下，工资也会随之上升。而这将引发价格、原材料成本和工资的进一步上涨。在这种情况下，工资指数化反而助长了通货膨胀的螺旋式上升。

2. 经济中达到一般均衡是否意味着充分就业？为什么追求高就业目标会导致通货膨胀？(清华大学 2004 研)

答：(1)经济中达到一般均衡意味着充分就业。失业分为自然性失业和经济性失业，充分就业就是指不存在经济性失业的就业状态。当经济达到一般均衡的时候，意味着工人在愿意接受的工资水平下可以找到工作。这个时候可能还存在自然性失业，但是这并不影响充分就业。

(2)菲利普斯曲线表明，失业率与通货膨胀率之间存在着此消彼长的替代关系，即要使失业率降低就必然引起通货膨胀率的上升。当追求高的就业目标，即要实现低的失业率时，通货膨胀率就会上升。根据原始的菲利普斯曲线，货币工资增长率与失业率之间存在着此消彼长的替代关系。因为成本是决定价格的基础，在短期中，工资和价格存在固定比例关系，故可用通货膨胀率代替货币工资增长率。因而，高的就业目标会导致通货膨胀。

3. 政府公开宣布控制通货膨胀预期的意义，通货膨胀如何自我维持。(中国人民大学 2010 研)

答：(1)通货膨胀的自我维持

通货膨胀的自我维持是指通货膨胀率会有不断持续下去的趋势，即价格水平上升不断持续。产生这种现象的原因在于，如果经济中大多数人都预期到同样的通货膨胀率，那么，这种对通货膨胀预期就会变成经济运行的现实。通货膨胀开始后，在需求拉动和成本推动的作用下，通货膨胀会自行持续下去。图 8－1 说明了通货膨胀的自我维持。

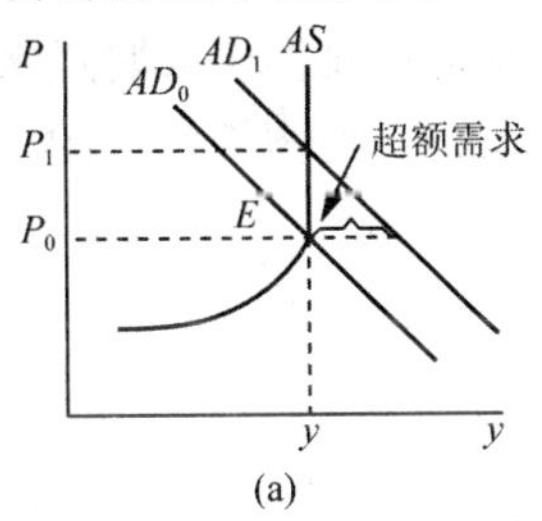

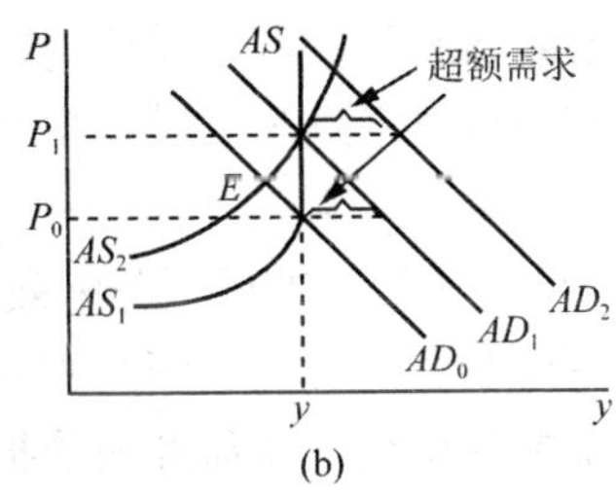

图 8－1　通货膨胀的自我维持

在图 8－1(a)中，经济初始时处于均衡点 E。假定出现总需求冲击，总需求曲线从 AD_0 移到 AD_1，这个移动使得价格从原来的 P_0 上升到 P_1。价格上升会引起工资提高，较高的工资使总供给曲线向上移动，表现在图 8－1(b)中，就是总供给曲线由 AS_1 移动到 AS_2。同时，更高的工资率意味着人们有更多的货币收入，导致更多的消费，从而使总需求进一步扩大，在图 8－1(b)中，总需求曲线由 AD_1 移动到 AD_2。新的总需求曲线 AD_2 与新的总供给曲线 AS_2 之间存在一个对商品的超额需求，导致价格进一步上涨，又引发了另一轮的工资的上涨。这样，通货膨胀的压力在整个经济中具有不断循环下去的趋势。

(2)政府公开宣布控制通货膨胀预期的意义

通货膨胀预期对实际通胀的巨大影响力，将进一步影响中央银行维护价格稳定的能力。通货膨胀预期对实际通胀的影响主要是通过劳动力市场的工资－物价机制、有价格决定权的企业定价机制、消费和投资的需求拉动机制以及资产价格的“财富效应”和“溢出效应”实现的。在极端情况下，非理性的通胀预期本身就会成为一种独立的冲击，破坏物价水平和整体经济的稳定性。因此，大多数国家的中央银行都将管理通货膨胀预期作为货币政策的一个重要组成部分。管理通货膨胀预期就是要阻断通货膨胀预期对实际通胀的传导，提高宏观经济政策的有效性。

具体而言，中央银行管理通货膨胀预期，可以从以下几方面入手：①控制货币供应量，也就是控制货币供应量的增速；②提高货币政策透明度和连续性，有效引导人们的预期；③实行通胀目标制，增强人们对货币政策控制通胀的信心，比如我国确立今年 3% 的通胀目标；④必要的工资和价格管制，避免出现工资－物价螺旋上升式的通货膨胀。当然，在通货膨胀和通货膨胀预期都无法容忍的时候，加息和提高货币政策目标利率也是必要的。

4. 请讨论通货紧缩对实体经济的可能影响。(中央财经大学 2015 研)

答：通货紧缩指在经济均衡的状况下，由于企业债务负担加重、货币供给锐减或银行信贷收缩等原因造成投资需求突然下降或泡沫破灭，居民财富萎缩造成消费需求突然剧减等原因而导致总需求下降，从而出现供给大于需求，物价持续下降的现象。通货紧缩对实体经济的影响包括积极影响、消极影响和财富的再分配效应。

(1)长期的货币紧缩会抑制投资与生产，导致失业率升高及经济衰退。通货紧缩对实体经济可能会造成以下消极影响：

①物价的持续下降会使生产者利润减少甚至亏损，继而减少生产或停产。

②物价持续下降将使债务人受损，继而影响生产和投资。

③物价持续下降，生产投资减少会导致失业增加、居民收入减少，加剧总需求不足。

(2)适度的通货紧缩有利于经济的增长，理由是：

①通货紧缩将促使长期利率下降，有利于企业投资改善设备，提高生产率。

②在适度通货紧缩状态下，经济扩张的时间可以延长而不会威胁经济的稳定。

③如果通货紧缩是与技术进步、效益提高相联系的，则物价水平的下降与经济增长是可以相互促进的。

(3)通货紧缩会对财富收入进行再分配效应：

①实物资产的持有者受损，现金资产将升值。

②固定利率的债权者获利，而债务人受损。

③通货紧缩使企业利润减少，一部分财富向居民转移；通货紧缩使企业负债的实际利率上升，收入进一步向个人转移。

5. 请说明通货膨胀成本都有哪些？(中央财经大学2017研)

答：通货膨胀是指一定时期内物价水平的持续上涨，若收入的膨胀与物价的膨胀同步，通货膨胀本身没有降低人们的实际购买力，但通货膨胀依旧会产生一些成本，通货膨胀成本如下：

(1)鞋底成本。减少货币持有量的成本称为通货膨胀的鞋底成本，当通货膨胀鼓励人们减少货币持有量时所浪费的资源，主要指牺牲的时间与便利。

(2)菜单成本。调整价格的成本称为菜单成本，通货膨胀增加了企业必须承担的菜单成本。

(3)相对价格变动与资源配置失误。市场经济依靠相对价格来配置稀缺资源，当通货膨胀扭曲了相对价格时，消费者的决策也被扭曲了，市场也就不能把资源配置到最好的用途中。

(4)通货膨胀引起的税收扭曲。法律制定者在制定税法时往往没有考虑到通货膨胀，当存在通货膨胀时，通货膨胀往往增加了储蓄所赚到的收入的税收负担。

(5)引起混乱和不方便。在某种程度上，通货膨胀使投资者不能区分成功和不成功的企业，抑制了金融市场在把经济中的储蓄配置到不同类型投资中的作用。

(6)未预期到的通货膨胀的特殊成本：任意的财富再分配。未预期到的物价变动在债务人和债权人之间进行财富再分配，从而使得债权人受损而债务人收益。同时未预期到的通货膨胀也使得靠固定货币收入生活的人群购买力下降，生活水平下降。

三、计算题

假设一国的菲利普斯曲线为 $\pi=\pi^e-2(u-u^*)$，自然失业率 $u^*=4\%$，当前通货膨胀率为5%，对通货膨胀的预期为适应性预期，货币当局对下一年的通货膨胀率目标定位3%。试求：

(1)货币当局为实现下一年的通货膨胀目标，所引起的失业率是多少？

(2)如果货币当局在次年继续保持3%的通货膨胀目标，那么失业率将是多少？

(3)根据奥肯定律，计算降低通货膨胀的产出牺牲率。(对外经济贸易大学2017研)

解：(1)由题意知：$\pi^e=\pi_{-1}=5\%$(适应性预期)，$\pi=3\%$，$u^*=4\%$，代入菲利普斯曲线 $\pi=\pi^e-2(u-u^*)$，解得：$u=5\%$，所以下一年的失业率为5%。

(2)如果次年通胀率保持在3%，则有 $\pi=\pi^e=3\%$。

根据菲利普斯曲线 $\pi=\pi^e-2(u-u^*)$，可得：$u=u^*=4\%$，所以失业率为4%。

(3)牺牲率是指在实行反通货膨胀政策时期，累积的GDP损失与通货膨胀率的降低之间的比率，计算公式为：牺牲率=GDP下降百分比÷通胀下降百分点数。根据奥肯定律，失业率每高于自然失业率1个百分点，实际GDP将低于潜在GDP2个百分点。根据(1)中计算可得，失业率高于自然失业率1个百分点，所以实际GDP低于潜在GDP2个百分点。又因为通货膨胀率下降了2个百分点，所以牺牲率为2÷2=1。

四、论述题

1. 2010年7月以来，我国CPI持续上涨，2011年8月份同比涨幅达到6.5%，成为人们广泛关注和议论的焦点。试运用经济学理论并结合中国实际分析说明此轮CPI上涨的各种可能的原因，并就政府如何控制CPI上涨谈谈你的看法。（华南理工大学2012研）

答：(1)CPI上涨的原因

①流动性过剩。过剩的流动性不仅冲击着股市和房市的健康发展，还有可能冲击商品和服务市场，引发商品和服务价格的普遍上涨，就会从需求上加大通货膨胀的压力。

②持续宽松的货币政策。为应对金融危机，2008年以来央行持续两年适度宽松的货币政策，导致我国货币供应增速超出实体经济的需求范围，为当前的通胀水平埋下隐患，并导致大量富余流动性的溢出。

③生产成本上升。随着劳动力供求出现结构性趋紧，劳动力成本不断上升；另一方面，随着我国经济的发展，原材料价格上涨，国际原油价格上涨，我国原油、铁矿石消耗量逐年递升，电力需求逐年增加，石油进口需求量加大，生产要素价格提高带来的成本上升压力逐步加大，增加了通货膨胀的压力。

④人民币升值的影响。人民币持续升值会导致国外热钱涌入，将西方的经济和金融形势的不稳定传导至我国，扰乱金融市场，推动CPI持续上涨。

⑤农产品价格不断上涨。食品类在我国CPI构成中所占权重是最大的，而农产品的价格很大程度上决定了食品的价格水平。

⑥实际为负的利息率会给消费者不良的信号，鼓励消费者多消费和投资，而消费者的消费增长势头明显会造成对消费品的过量需求，进一步刺激CPI上涨；另一方面，大量资金抽离银行进入市场，进一步导致了流动性的过剩。

(2)政府控制CPI上涨的政策

①重视农业发展，完善农产品供给安全保障机制，确保市场有效供应。大力恢复农业生产，调整投资结构，强化对粮食生产的财政补贴，扶持农业经营、服务、监督组织建设，提高农业组织化程度，有效解决小生产和大市场的矛盾，积极创新服务于三农领域的各类金融工具，将资金引导到农业发展的环节上来。

②推进农产品现代物流体系建设，降低流通成本。

③加强资产市场调控力度，整顿市场秩序。央行应该通过货币政策、中间工具等多种手段，控制过剩的流动性，加强跨境资金流动监管，适时采取总量对冲措施应对入境热钱，减少资本异常流动对实体经济的冲击。

④加强价格监测监管，合理控制价格改革节奏和力度，缓解物价上涨压力。根据价格运行的实际情况和变动趋势，合理控制并适度延缓资源性产品价格改革的调价时机，充分考虑社会的承受能力，避免因改革措施出台过于集中、力度过大而引发物价水平的过快上涨。

2. 有人说，“通货膨胀是一种经济现象”。

(1)请在*AD*-*AS*框架内评述这个论断；

(2)如果这个论断成立，是否意味着追求物价稳定的宏观经济管理当局有时却“制造”通货膨胀？为什么？（中山大学2007研）

答：（1）在 $AD-AS$ 框架内评述论断

当一个经济中的大多数商品和劳务的价格连续在一段时间内普遍上涨时，宏观经济学就称这个经济经历着通货膨胀。对于通货膨胀的定性和衡量，是一个主观判断的问题，因此通货膨胀是一个价值判断问题。

作为货币主义经济学派的代表人物，弗里德曼始终认为通货膨胀产生的唯一原因是货币供应量过多。按照货币主义者的观点，只有在货币供给持续增长时，才会引起持续的通货膨胀。货币数量论在解释通货膨胀方面的基本思想是，每一次通货膨胀背后都有货币供给的迅速增长。对费雪方程式 $MV=PY$ 变换可得：

$$\text{通货膨胀率}=\text{货币增长率}+\text{货币流通速度变化率}-\text{产量增长率}$$

根据方程，通货膨胀来源于三个方面，即货币流通速度的变化、货币增长和产量增长。如果货币流通速度不变且收入处于其潜在的水平上，则显然可以得出，通货膨胀的产生主要是货币供给增加的结果。货币主义强调货币和货币政策的重要作用，认为通货膨胀只是一种货币现象，通货膨胀的最根本原因是货币供给量多于需求量，于是“通货膨胀是一定会到处发生的货币现象”。

如图 8－2 所示，初始经济位于充分就业状态的 A 点，总需求曲线 AD_0 与总供给曲线 AS_0 交于 A 点，价格水平为 P_0。中央银行增加货币发行，使得总需求曲线从 AD_0 右移到 AD_1，短期内，AD_1 与 AS_0 相交于 B 点，价格水平上升到 P_1，产出略有上升。在长期中，随着物价的上升，真实工资将下降，人们将减少劳动供给，从而使总供给曲线由 AS_0 左移到 AS_1，因而产出将恢复到充分就业水平，而价格继续上涨到 P_2。因此，货币供给最终带来的是物价上升，而实际产出仍保持在充分就业的水平。因此，通货膨胀是一种货币现象。

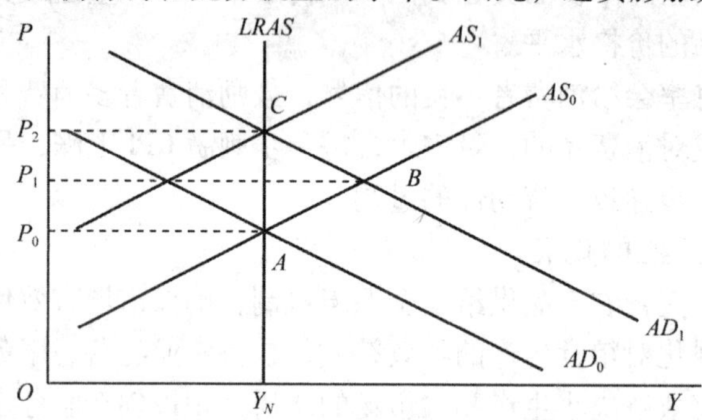

图 8－2　通货膨胀是一种货币现象

但是，在现实生活中，通货膨胀虽然和货币供应量有密切关系，但货币供应量增加不是引起通货膨胀的唯一原因。需求拉动、成本推动和经济结构等都可能引起通货膨胀。需求拉动将使总需求曲线向右移动，产生与图 8－2 相似的效果，短期产出上升，价格上涨，长期产出回到均衡水平，价格进一步上涨。而成本推动则使得短期总供给曲线向左移动，造成物价上升，产出减少。长期而言由于总需求未发生改变，经济将回到均衡水平。所以，从这个角度来说，弗里德曼的这个观点并不全面。

（2）如果这个论断成立，并不意味着追求物价稳定的宏观经济管理当局有时却“制造”通货膨胀。在短期，政府可以利用“制造”通货膨胀来促进就业，增加产出。如图 8－3 所示，经济的初始产出水平为 Y_1，低于充分就业的产出水平 Y_N，此时政府可以实施扩张性的货币政策来增加总需求，从而使总需求曲线从 AD_0 右移至 AD_1，物价水平从 P_0 升至 P_1，此时产出和物价都增加了。

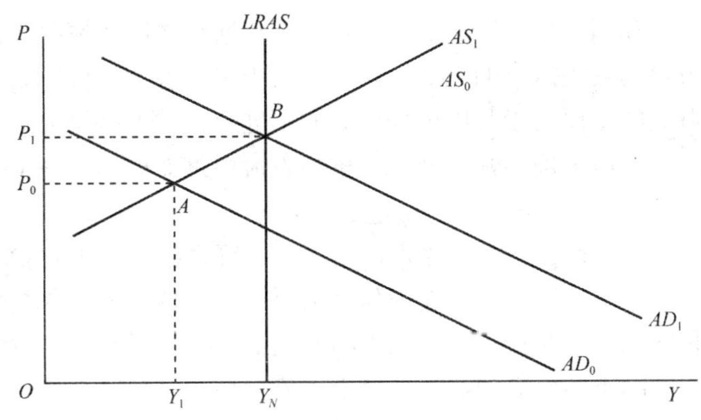

图 8-3　短期内扩张性货币政策可用于刺激经济

3. 2010 年 10 月份我国 CPI 同比增长 4.4%，11 月份同比增长 5.1%，创 28 个月以来的新高。山东、江苏、浙江等省市民政部门相继宣布发放临时物价补贴，以缓解近期粮食等主要食品价格上涨对低收入群体带来的生活压力，同时，中央银行也在两个月内连续采取了提高存货款利率和三次提高法定准备金率的政策。根据宏观经济理论分析：

(1)通货膨胀对我国经济产生什么影响？

(2)政府采取的经济政策会对我国的消费、投资、国民收入等经济变量产生怎样的影响？（对外经济贸易大学 2011 研）

答：(1)通货膨胀是指一个经济中的大多数商品和劳务的价格在一段时间内持续普遍上涨的现象。近一段时间以来，我国 CPI 持续上涨，物价水平处于高位，通货膨胀的攀升对我国经济产生了很大的影响。

①积极影响

首先，面对 2008 年以来全球经济的不景气，我国政府实行扩张的财政政策和宽松的货币政策，增加政府财政支出，制定了四万亿的投资计划，并扩大货币的发行，向金融机构提供充足的流动性支持，这些措施使社会总需求不断上升，在一定程度上引起了温和的通货膨胀的发生，从而增强了经济活力，使得就业增加，产出扩大，刺激了经济的发展。

另外，由于通货膨胀出现后，居民预期的调整有一个滞后的过程，在此期间，物价水平上涨而名义工资未发生变化，企业的利润率会相应提高，从而刺激私人投资的积极性，增加了总供给，推动经济增长。

②不利影响

首先，影响我国居民的收入分配结构，使收入分配更加不平等。土地、资本和其他财产所有者可以在轮番涨价的通货膨胀中通过提高土地和产品的价格来降低通货膨胀损失，甚至在通货膨胀中获得一些收益。但对于只有工资收入的低收入人群，工资上涨的幅度比不上物价上涨的幅度。随着价格水平的上升，他们货币收入的实际购买力大大下降，即实际收入水平下降，从而导致生活水平的下降。而那些靠变动收入维持生活的人，则会从通货膨胀中得益，这些人的货币收入往往会走在价格水平和生活费用上涨之前。

其次，通货膨胀对储蓄者不利。随着价格上涨，存款的实际价值或购买力就会降低，那些口袋中有闲置货币和存款在银行的人受到严重的打击。同样，像保险金、养老金以及其他固定价值的证券财产等，它们本来是作为防患未然和蓄资养老的，在通货膨胀中，其实际价值也会下降。

再次，给我国投资和消费带来巨大的不确定性。在通货膨胀的情况下，一种商品价格的上涨，并非是由于市场的真正需求的上涨，而只是由于生产者的投机冲动或者消费者对价格进一步上涨的恐慌造成的。但由于我国市场机制的不健全，并不是每一个生产者都能掌握市场的全面信息，因此这种由不确定性带来的投机和恐慌很可能推动进一步的投资冲动，此时消费也可能变得更加混乱。

最后，通货膨胀还会阻碍我国劳动生产率的提高，降低我国的国际竞争力。我国经济是一种外延型的经济，技术含量还不高，在国际上主要靠价格低廉来赚取微薄的利润。通货膨胀会使得我国经济长期无法摆脱在国际分工中的低端地位，甚至有可能使得中国在与其他劳动密集型经济在争夺国际市场份额的竞争中处于劣势。那么，我国必然会出现大量的剩余劳动力，加重国家的负担。

(2)我国政府采取一系列政策以图降低直至消除通货膨胀对我国经济的影响，这些政策包括紧急发放补贴给居民、解决低收入者生活困难的收入政策以及中央银行连续两次上调存款准备金率的货币政策等。这些政策对我国诸如国民收入、消费和投资等宏观经济变量会产生相应的影响。

向居民发放补贴会增加居民的可支配收入，因此居民消费增加，增加的消费通过乘数效应会成倍地增加国民收入，国民收入的增加会导致货币需求的增加，在货币供给不变的情况下，货币需求曲线向右移动，导致利率增加，而利率的增加又最终导致私人投资的减少，产生“挤出效应”。因此，收入政策会增加消费、增加国民收入、减少投资。

中央银行连续上调存款准备金率的做法属于紧缩的货币政策。根据货币创造乘数，准备金率与货币供给呈反比，上调存款准备金率无疑会大幅度地减少货币供给，这会导致货币供给曲线向左移动。在货币需求不变的情况下，导致利率上升，利率的上升导致投资减少，而投资减少会通过投资乘数效应而导致国民收入的大幅度减少，国民收入的减少会导致消费的减少。因此，紧缩的货币政策会导致投资减少、国民收入减少、消费减少。

4. 试阐述现代通货膨胀理论对通货膨胀产生的原因、造成的成本的解释，并分析政府反通货膨胀政策的两难困境。(对外经济贸易大学2005博)

答：(1)通货膨胀产生的原因有三种：

①需求拉动通货膨胀

总需求超过总供给所引起的一般价格水平的持续显著上涨，又称为超额需求通货膨胀，解释为“过多的货币追求过少的商品”。在总产量达到一定产量后，当需求增加时，供给会增加一部分，但供给的增加会遇到生产过程中的瓶颈现象，即由于劳动、原料、生产设备的不足使成本提高，从而引起价格上升。或者当产量达到最大，即为充分就业时的产量，需求增加时，供给也不会增加，总需求增加只会引起价格的上涨。消费需求、投资需求或来自政府的需求、国外需求，都会导致需求拉动通货膨胀。需求方面的总支出主要包括财政政策、货币政策、消费习惯的改变、国际市场的需求变动。

②成本推动通货膨胀

在没有超额需求的情况下，由于供给方面成本的提高所引起的一般价格水平持续和显著地上涨，又称为成本通货膨胀或供给通货膨胀。它又可以分为工资推动通货膨胀及利润推动通货膨胀(这里的利润通常为垄断利润)。

工资推动通货膨胀是指不完全竞争的劳动市场造成的过高工资所导致的一般价格水平的上涨。据学者解释，在完全竞争的劳动市场上，工资率完全决定于劳动的供求，工资的提高不会导致通货膨胀；而在不完全竞争的劳动力市场上，由于强大的工会组织的存在，工资不再是竞争的工资，而是工会和雇主集体议价的工资，并且由于工资的增长率超过生产率增长速度，工资的提高就导致成本提高，从而导致一般价格水平上涨。经济学者进而认为，工资提高和价格水平上涨之间存在因果关系：工资提高引起价格上涨，价格上涨又引起工资提高。这样，工资提高和价格上涨形成了螺旋式的上升运动，即所谓工资－价格螺旋。

利润推动通货膨胀是指垄断企业和寡头企业利用市场势力谋取过高利润所导致的一般价格水平的上涨。

另外，从需求和供给两个方面分析，有人提出了混合通货膨胀理论，其分析的实质就是把上面两个理论结合起来。

③结构性通货膨胀

由于经济结构因素的变动，出现一般价格水平的持续上涨，称为结构性通货膨胀。由于生产部门的生产率提高的速度不同，两个部门的工资增长也应当有区别。但是，生产率提高慢的部门要求工资增长向生产率提高快的部门看齐，结果使全社会工资增长速度超过生产率增长速度，因而引起通货膨胀。这种对比部门可分为：生产效率高的部门和生产效率低的部门；迅速发展的部门和渐趋衰落的部门；开放部门和非开放部门。

(2)通货膨胀产生的成本有：

关于通货膨胀的成本要区分两种通货膨胀：一种是预期到的通货膨胀，它指的是在发生前已经进入人们的预期并对人们行为调整产生了影响的通货膨胀，是人们多少已经进行了事先准备和调整应对的通货膨胀；另一种是未预期通货膨胀，它是一种出乎公众意料之外的通货膨胀，或者至少公众尚未来得及准备就发生了的通货膨胀。

①未预期通货膨胀的成本

a. 难以预料到的通货膨胀一般与价格变动的较高变化幅度相联系，这种变动性通常会增加经济活动的不确定性，增加经济生活的净成本。

b. 一般物价变动难以预料的不确定性，可能通过企业和个人对价格信号的误读造成资源配置的错位。

c. 会造成不同的收入再分配影响。再分配方向是借款方受损而贷款方得利。

②预期通货膨胀的成本

a. 通货膨胀是一个特殊税种，但是它没有经过适当的程序批准。如果说现代各国普遍遵守的立法机构批准征收税收具有正面意义，通货膨胀的税收效果就是对这一正面意义的侵害。通货膨胀税还有一个不公平性质：越是低收入的穷人，被征收的通货膨胀税占其收入的比例越大；反之，越是高收入的富人，被征收的通货膨胀税占其收入比例越小。通货膨胀税具有累退性或递减性。

b. 预期通货膨胀还会带来效率损失。货币是现代经济中最有效率的交换和支付手段，较高的通货膨胀率导致较高的利率，从而使持有货币成本上升和货币需求下降，结果经济活动成本上升，并且人为地变得更为复杂，从而使效率下降。并且这类成本和效率降低程度与通货膨胀水平成正比。

c. 通货膨胀会带来多方面的税收扭曲效果。

(3)在短期，由于菲利普斯曲线的存在，通货膨胀率和失业率之间存在着替代效应：通货膨胀率的下降将引起失业率的上升，失业率的下降则将引起通货膨胀率的上升。政府面临着反通胀的两难困境，政府必须在通货膨胀和失业之间进行权衡取舍。

第九章　政策预览

本章讲述如何将宏观经济政策运用到宏观经济实践中，重点讲述中央银行怎样制定利率政策来控制总需求，对于泰勒规则予以简单介绍。对于本章内容，学员作简单了解即可，历年研究生入学考试未在本章出过相关考题。

第十章　收入与支出

一、名词解释

1. 可支配收入（中山大学 2001 研）

答：可支配收入指一个国家所有个人（包括私人非营利机构）在一定时期（通常为一年）内实际得到的可用于个人消费或储蓄的那一部分收入。个人收入不能全归个人支配，因为还要缴纳个人所得税，因此，税后的个人收入才是个人可支配收入，即人们可随意用来消费和储蓄的收入。个人可支配收入等于个人收入扣除向政府缴纳的所得税、遗产税和赠与税、不动产税、人头税、汽车使用税以及交给政府的非商业性费用等以后的余额，再加上政府给个人的转移支付。个人可支配收入被认为是消费开支的最重要的决定性因素，常被用来衡量一国的生活水平。

2. 边际消费倾向（中山大学 2002 研）

答：边际消费倾向（marginal propensity to consume，*MPC*）指增加 1 单位收入中用于增加消费部分的比率，其公式为：$MPC=\frac{\Delta C}{\Delta Y}$。按照凯恩斯的观点，收入和消费之间存在着一条心理规律：随着收入的增加，消费也会增加，但消费的增加不及收入增加多。因此，一般而言，边际消费倾向在 0 和 1 之间波动。作为三个基本心理规律之一，边际消费倾向递减规律被凯恩斯用来分析造成 20 世纪 30 年代大萧条的原因。

3. 政府支出乘数（华南理工大学 2010 研）

答：政府支出乘数是指收入变动对引起这种变动的政府购买支出变动的比率。当政府采购增加时，均衡收入的变动为：

$$\Delta Y_0=\frac{1}{1-c(1-t)}\Delta\overline{G}$$

可得政府支出乘数为 $\frac{1}{1-c(1-t)}$。其中，c 表示边际消费倾向，t 表示税率。可以看出，政府支出乘数的大小往往取决于税收的增减状况，以及边际消费倾向大小等因素。

4. 自动稳定器（中山大学 2001、2002、2005、2010 研；浙江大学 2013 研）

答：自动稳定器也称内在稳定器，是指经济系统本身存在的一种会减少各种干扰对国民收入冲击的机制，能够在经济繁荣时期自动抑制通胀，在经济衰退时期自动减轻萧条，无需政府采取任何行动。

例如，一些财政支出和税收制度就具有某种自动调整经济的灵活性，可以自动配合需求管理，减缓总需求的摇摆性，从而有助于经济的稳定。在社会经济生活中，通常具有内在稳定器作用的因素主要包括：个人和公司所得税、失业补助和其他福利转移支付、农产品维持价格以及公司储蓄和家庭储蓄等。例如，在萧条时期，个人收入和公司利润减少，政府所得税收入自动减少，从而相应增加了消费和投资。同时，随着失业人数的增加，政府失业救济金和各种福利支出必然要增加，又将刺激个人消费和促进投资。

但是，内在稳定器的作用是有限的。它只能配合需求管理来稳定经济，而本身不足以完全维持经济的稳定；它只能缓和或减轻经济衰退或通货膨胀的程度，而不能改变它们的总趋势。因此，还必须采用更有力的财政政策措施。

5. 节俭悖论（对外经济贸易大学 2011 研）

答：节俭悖论是由凯恩斯最早提出的一种关于储蓄与国民收入之间相互作用的理论。节制储蓄增加消费会减少个人财富，对个人是件坏事，但由于会增加国民收入使经济繁荣，对整个经济来说是好事；节制消费增加储蓄会增加个人财富，对个人是件好事，但由于会减少国民收入引起萧条，对国民经济是件坏事。

节俭是一种美德。从理论上讲，节俭是个人积累财富最常用的方式。从微观上分析，某个家庭勤俭持家，减少浪费，增加储蓄，往往可以致富。然而，根据凯恩斯的总需求决定国民收入的理论，节俭对于经济增长并没有什么好处。实际上，这里蕴涵着一个矛盾：公众越节俭，降低消费，增加储蓄，往往会导致社会收入的减少。因为在既定的收入中，消费与储蓄成反方向变动，即消费增加储蓄就会减少，消费减少储蓄就会增加。所以，储蓄与国民收入呈现反方向变动，储蓄增加国民收入就减少，储蓄减少国民收入就增加。根据这种看法，增加消费减少储蓄会通过增加总需求而引起国民收入增加，就会促进经济繁荣；反之，就会导致经济萧条。由此可以得出一个蕴涵逻辑矛盾的推论：节制消费增加储蓄会增加个人财富，对个人是件好事，但由于会减少国民收入引起萧条，对国民经济却是件坏事。

节俭悖论告诉人们：节俭减少了支出，迫使厂家削减产量，解雇工人，从而减少了收入，最终减少了储蓄。储蓄为个人致富铺平了道路，然而如果整个国家加大储蓄，将使整个社会陷入萧条和贫困。

6. 充分就业预算盈余（对外经济贸易大学 2015 研）

答：充分就业预算盈余指既定的政府预算在充分就业的国民收入水平即潜在的国民收入水平上所产生的政府盈余。如果这种盈余为负值，就是充分就业预算赤字，它不同于实际的预算盈余。实际的预算盈余是以实际的国民收入水平来衡量预算状况的。因此二者的差别就在于充分就业的国民收入与实际的国民收入水平的差额。充分就业预算盈余概念的提出具有两个十分重要的作用：①把收入水平固定在充分就业的水平上，消除经济中收入水平周期性波动对预算状况的影响，从而能更准确的反映财政政策对预算状况的影响。②使政策制定者注重充分就业问题，以充分就业为目标确定预算规模，从而确定财政政策。但这一概念同样存在一定的缺陷，因为充分就业的国民收入或潜在国民收入本身就是难以准确估算的。

7. 支出乘数和货币乘数（华南理工大学 2010、2017 研）

答：支出乘数指在实际货币供给不变的情况下，增加支出使均衡收入水平产生多大的变动。以政府支出乘数为例，表示增加政府支出使均衡收入水平产生多大的变动。在三部门经济中，用公式表示为：$k_g = \Delta Y/\Delta G = 1/[1-c(1-t)]$。式中，$k_g$ 表示政府购买支出乘数，ΔY 是收入变动，ΔG 是政府支出变动，c 是边际消费倾向，t 是边际税率。

货币乘数又称为“货币创造乘数”或“货币扩张乘数”，指中央银行创造一单位的基础货币所能增加的货币供应量。货币乘数用 mm 表示，$\mathrm{mm} = (1+cu)/(re+cu)$。其中，$re$ 为准备金－存款比率，cu 为通货－存款比率。影响货币乘数的因素有：通货－存款比率和准备金－存款比率。通货－存款比率越低，公众作为通货持有的基础货币越少，银行作为准备金持有的基础货币越多，银行能够创造的货币越多。因此，通货－存款比率的下降提高了货币乘数，增加了货币供给。准备金－存款比率越低，银行发放的贷款越多，银行从每 1 单位准备金中创造出来的货币也越多。因此，准备金－存款比率的下降提高了货币乘数，增加了货币供给。

8. 平衡预算乘数（中央财经大学 2016 研）

答：平衡预算乘数是指政府收入和支出同时以相等数量增加或减小时国民收入变动与政府收支变动的比率。假设政府购买支出和税收各增加同一数量即 $\Delta g = \Delta t$ 时，有：

$$
\begin{aligned}
\Delta y &= k_g \Delta g + k_t \Delta t \\
&= \frac{1}{1-\beta(1-t)}\Delta g + \frac{-\beta(1-t)}{1-\beta(1-t)}\Delta t \\
&= \frac{1}{1-\beta(1-t)}\Delta g + \frac{-\beta(1-t)}{1-\beta(1-t)}\Delta g \\
&= \Delta g
\end{aligned}
$$

则 $k_b = \Delta y / \Delta g = 1$。

无论在定量税还是比例税下，平衡预算乘数均为 1。根据平衡预算乘数，可以把财政政策的作用归纳为三种情况：①政府在增加支出的同时减少税收将对国民收入有巨大促进作用；②政府在增加支出的同时增加税收，保持平衡，对国民收入的影响较小；③政府在减少支出的同时增加税收将会抑制国民收入的增长。

9. 投资乘数与货币乘数（华南理工大学 2015 研）

答：投资乘数指收入的变化与带来这种变化的投资变化量的比率。投资乘数的大小与居民边际消费倾向有关。居民边际消费倾向越大，投资乘数则越大；居民边际消费倾向越小，投资乘数则越小。投资乘数可以用公式表示为：$k_i = \Delta y / \Delta i = 1/(1-\beta)$ 或 $k_i = 1/(1-MPC) = 1/MPS$。式中，Δy 是增加的收入，Δi 是增加的投资，MPC 或 β 是边际消费倾向，MPS 是边际储蓄倾向。投资增加会引起收入多倍增加，投资减少会引起收入成比例减少。由于这是凯恩斯最早提出来的，所以又称之为“凯恩斯乘数”。投资乘数发挥作用的前提假设是：①社会中存在闲置资源；②投资和储蓄的决定相互独立；③货币供应量的增加适应支出增加的需要。

货币乘数又称为“货币创造乘数”或“货币扩张乘数”，指中央银行创造一单位的基础货币所能增加的货币供应量。货币乘数用 mm 表示，$mm = (1 + cu)/(re + cu)$。其中，re 为准备金－存款比率，cu 为通货－存款比率。影响货币乘数的因素有：通货－存款比率和准备金－存款比率。通货－存款比率越低，公众作为通货持有的基础货币越少，银行作为准备金持有的基础货币越多，银行能够创造的货币越多。因此，通货－存款比率的下降提高了货币乘数，增加了货币供给。准备金－存款比率越低，银行发放的贷款越多，银行从每 1 单位准备金中创造出来的货币也越多。因此，准备金－存款比率的下降提高了货币乘数，增加了货币供给。

二、简答题

1. 简述投资乘数理论。（浙江大学 2005 研）

答：“乘数”一词，是由英国经济学家卡恩于 1931 年提出的。他用乘数来表示一项新投资使就业增加的总量与该新投资所直接引起的初次就业量的比例。后来，凯恩斯利用并扩展了这个概念，用它来表示投资的每次增加所导致的收入增加的倍数。投资对于收入的这种扩大的影响，就是经济学中广为人知的投资乘数理论。

在凯恩斯看来，国民经济中的最大问题是有效需求不足，通过投资乘数论，他主张国家在政策上要鼓励消费而限制储蓄，办法就是把储蓄尽可能转化为投资，这样就可以增加有效需求从而使经济得到发展。投资乘数论还是各国加强宏观经济干预的理论依据。因为，凯恩斯看到当时社会上的大小私人企业均不愿扩充生产，但又要扩大有效需求，因而只有靠增加政府支出、增加公共投资来弥补私人投资的不足。这也就说明，仅靠市场机制的自动调节已不能达到充分就业的均衡，而必须要求国家干预经济活动。凯恩斯还认为，投资乘数的意义不仅在于投资的增加能引起国民收入的成倍增加，而且对于就业也有着相同的作用。因为，当生产技术水平与劳动者的熟练程度不变时，社会就业就取决于国民收入的大小。由于投资乘数的作用，当政府投资增加引起国民收入成倍增长时，社会就业量也随之有相同倍数的增加。

乘数理论经《就业利息和货币通论》宣扬后，对经济学产生了很大影响。但是，其缺点也是明显的，体现在以下几个方面：

(1)投资乘数论是以消费倾向为技术基础的。而这种消费倾向，属于人们心理上的主观范畴，其大小因人、因时、因地而异，无法确定，这样就使投资乘数的推导发生困难。

(2)乘数理论的最根本的缺点是缺少时间因素。因为一项新投资所引起的连锁作用要经较长的时间才能消逝，乘数的绝对值要到上述连锁作用最后消逝时才能算出，而凯恩斯在运用乘数论作短期均衡分析时，把它的作用看成是立刻可以全部实现的，这显然是错误的。

(3)投资乘数没有考虑资本有机构成的不断提高会降低对劳动力的需求这一因素，也就是说就业人数绝不可能按照投资乘数同步增长。

(4)凯恩斯忽略了下述情况对投资乘数的影响：如果将新投资引起的收入增量用于购买进口货则不会发生连锁作用；如果有大量存货，则新投资也不会发生连锁作用；新投资使价格上升会引起收入的再分配，随着收入增加，所得税也随之提高；新投资促使利率上升等等。

(5)凯恩斯的投资乘数论存在着片面性，因为它只说明了投资的增减引起国民收入的成倍增减，而没有考虑国民收入的变动反过来会影响投资的变动。凯恩斯的追随者们为后者创造了另一个名词，即加速原理。他们还把乘数原理和加速原理结合起来以说明经济发展过程中经常出现周期性波动的原因。

2. 充分就业预算盈余的意义。(中央财经大学 2005 研复试)

答：由于私人自主支出变动引起收入水平的变化，其结果导致税收与转移支付的变动，从而影响实际预算盈余，故引入充分就业预算盈余这一概念。所谓充分就业预算盈余，由美国经济学家 C. 布朗提出，是指既定的政府预算在充分就业的国民收入水平即潜在的国民收入水平上所产生的政府预算盈余。一般来讲，当实际的国民收入水平高于充分就业的国民收入水平时，则充分就业预算盈余小于实际预算盈余；若实际国民收入水平低于充分就业的国民收入水平，则充分就业预算盈余大于实际预算盈余。当然也会出现实际国民收入和充分就业国民收入(潜在国民收入)相等，因而充分就业预算盈余与实际预算盈余相等的情况。

用 t、$\bar{G}$、$\overline{TR}$ 分别表示边际税率、既定的政府购买支出和政府转移支付支出，用 Y、Y^* 分别表示实际国民收入和充分就业国民收入，则充分就业预算盈余 $BS^* = tY^* - \bar{G} - \overline{TR}$，实际预算盈余 $BS = tY - \bar{G} - \overline{TR}$，二者差额为 $BS^* - BS = t(Y^* - Y)$。

充分就业预算盈余在财政政策的制定中是十分重要的。以这一概念作为制定财政政策的准则，就是不应该注意实际的预算盈余或赤字，而是要注意充分就业时的预算盈余或赤字。只有以充分就业的预算盈余来制定财政政策，才能使财政政策为实现充分就业目标服务。这就是说，只要经济没有实现充分就业，即使有赤字，也必须实行扩张性财政政策。虽然扩张性财政政策会增加赤字，但在长期中，这种政策会刺激经济，增加国民收入，增加财政收入并弥补赤字。

3. 试述对萨伊定律和凯恩斯定律的评价。(清华大学 2009 研)

答：(1)萨伊定律是法国古典经济学家萨伊在 1803 年出版的《政治经济学概论》一书中提出的著名论点，即供给自动创造需求。这一命题的含义是：任何产品的生产除了满足生产者自身的需求外，其余部分总会用来交换其他产品，即形成对其他产品的需求。每个人实际上都是在用自己的产品去购买别人的产品，所以卖者必然也是买者。一种产品的供给增加，实际上也是对其他产品的需求增加；一国供给能力增加1倍，所有商品供给量增加1倍，购买力也同时增加1倍。一个自然而然的结论是：总需求总是且必定是等于总供给，经济总能实现充分就业的均衡。需要指出的是，萨伊定律并不否认局部的供求失衡，它只是否定全面生产过剩的失衡。

(2)凯恩斯在1936年出版的《就业、利息和货币通论》中提出了著名的有效需求理论。凯恩斯在三个基本心理规律：边际消费倾向规律、资本边际效率规律以及流动偏好规律的基础上，论证了消费需求不足、投资需求不足从而有效需求不足的原因，认为有效需求不足会使生产即供给不能扩大到充分就业的程度，从而导致了非自愿性失业的出现。在这里，不再是萨伊的"供给自动创造需求"，而是"需求会创造出自己的供给"，这便是所谓的凯恩斯定律，经济可能经常处于低于充分就业的均衡，以至于充分就业均衡只能被认为是一种特例。

(3)萨伊定律认为供给可以自发的创造需求，而凯恩斯的观点正好相反，他认为，需求创造供给，有效需求决定国民收入。相应地，两者的政策主张也不同。萨伊定律以完全竞争市场为前提，认为依靠自然的经济秩序，所有的问题会得到完善的解决，经济总能处于充分就业的均衡状态。而凯恩斯定律则说明，仅仅依靠经济自身的力量，经济往往处于低于充分就业的均衡。在政策主张上，萨伊主张放任自流的经济政策，减少政府对经济的干预，而凯恩斯主义则主张政府干预。

4. 简述消费需求的决定因素及扩大消费的途径。(华南理工大学2013研)

答：消费需求是指消费者对以商品和劳务形式存在的消费品的需求和欲望，消费需求是社会总需求的重要组成部分。根据凯恩斯需求理论，通常用消费函数 $C=\alpha+\beta y$ 来表示消费需求，其中 α 表示自发消费部分，β 为边际消费倾向；β 和 y 的乘积表示收入引致的消费。

(1)消费需求的决定因素

①可支配收入。消费需求是由可支配收入决定的，并且消费与可支配收入正相关。可支配收入是总收入扣除税收之后的量。从经济学的角度来看，可支配收入越高，消费越多；反之，消费越少。

②边际消费倾向。由消费函数 $C=\alpha+\beta y$ 可知，边际消费倾向越高则消费需求越大，边际消费倾向越低，则消费越少。

(2)扩大消费的途径

①增加居民的可支配收入。促进就业，扩大居民收入来源，增加居民的财产收入，为居民的财产增值和保值提供良好的投资渠道。

②提高边际消费倾向。通过扩大转移支付和消费补贴，同时进一步缩小收入差距，扩大中低收入者在国民总消费中的比重，促进经济的平稳较快增长，完善社会保障体系，提高消费者对未来的良好预期，转变居民消费观念，有利于扩大全社会的边际消费倾向，从而扩大消费。

5. 什么是"萨伊定律"？在萨伊定律的假设下，如果需求侧的冲击导致消费提高，市场如何重新达到均衡？相机抉择的财政政策是否还有用？"萨伊定律"在现实应用中有何局限性？(中央财经大学2018研)

答：(1)"萨伊定律"指出市场一般不会发生任何生产过剩的危机，更不可能出现就业不足。

①产品生产本身能创造自身的需求；

②由于市场的自我调节作用，不可能出现遍布国民经济所有部门的普遍生产过剩，只可能在部分部门出现供需不平衡，而且只是暂时的；

③货币仅仅是流通媒介，商品的买和卖不会脱节。

(2)根据萨伊定律，在一个完全自由的市场经济中，由于供给会创造自己的需求，因而社会的总供给始终等于总需求。

需求侧的冲击导致需求量的提高，在萨伊定律的假设下，供给自身会创造需求，所以就要发展供给侧，然后市场又会自动达到均衡。

(3)相机抉择的财政政策无效。政府进行需求管理时，根据市场情况和各项调节措施的特点，机动灵活地采取一种或几种措施，使财政政策和货币政策相互搭配，这种情况下的财政政策就是相机抉择的财政政策。根据萨伊定律，在一个完全自由的市场经济中，供给会创造自己的需求，因而社会的总供给始终等于总需求。相机抉择的财政政策无效。

(4)在现实应用中，萨伊定律忽视了有效需求和有效供给的概念，在实际中，供给只是为需求的产生创造条件，而不是供给创造了需求，还有很多其他的因素会影响消费者自身需求的产生。

三、计算题

1. 假设在一个宏观经济模型中，消费函数 $C=50+0.8YD$(式中，YD 为消费者的可支配收入)，投资支出为 $I=70$，政府支出为 $G=160$，政府对收入征税的税率 $t=0.2$，政府对消费者的转移支付 $TR=100$。在这个宏观经济模型中，请计算均衡的收入水平。(浙江大学2009研)

解：商品市场的均衡条件为 $Y=AD$，因此有：

$$Y=AD=C+I+G=50+0.8[(1-0.2)Y+100]+70+160$$

解得：均衡收入水平 $Y_0=1000$。

2. 假设某一经济的消费函数为 $C=100+0.8Y_d$，其中 $Y_d=Y-tY+TR$，投资 $I=50$，政府购买 $G=200$，政府转移支付为 $TR=62.5$(单位均为亿美元)，税率 $t=0.25$。

(1)求均衡的总产出。

(2)求投资乘数、政府购买乘数、税收乘数、转移支付乘数、平衡预算乘数。

(3)假定该社会达到充分就业的总产出为1200，试问用增加政府购买、减税或在增税的同时将增加的税收用于增加政府购买来实现充分就业，各需多少？(浙江大学2007研)

解：(1)商品市场的均衡条件为 $Y=AD$，因此有：

$$Y=AD=C+I+G=100+0.8[(1-0.25)Y+62.5]+50+200$$

解得：$Y=1000$。

即均衡的总产出为1000亿美元。

(2)由题意已知 $t=0.25$，边际消费倾向 $c=0.8$，则：

投资乘数 $k_I=\dfrac{\Delta Y}{\Delta I}=\dfrac{1}{1-c(1-t)}=2.5$；

政府购买乘数 $k_G=\dfrac{\Delta Y}{\Delta G}=\dfrac{1}{1-c(1-t)}=2.5$；

税收乘数 $k_T=\dfrac{\Delta Y}{\Delta T}=-\dfrac{c(1-t)}{1-c(1-t)}=-1.5$；

转移支付乘数 $k_{TR}=\dfrac{\Delta Y}{\Delta TR}=\dfrac{c}{1-c(1-t)}=2$；

平衡预算乘数 $k_B=1$(无论是定量税还是比例所得税，平衡预算乘数都等于1)。

(3)已知 $k_G=2.5$，$k_T=-1.5$，$k_B=1$，则当 $\Delta Y=1200-1000=200$ 时，应增加的政府购买 =200/2.5=80(亿美元)；减税数量 =200/1.5=133.33(亿美元)；增税的同时将增加的税收用于增加政府购买来实现充分就业的数额 =200/1=200(亿美元)。

3. 在一个包括政府的封闭经济中，$C=200+0.8YD$，式中 C 为消费，YD 为可支配收入。如果给定投资 $I=100$，政府购买 $G=300$，转移支付 $TR=150$ 和税率 $t=0.25$，那么

(1)在这个模型中，均衡收入水平 Y 是多少?

(2)投资和政府购买乘数是多少?（中山大学 2001 研）

解：(1)利用商品市场均衡条件 $Y=AD$ 可得：

$$Y=AD=C+I+G=200+0.8(Y-0.25Y+150)+100+300$$

解得：均衡国民收入水平 $Y=1800$。

(2)投资乘数 $k_I=\dfrac{\Delta Y}{\Delta I}=\dfrac{1}{1-c(1-t)}=2.5$，政府购买乘数 $k_G=\dfrac{\Delta Y}{\Delta G}=\dfrac{1}{1-c(1-t)}=2.5$。

4. 考察一个封闭的经济体，$C=\bar{C}+0.8YD$，$YD=Y-TA$，请回答下面问题：

(1)计算政府支出乘数 α_G 和(定量)税收乘数 α_{TA}。

(2)如果政府采取平衡预算政策：$\Delta G=\Delta TA=100$，则均衡产出水平变动多少?

(3)简要说明上述计算结论的形成机理。（中山大学 2005、2011 研）

解：(1)根据消费函数知 $MPC=0.8$，则政府支出乘数为：$\alpha_G=\dfrac{\Delta Y}{\Delta G}=\dfrac{1}{1-MPC}=5$，税收乘数为：$\alpha_{TA}=\dfrac{\Delta Y}{\Delta T}=-\dfrac{MPC}{1-MPC}=-4$。

(2)如果政府采取平衡预算政策，考虑到平衡预算乘数为 1，则均衡产出水平提高，提高量等于政府支出的增加，即为 100。

(3)乘数要起作用一个重要的前提条件是经济有闲置的生产能力。当增加政府支出时，相应的政府支出乘数为$\dfrac{1}{1-MPC}$。为保持政府预算平衡，应等额的征税，相应的税收乘数为 $-\dfrac{MPC}{1-MPC}$。税收乘数要小于政府支出乘数，其原因在于没有第一轮的直接效应，即增税先影响可支配收入，可支配收入的变动再影响消费。假设政府购买支出和税收各增加同一数量即 $\Delta G=\Delta TA$ 时，有：

$$\begin{aligned}\Delta Y&=k_G\Delta G+k_{TA}\Delta TA\\&=\frac{1}{1-MPC}\Delta G+\frac{-MPC}{1-MPC}\Delta TA\\&=\frac{1}{1-MPC}\Delta G+\frac{-MPC}{1-MPC}\Delta G=\Delta G\end{aligned}$$

则 $k_B=\Delta Y/\Delta G=1$。

5. 假设一经济中有如下关系：消费 $C=100+0.8Y_d$，投资 $I=50$，政府购买支出 $G=200$，政府转移支付 $T_r=62.5$，税率 $t=0.25$。求：

(1)均衡收入和预算盈余各是多少?

(2)当投资增加到 100 时，预算盈余有何变化?

(3)若充分就业收入 $Y_f=1200$，当投资为 100 时的充分就业预算盈余是多少?

(4)若投资仍为 50，政府购买支出增加到 250，充分就业收入仍为 1200，充分就业预算

盈余又是多少？（武汉大学 2010 研）

解：(1)由三部门经济产品市场均衡条件可得：

$$\begin{aligned}Y&=C+I+G\\&=100+0.8[(1-0.25)Y+62.5]+50+200\\&=0.6Y+400\end{aligned}$$

解得：均衡收入 $Y^*=1000$。

预算盈余 $BS_1=T-G-T_r=0.25\times1000-200-62.5=-12.5$。

(2)当投资增加到 100 时，由三部门经济产品市场均衡条件可得此时均衡收入 $Y^{**}=1125$。

预算盈余 $BS_2=T-G-T_r=0.25\times1125-200-62.5=18.75$。

由于投资增加，从而国民收入增加，税收增加，所以预算盈余改善。

(3)投资为 100 时，有：

$$BS^*=t(Y_f-Y^{**})+BS_2=0.25(1200-1125)+18.75=37.5$$

即若充分就业收入 $Y_f=1200$，当投资为 100 时的充分就业预算盈余为 37.5。

(4)投资为 50，政府购买为 250 时，可得均衡收入为：

$$\begin{aligned}Y&=C+I+G\\&=100+0.8[(1-0.25)Y+62.5]+50+250\\&=0.6Y+450\end{aligned}$$

解得：均衡收入 $Y^{***}=1125$。

预算盈余 $BS_3=T-G-T_r=0.25\times1125-250-62.5=-31.25$；

充分就业预算盈余 $BS^{**}=t(Y_f-Y^{***})+BS_3=0.25(1200-1125)-31.25=-12.5$。

6. 假设某一国家的居民总是将可支配收入中的 10% 用于储蓄，且充分就业的国民收入为 7000 亿美元。今年的私人投资支出为 900 亿美元，政府购买支出为 600 亿美元，出口为 200 亿美元，自发性消费为 500 亿美元，平均税率为 10%，进口函数为 $M=0.21Y$（M 和 Y 分别表示进口和国民收入），政府转移支付和定额税均为 0。请计算：

(1)该国今年的均衡国民收入。

(2)今年该国政府的预算盈余。

(3)该国充分就业时的预算盈余。

(4)如何利用充分就业预算盈余的概念来判断该国应该实施何种财政政策和已经实施了何种财政政策？（对外经济贸易大学 2015 研）

解：(1)由 $Y=C+I+G+NX$ 推出：$Y=500+0.9(Y-0.1Y)+900+600+200-0.21Y$。

求得：$Y=5500$。

(2)预算盈余 $BS=tY-G=0.1\times5500-600=-50$。

(3)充分就业的预算盈余 $BS^*=tY_f-G=7000\times0.1-600=100$。

(4)充分就业的预算盈余指既定的政府预算在充分就业的国民收入水平即潜在的国民收入水平上所产生的政府盈余。如果这种盈余为负值，就是充分就业预算赤字，它不同于实际的预算盈余。

充分就业预算盈余把收入水平固定在充分就业的水平上，消除经济中收入水平周期性波动对预算状况的影响，从而就能更准确地反映财政政策对预算状况的影响，并为判断财政政策是扩张性的还是紧缩性的提供了一个较为准确的依据。若充分就业预算盈余增加了或赤字减少了，财政政策就是紧缩的；反之，则政策是扩张的。

第十一章　货币、利息与收入

一、名词解释

1. 货币非中性（对外经济贸易大学2009研）

答：货币非中性是与货币中性论相对立的一种关于货币在经济中的作用问题的理论，判断标准是：货币供应量的变化是否会对实际产出、实际利率等实际变量产生影响。新凯恩斯主义认为，在不完全竞争和不完全信息的条件下，货币工资和价格具有黏性，货币供应量的变动会引起实际利率和产出水平等实际经济变量的调整和改变，对经济产生实质影响，这种情况下，货币就是非中性的。与之相对应，如果货币供应量的变化只是引起一般价格水平的上升或下降，不影响实际产出和就业，那么货币就是中性的。

在凯恩斯及其追随者看来，货币是非中性的，国家可以以此制定适当的财政政策和货币政策，以克服经济危机和萧条。因为价格和工资具有黏性，自动矫正的市场机制失灵，经济就可能出现非充分就业下的均衡，但这种均衡低于充分就业下的潜在产出均衡水平。因此，只要存在未被利用的资源，那么总需求的扩大就会使产出增加，影响总需求的财政政策和货币政策是有效的。例如，中央银行增加货币供应量使物价总水平上升时，由于工资具有黏性，可以相对降低工人的实际工资，从而降低了产品成本，企业利润也相应增加，企业就会扩大产量以谋取更大的利润，这就会雇用更多的工人，促使产出增加和就业率上升。

2. 货币中性（中山大学2011研）

答：货币中性是指名义货币数量的变化不会改变产品市场原有均衡状态和国民收入的结构，仅引起产品市场各种商品的绝对价格水平的同比变动。当货币是中性时，货币供给的增加引致货币需求的增加，货币市场在新的供求均衡点上达到均衡，货币市场均衡的改变只引起物价总水平的变化，不改变商品的相对价格，也不影响产品市场的均衡，不影响实际国民收入中消费与储蓄、投资与消费的比例关系。此时，货币只是一种面纱，货币经济类似于物物交易经济。这一观点从根本上否定了规则的货币政策对经济周期的调节作用，并认为只有对未被预期到的通货膨胀采取适当的货币政策才可以提高实际经济水平。

3. 财政政策乘数（对外经济贸易大学2013研）

答：财政政策乘数表明在实际货币供给不变的情况下，增加政府支出使均衡收入水平产生多大的变动。用公式表示为：

$$\frac{\mathrm{d}Y}{\mathrm{d}G}=\frac{1}{(1-c)+\frac{bk}{h}}$$

式中，c 为边际消费倾向；b 为投资对利率的敏感程度；k 和 h 分别为货币需求对收入和利率的敏感程度。

当处于极度萧条情况下，即凯恩斯极端情况时，$h=\infty$，$b=0$。公式可整理得：$\mathrm{d}Y/\mathrm{d}G=1/(1-c)$，表明财政扩张政策的效果可能较大；当处于古典主义极端情况，$h=0$，$b=\infty$，$\mathrm{d}Y/\mathrm{d}G=0$，表明财政政策无效。

二、简答题

1. 作图说明总需求曲线的推导过程并解释总需求曲线向右下方倾斜的原因。（中山大学 2002 研；对外经济贸易大学 2010 研）

答： 总需求曲线反映产品市场和货币市场同时处于均衡时价格水平和产出水平的关系。总需求曲线可以由 *IS - LM* 模型推导出来，推导过程如图 11 - 1 所示。

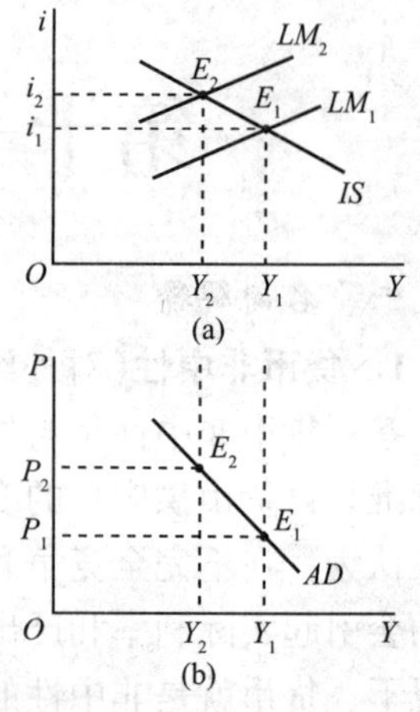

图 11 - 1　总需求曲线的推导

如图 11 - 1 所示，当价格 P 的数值为 P_1 时，此时的 LM 曲线 LM_1 与 IS 曲线相交于 E_1，将 P_1 和对应的国民收入 Y_1 标在下图中便得到总需求曲线上的一点 E_1。假设 P 由 P_1 上升到 P_2。由于 P 的上升，LM 曲线移动到 LM_2 的位置，它与 IS 曲线的交点为 E_2。将 P_2 和对应的国民收入 Y_2 标在下图中便得到总需求曲线上的一点 E_2。从而可以得出总需求曲线 AD。

从总需求曲线的推导中可以看到，总需求曲线表示社会的需求总量和价格水平之间的反方向的关系，即总需求曲线是向右下方倾斜的。向右下方倾斜的总需求曲线表示，价格水平越高，需求总量越小；价格水平越低，需求总量越大。

当价格水平变动时，可以通过考察产品市场和货币市场如何作出反应来理解产量和价格水平之间的反向关系。价格水平的提高使名义货币需求提高（即家户由于价格上涨而需要比原来持有更多的货币余额），但由于货币量保持不变，于是货币市场出现了非均衡，结果是利率提高。伴随着较高的利率，投资支出下降，从而导致总需求下降。相反，较低的价格水平使货币需求下降，进而导致利率下降，较低的利率刺激了投资，从而导致总需求的提高。所以总需求曲线向右下方倾斜。

2. 什么是 *LM* 曲线？请画图并用文字简要解释 *LM* 曲线的推导过程。（浙江大学 2009 研）

答：（1）*LM* 曲线的含义

LM 曲线描述货币市场处于均衡状态时的收入与利率的各种组合。*LM* 曲线上任一点都代表一定利率和收入的组合，在这样的组合下，货币需求与供给都是相等的，亦即货币市场是均衡的。

（2）*LM* 曲线的推导

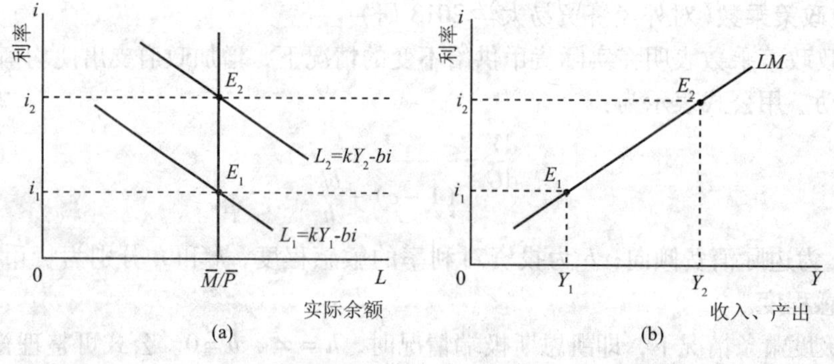

图 11 - 2　*LM* 曲线的推导

如图 11 - 2(a) 所示，实际货币供给保持在 $\overline{M}/\overline{P}$ 的水平。当收入水平为 Y_1 时，实际余额需求曲线 L_1 与实际余额供给确定市场利率水平为 i_1。当收入水平为 Y_2 时，收入水平提高使

得各个利率水平的实际余额需求增加，实际余额需求曲线向右上方移动到 L_2，对应的货币市场的均衡利率水平由 i_1 增加到 i_2。按照这种分析方法，可得到图 11－2(b)向右上方倾斜的 *LM* 曲线。*LM* 曲线即货币市场均衡曲线，它显示能使其实际余额需求等于供给的所有利率与收入水平的组合。沿着 *LM* 曲线，货币市场处于均衡状态。

3. 假设一个经济的商品市场由以下等式刻画：

$C=\bar{C}+c(Y-T)$，$T=t\cdot Y$

$I=\bar{I}-br+aY$

$G=40$

货币市场均衡由以下 *LM* 曲线表达：$\frac{M}{P}=kY-hr$

(1)推导商品市场均衡 *IS* 曲线方程，简要说明 *IS* 曲线斜率的影响因素对 *IS* 曲线斜率的影响。

(2)推导政府购买乘数的表达式，简要说明投资对收入的敏感性 *a* 对政府支出乘数的影响。

(3)推导货币政策乘数的表达式，简要说明投资对收入的敏感性 *a* 对货币政策乘数的影响。(中山大学 2010 研)

答：(1)*IS* 曲线是能使计划支出等于收入的利率与产出水平的各个组合形成的曲线。根据总需求函数表达式可得 *IS* 曲线方程的表达式，即：

$$\begin{aligned}AD &\equiv C+I+G\\ &=\bar{C}+c(Y-t\cdot Y)+\bar{I}-br+aY+G\\ &=[c(1-t)+a]Y+\bar{C}+\bar{I}-br+G\end{aligned}$$

由此可得 *IS* 曲线的表达式为：

$$Y=a_G(\bar{C}+\bar{I}-br+G),\ a_G=\frac{1}{1-c(1-t)-a}$$

从 *IS* 曲线方程可以看出，*IS* 曲线斜率的影响因素包括投资支出对利率变动的敏感性 b 和政府购买乘数 a_G，而政府购买乘数 a_G 又受边际消费倾向 c、税率 t 和和投资对收入的敏感性 a 的影响。

具体来说，如果投资支出对利率非常敏感，即 b 较大，则既定的利率变动引起总需求的大幅度变动，进而引起均衡收入水平的大幅度变动，*IS* 曲线就十分平坦。与此对应，如果 b 较小，即投资支出对利率不太敏感，则 *IS* 曲线相对陡峭。

同时，税率 t 越高，边际消费倾向 c 和投资对收入的敏感性 a 越低，*IS* 曲线越陡峭。反之，*IS* 曲线越平坦。

(2)联立 *IS* 曲线和 *LM* 曲线方程，即：

$$\begin{cases}Y=a_G(\bar{C}+\bar{I}-br+G)\\ \frac{M}{P}=kY-hr\end{cases}$$

可得，均衡收入水平为：

$$Y=\frac{ha_G}{kba_G+h}(\bar{C}+\bar{I}+G)+\frac{ba_G}{kba_G+h}\cdot\frac{M}{P}$$

由上式可知，当政府购买变动时，均衡收入的变动为：

$$\Delta Y_0=\frac{ha_G}{kba_G+h}\Delta\bar{G}$$

即政府支出乘数为 $\alpha_G = \frac{ha_G}{kba_G + h}$，其中 $a_G = \frac{1}{1 - c(1 - t) - a}$。

投资对收入的敏感性对政府支出乘数的影响可以从政府购买乘数表达式 a_G 中看出。a_G 与 a 同方向变动。投资对收入的敏感性越强，即 a 越大，收入增加一单位而引起的投资增加量就越多，则政府支出乘数就越大。

(3)由 $Y = \frac{ha_G}{kba_G + h}(\bar{C} + \bar{I} + G) + \frac{ba_G}{kba_G + h} \cdot \frac{M}{P}$ 可知，货币政策乘数为：

$$\frac{\Delta Y}{\Delta(M/P)} = \frac{ba_G}{kba_G + h}$$

投资对收入的敏感性 a 越大，a_G 越大，从而货币政策乘数越大。反之，货币政策乘数越小。

4. 什么是储蓄？假定经济体的储蓄率从 s 提高到 s'，

(1)结合 Solow 模型画图分析储蓄变化的影响。

(2)结合 *IS*－*LM* 模型画图分析储蓄率变化的影响。

(3)结合 *AS*－*AD* 模型画图分析储蓄率变化的影响。

(4)比较分析你对(1)－(3)回答的异同。(中山大学 2008 研)

答：储蓄是指在可支配收入的基础上扣除用于最终消费支出后的部分。如果可支配收入大于最终消费支出时，则储蓄为正，表现为资产增加或负债减少；如果可支配收入小于最终消费支出时，则储蓄为负，表现为资产减少或负债增加。

(1)Solow 模型下储蓄率变化的影响

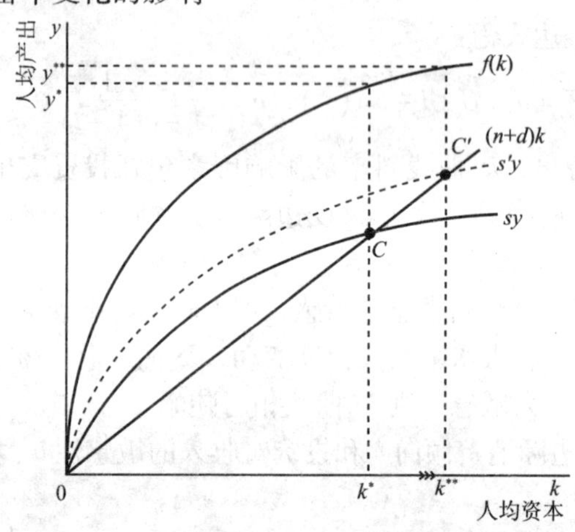

图 11－3　储蓄率增加的影响

如图 11－3 所示，经济最初位于 C 点的稳态均衡。当其他条件不变时，假定经济活动主体一次性把储蓄率从 s 提高到 s'，形成新的稳态为 C'。在 C' 点，人均资本与人均产出也都有了增长。但是，在长期中，储蓄率的增加只是提高人均产出水平和人均资本水平，而不是提高人均产出增长率。换句话来说，提高储蓄率将带来短期增长，但不能够带来长期经济增长。

(2)*IS*－*LM* 模型下储蓄率变化的影响

由 *IS* 曲线的公式，可知储蓄率 s 的变化会导致 *IS* 曲线的斜率和截距都发生变化。具体地，随着储蓄率从 s 提高到 s'，*IS* 曲线将会向左移动，同时还将顺时针旋转。如图 11－4 所示，经济体的初始位置为 A 点，当储蓄率 s 提高时，*IS* 曲线将会向左移动并顺时针旋转到

IS'，经济体将从 A 点运动到 B 点，结果均衡利率水平从 i^* 下降到 i^{**}，均衡收入水平从 Y^* 下降到 Y^{**}。

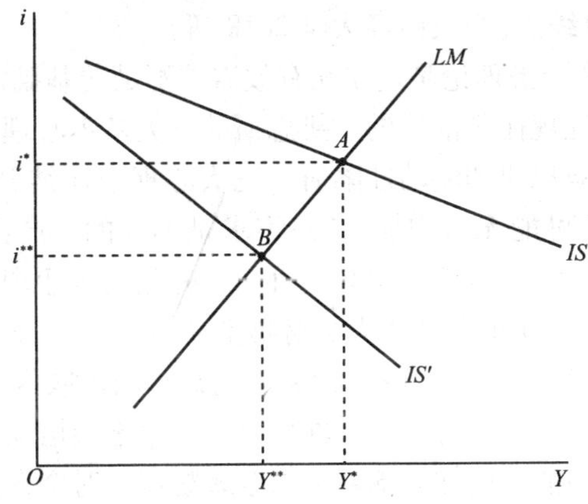

图 11－4　IS－LM 模型：储蓄率提高的影响

(3) AS－AD 模型下储蓄率变化的影响

AS－AD 模型在 IS－LM 模型的基础上进一步引入了劳动力市场，即考虑一般价格水平的影响，讨论的是国民收入(产量)和价格水平的关系及其决定。储蓄率的变换对 AD 曲线的影响主要是通过其对 IS 曲线的影响体现出来，且 IS 曲线斜率对总需求曲线斜率的影响是正相关的。按照上述分析，随着储蓄率从 s 提高到 s'，IS 曲线将会向左移动并顺时针旋转，对应的 AD 曲线也将会向左移动，同时也将顺时针旋转。如图 11－5 所示，经济体的初始位置为 A 点，当储蓄率提高时，AD 曲线将会向左移动并顺时针旋转到 AD'，经济体将从 A 点运动到 B 点，结果均衡价格水平从 P^* 下降到 P^{**}，均衡收入水平从 Y^* 下降到 Y^{**}。

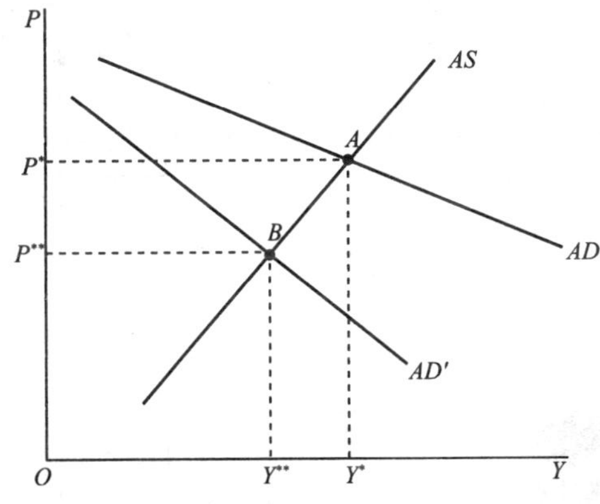

图 11－5　AS－AD 模型：储蓄率提高的影响

(4) 比较 Solow 模型、IS－LM 模型和 AS－AD 模型，首先会发现 Solow 模型是一般均衡动态模型，而 IS－LM 模型和 AS－AD 模型都是一般均衡静态模型，因而 Solow 模型对储蓄变化的影响可以进行动态分析，更高的储蓄率短期内导致了总产量和人均产量的增加，但是在长期稳态时，产量的均衡增长率是独立于储蓄的；而 IS－LM 模型和 AS－AD 模型对储蓄变化的影响更多的是比较静态分析，两者得出的结论与 Solow 模型正好相反，它们认为更高的储蓄率会导致更低的均衡收入和产出。

换句话说，由于 IS－LM 模型和 AS－AD 模型都是立足于需求层面的分析，主要用于研究短期内经济波动问题，而 Solow 模型是立足于供给层面，旨在研究经济增长这样一个长期问题。这是两种完全不同的视角，因此得出的结论也有差异。

5. 阐述凯恩斯的有效需求不足理论，利用凯恩斯交叉说明什么是“节俭悖论”，并从凯恩斯交叉出发推导出 *IS* 曲线。（中央财经大学 2018 研）

答：（1）凯恩斯的宏观经济理论是建立在有效需求不足的基础之上的，而有效需求不足理论则是以其三大基本心理规律为前提的。凯恩斯的三大基本心理规律是：边际消费倾向递减规律、资本边际效率递减规律和流动性陷阱。三大心理规律结合在一起，得出的结论是：由于消费和投资的不足（不可能无限增加），总需求是不足的，产出水平必然小于充分就业的产出水平。在这种情况下，政府的干预必不可少，并且主要手段是运用财政政策（经济陷入流动偏好陷阱），所以凯恩斯主义被认为是财政主义。

（2）节俭悖论是由凯恩斯最早提出的一种关于储蓄与国民收入之间相互作用的理论。节制储蓄增加消费会减少个人财富，对个人是件坏事，但由于会增加国民收入使经济繁荣，对整个经济来说是好事；节制消费增加储蓄会增加个人财富，对个人是件好事，但由于会减少国民收入引起萧条，对国民经济是件坏事。

国民收入均衡条件为投资等于储蓄 $I=S$，而 $S=Y-C$。假设 $C=\overline{C}+cY$，则 $S=-\overline{C}+(1-c)Y$。假定投资不变 $\overline{I}=-\overline{C}+(1-c)Y$，则 $Y^{*}=(\overline{I}+\overline{C})/(1-c)$，$c$ 为边际消费倾向。由此式可得，当消费占收入比重越多时，国民收入越多。而降低消费在国民收入中的比重时，国民收入下降。*IS* 曲线的推导如图 11－6 所示。

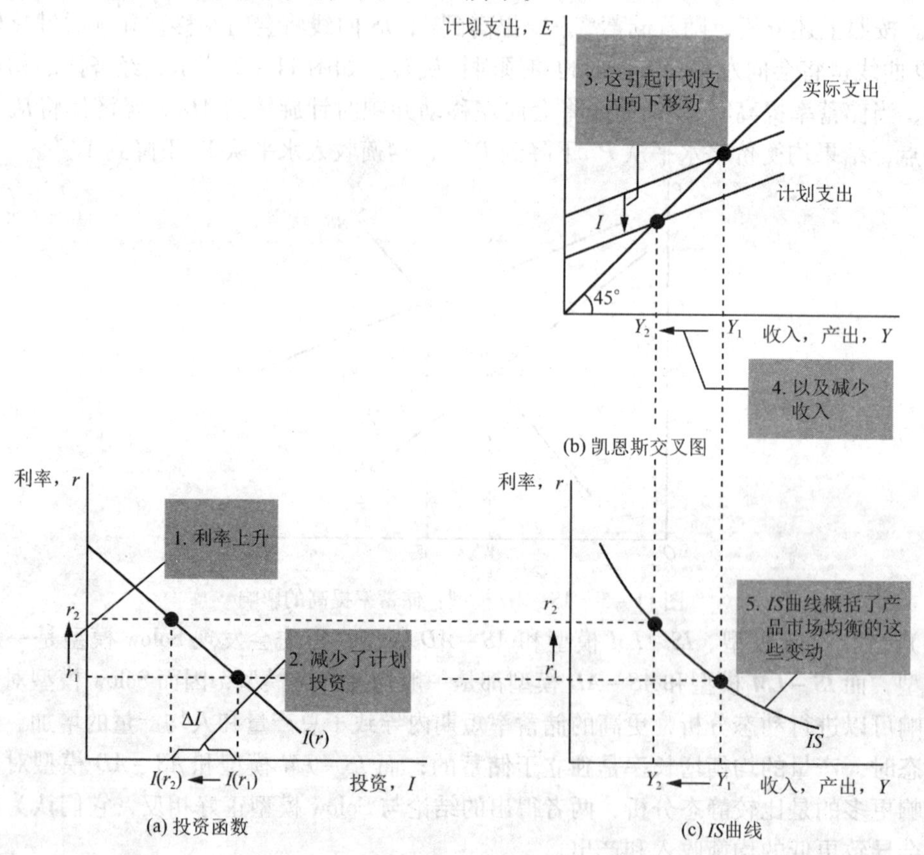

图 11－6　从凯恩斯交叉推导 *IS* 曲线

6. *IS* – *LM* 模型

(1)写出封闭经济下 *IS* 和 *LM* 曲线的公式。

(2)某封闭经济实行固定利率制，一开始处于均衡状态。现在假定中央银行降低了法定存款准备金比率，结合图形说明经济会发生什么情况？

(3)结合以上分析，展开讨论在我国实行利率自由化的必要性。(中山大学 2004 研)

答：(1)在三部门经济条件下，商品市场均衡条件为收入等于计划支出，即有：

$$Y = AD = \bar{A} + c(1-t)Y - bi$$

解得：$Y = \alpha_G(\bar{A} - bi)$，此即为 *IS* 曲线方程。

要使货币市场处于均衡状态，货币需求必须等于货币供给，即：

$$\frac{\bar{M}}{P} = kY - hi$$

求出利率，得：

$$i = \frac{1}{h}\left(kY - \frac{\bar{M}}{P}\right)$$

此即为 *LM* 曲线方程。

(2)当货币市场和商品市场均衡时，*IS* 曲线和 *LM* 曲线相交于一点。如图 11 – 7 所示，*IS* 和 *LM* 曲线相交于点 *A*，此时达到均衡状态，产量为 Y_1，利率水平为 i_1，当中央银行降低银行存款准备金率，则货币供应量增加，*LM* 曲线由LM_1向右移动至LM_2。

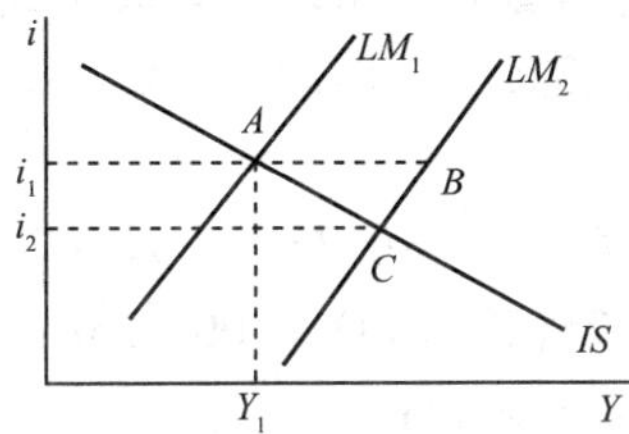

图 11 – 7　利率管制下 *LM* 曲线移动的效果

在不实行固定利率制度的情况下，*LM* 曲线会与 *IS* 曲线重新相交于 *C* 点，从而达到新的均衡。但由于实行固定利率制度，在利率水平 i_1 的情况下，商品市场均衡时所要求的收入水平为 Y_1，货币市场要求的收入水平要大于产品市场，即货币市场和商品市场不能同时均衡。在这种情况下，为了使两者均衡，物价水平将上升，从而导致通货膨胀，而不能达到预期要求的政策目的。

(3)从上述分析可知，利率在市场中的变化是调节经济中各个市场达到均衡的重要手段。当经济过热时，投资大于储蓄，货币需求大于供给，利率上升，投资减少，抑制了过热现象。因此利率要发挥作用必须是随市场变化自由浮动的。国家制定的利率通常调节缓慢，滞后于经济变动，难以发挥效力。

就我国而言，推进利率市场化改革是建立社会主义市场经济的客观要求，是实现金融体制和信贷资金经营方式转变的关键环节。原因如下：

①只有实现利率市场化，才能引导货币资金在国民经济各部门、各行业之间的合理流动，使市场在国家宏观调控下对资源配置起决定性作用，建立社会主义市场经济体制。

②利率市场化是完善间接宏观调控体系的重要条件，而建立以间接手段为主的完善的宏观调控体制是社会主义市场经济体制的重要组成部分。

③利率市场化有利于推进资金商品化和融资市场化。只有实现利率市场化，推进资金商

品化和融资市场化，才能扭转计划经济下按计划供应的资金占用大、周转慢、效益差的状况，使资本商品的价格反映货币市场的供求状况。

④利率市场化有利于推进金融体制和信贷资金经营方式的转变。

三、计算题

1. 考虑一个经济体。

(1)消费函数给定为 $C=200+0.75(Y-T)$，投资函数是 $I=200-25r$ 。政府购买和税收都是100，针对这个经济，求 *IS* 曲线。

(2)货币需求函数是 $\left(\frac{M}{P}\right)^d=Y-100r$，货币供给 M 是1000，物价水平 P 是2，针对这个经济，求 *LM* 曲线。

(3)找出均衡利率 r 和收入均衡水平 Y。

(4)假定政府购买从100增加到150，*IS* 曲线会移动多少？新的均衡利率和收入均衡水平是多少？

(5)假定货币供给从1000增加到1200，*LM* 曲线会移动多少？新的均衡利率和收入均衡水平是多少？

(6)使用货币和财政政策的初始值，假设物价水平从2上升到4，会发生什么变化？新的均衡利率和收入水平是多少？

(7)推导总需求方程式并给出其图形。如果财政政策或货币政策像(4)和(5)部分那样变动，这条总需求曲线会发生什么变动？（华南理工大学2011研）

解：(1)在封闭经济体中：

$$\begin{aligned}Y &= C+I+G=200+0.75(Y-T)+200-25r+G\\&=200+0.75(Y-100)+200-25r+100\\&=0.75Y-25r+425\end{aligned}$$

可得 *IS* 曲线方程为：$Y=1700-100r$ 。

(2)由货币市场均衡条件可得：

$$\left(\frac{M}{P}\right)^d=Y-100r=\frac{M}{P}=500$$

整理可得 *LM* 曲线方程为：$Y=500+100r$。

(3)联立 *IS* 曲线方程和 *LM* 曲线方程可得均衡利率和均衡收入水平，即：

$$500+100r=1700-100r$$

解得：$r=6$，$Y=1100$。

(4)该经济体的边际消费倾向为0.75，故政府购买乘数为$\frac{1}{1-0.75}=4$，$\Delta G=50$，使得 *IS* 曲线右移200个单位。此时新的 *IS* 曲线方程为：$Y=1900-100r$，联立原有的 *LM* 曲线方程 $Y=500+100r$，可得新的均衡利率和均衡收入水平分别为 $r=7$，$Y=1200$。

(5)实际货币余额从500增加到600，*LM* 曲线会向右移动100个单位。此时新的 *LM* 曲线方程变为 $Y=600+100r$，联立原有的 *IS* 曲线方程 $Y=1700-100r$，可得新的均衡利率和均衡收入水平分别为 $r=5.5$，$Y=1150$。

(6)物价水平从2上升到4，对 *IS* 曲线不产生影响，使得 *LM* 曲线方程变为：$Y=250+100r$。联立原有的 *IS* 曲线方程 $Y=1700-100r$，可得新的均衡利率和均衡收入水平分别为

$r=7.25$，$Y=975$。

(7)联立 IS 曲线方程 $Y=1700-100r$ 和 LM 曲线方程 $Y-100r=\frac{1000}{P}$，可得总需求曲线方程为：$Y=850+\frac{500}{P}$。实行扩张性的财政政策(如增加政府购买支出)或实行扩张性的货币政策(如增加货币的供给)都会使向右下方倾斜的总需求曲线向右上方移动。

2. 假设一经济体系的消费函数为 $C=600+0.8Y_d$，投资函数为 $I=400-50r$，政府购买为 $G=200$，货币需求函数为 $L=250+0.5Y-125r$，货币供给 $M_s=1250$，价格水平 $P=1$。假定政府只收取定额税，并且保持预算平衡，求：

(1) IS 和 LM 方程。

(2)均衡收入和利率。

(3)设充分就业时收入水平为 $Y^*=5000$，若用增加政府购买实现充分就业，就需要增加多少购买？(对外经济贸易大学2011研)

解：(1)政府预算平衡，故定额税应等于政府支出，为200。

由三部门产品市场均衡条件可得：

$$\begin{aligned}Y&=C+I+G\\&=600+0.8(Y-200)+400-50r+200\\&=0.8Y-50r+1040\end{aligned}$$

整理得 IS 曲线方程：$Y=5200-250r$ ①

由货币市场均衡条件可得：

$$M_s/P=L=250+0.5Y-125r$$
$$M_s=1250$$
$$P=1$$

整理得 LM 曲线方程：$Y=2000+250r$ ②

(2)联立①②两个方程并求解，得产品市场和货币市场同时均衡的均衡利率为 $r=6.4$，国民收入为 $Y=3600$。

(3)如果充分就业的国民收入为5000，因为 LM 曲线没变，所以将 $Y=5000$ 代入到 LM 曲线方程中得到充分就业时的利率为 $r=12$，设新的政府支出为 x，则新的 IS 曲线由如下一组公式决定：

$$\begin{cases}Y=C+I+G\\C=600+0.8Y_d\\Y_d=Y-T\\I=400-50r\\G=T=x\end{cases}$$

因此有：$Y=600+0.8(Y-x)+400-50r+x$

将 $Y=5000$，$r=12$ 代入上式可得充分就业下的政府支出为 $x=3000$，于是若用增加政府购买实现充分就业，就需要增加购买2800。

3. 若投资支出函数 $I=600-1000i$，i 为利率，计划支出 $AD=500+0.8Y+I$，Y 是收入，货币实际余额需求 $L=0.4Y-8000i$，实际余额供给 $\frac{M}{P}=1200$。

(1)写出 *IS* 和 *LM* 曲线的方程。

(2)求均衡时的收入 *Y* 和利率 *i*。(中山大学 2001 研)

解:(1)根据总需求的定义可知:$AD=Y$。

由 $AD=500+0.8Y+I$,$I=600-1000i$ 可得:

$$500+0.8Y+600-1000i=Y$$

整理可得:$Y=5500-5000i$,此即为 IS 曲线方程。

根据货币市场均衡条件货币实际余额需求等于实际余额供给可得:

$$0.4Y-8000i=1200$$

整理可得:$Y=3000+20000i$,此即为 LM 曲线方程。

(2)由 $\begin{cases}Y=5500-5000i\\Y=3000+20000i\end{cases}$

联立方程组解得均衡时的收入 $Y=5000$,利率 $i=0.1$。

4. 已知消费函数为 $C=200+0.75YD$,投资函数为 $I=500-100r$,政府购买支出为 $G=250$,税收为 $T=0.2Y$,货币需求为 $M_0=2PY-210r$,货币供给为 $M_S=\dfrac{H}{0.2}$,其中 $H=240$ 为高能货币。

(1)求 *IS* 曲线。

(2)$P=1$ 时求 *LM* 曲线。

(3)$P=1$ 时,求均衡的消费、投资、收入和利率。此时政府是否预算平衡?如果不平衡,要达到平衡,政府支出是多少?

(4)求总需求曲线。(南开大学 2011 研)

解:(1)由收入恒等式 $Y=C+I+G$,将消费函数、投资函数和政府购买及税收代入该恒等式,得:

$$Y=200+0.75(Y-0.2Y)+500-100r+250$$

化简得 IS 曲线方程:

$$Y=2375-250r$$

(2)$P=1$ 时,货币需求为 $M_0=2Y-210r$,由货币市场均衡条件 $M_0=M_S$,得:

$$2Y-210r=\frac{240}{0.2}$$

整理得这个经济的 LM 曲线方程:

$$Y=600+105r$$

(3)联立 IS 和 LM 曲线方程,得均衡利率 $r=5$ 和均衡收入水平 $Y=1125$,代入消费函数、投资函数以及税收函数中可得消费为 $C=875$,投资为 $I=0$,税收为 $T=225$。

税收不等于政府支出,所以预算不平衡。为达到预算平衡,必须有 $G=T=0.2Y$,重复(1)的运算,得到新 IS 曲线方程为:

$$Y=3500-500r$$

联立(2)中的 LM 曲线方程可得此时的均衡利率 $r=4.79$ 和均衡收入水平 $Y=1105$,因此政府支出为 $G=T=0.2Y=221$。

(4)最初的 IS 曲线方程为 $Y=2375-250r$,最初的 LM 曲线方程为:

$$2PY-210r=\frac{240}{0.2}=1200$$

联立这两个方程并消去变量 r 便得到总需求曲线方程：

$$Y=\frac{79875}{21+50P}$$

5. 若一个经济的基本经济关系如下，利用 $IS-LM$ 模型回答问题：$C=50+0.8Y_D$，$Y_D=Y-T_A$，$T_A=0.25Y$，$G=200$，$NX=50-0.05Y$，$I=400-200i+0.2Y$，$M=600$，$P=1$，$L=0.5Y+200-100i$。其中，Y、C、I、G、NX、Y_D、T_A、M 和 L 分别代表国民收入、消费、投资、政府购买、净出口、可支配收入、总税收、货币供给量和货币需求量，单位为亿元；i 代表名义利率，单位为%。

(1)宏观经济均衡时的消费和投资量分别是多少？

(2)若政府支出增加125亿元，其他条件不变，投资会被挤出多少？

(3)如果政府采取适应性货币政策，在政府支出增加时保持利率不变，名义货币供给量应增加多少？此时消费量和投资量会有怎样的变化？（对外经济贸易大学2017研）

解：(1)由 $Y=C+I+G+NX$ 得：

$$Y=50+0.8(Y-0.25Y)+400-200i+0.2Y+200+50-0.05Y$$

解得 IS 方程：$Y=2800-800i$。

由 $M/P=L(Y,\ i)$ 得：$600/1=0.5Y+200-100i$。

解得 LM 方程：$Y=200i+800$。

联立 IS 与 LM 方程，解得：$Y=1200$，$i=2$。

所以均衡时的消费 $C=770$，投资 $I=240$。

(2)政府支出增加125亿元，则新的 IS 方程为：$Y=3300-800i$。

与 LM 方程联立解得新的均衡：$Y=1300$，$i=2.5$。

此时的投资为 $I=160$。

所以投资的挤出量为80亿元。

(3)当政府支出增加125亿元，而利率保持 $i=2$ 不变时，产出为 $Y=1700$。

货币需求 $L=0.5Y+200-100i=850+200-200=850$。

所以新的货币供给为850亿元，货币供给需要增加250亿元。此时的消费为1070亿元，投资为340亿元。

6. $IS-LM$ 相关资料如下：产品部门：$AD=C+I+G+NX$，$C=100+0.8Y_D$，$Y_D=Y-TA$，$TA=Y/4$，$I=300-20i$，$G=120$，$NX=-20$。货币部门：$M=1100$，$P=2$，$m^d=Y/3+400-10i$。

(1)写出 IS 和 LM 曲线方程。

(2)计算均衡产出和利率。

(3)假设政府购买增加80，写出新的 IS 曲线方程。

(4)计算新的均衡产出和利率，挤出的投资有多少？（华南理工大学2017研）

解：(1)由题意得：$Y=C+I+G+NX=100+0.8(Y-Y/4)+300-20i+120-20$。

整理得 IS 曲线方程为：$Y=1250-50i$。

由题意得：$M/P=550=Y/3+400-10i$，整理得 LM 曲线方程为：$Y=450+30i$。

(2)联立以下两个方程：

$$\begin{cases}Y=1250-50i\\Y=450+30i\end{cases}$$

解得均衡产出 $Y=750$，均衡利率 $i=10$。

(3)假设政府购买增加 80，则：$Y=C+I+G+NX=100+0.8(Y-Y/4)+300-20i+200-20$，解得新的 IS 曲线方程为 $Y=1450-50i$。

(4)联立以下两个方程：

$$\begin{cases} Y=1450-50i \\ Y=450+30i \end{cases}$$

解得：新的均衡产出 $Y=825$，均衡利率 $i=12.5$。

原投资为：$300-20\times10=100$；

政府购买增加后的投资为：$300-20\times12.5=50$；

挤出的投资为：$100-50=50$。

7. 假设货币需求函数是：$(M/P)^{d}=1000-100r$。式中，r 为用百分比表示的利率。货币供给 M 是 1000，而物价水平 P 是 2。

(1)画出实际货币余额的供给和需求。

(2)均衡利率是多少？

(3)假设物价水平是固定的。如果货币供给从 1000 增加到 1200，均衡利率会发生什么变动？

(4)如果美联储希望利率提高到 7%，应该确定多少货币供给？（中央财经大学 2017 研）

答：(1)实际货币余额的需求曲线为 $D=(M/P)^{d}=1000-100r$，供给曲线为 $S=(M/P)^{s}=M/P=1000/2=500$。曲线图如图 11－8 所示。

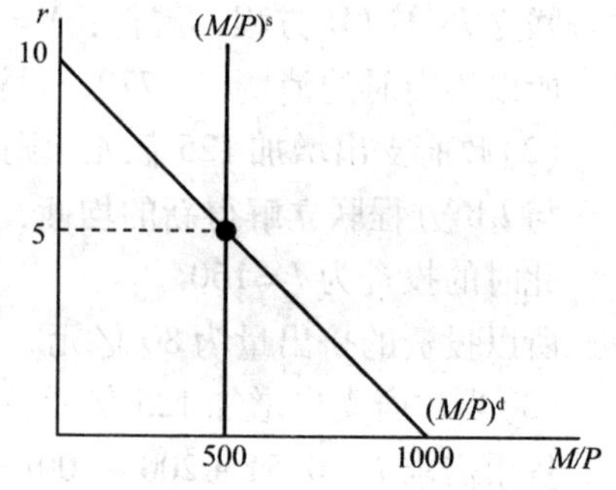

图 11－8　实际货币余额的供给与需求

(2)根据货币市场均衡的条件货币需求＝货币供给，即 $D=S$，可得：$1000-100r=500$，解得 $r=5$，故均衡利率为 5%。

(3)当货币供给增加到 1200 时，供给曲线 $S'=1200/2=600$，由 $D=S'$ 可得：$1000-100r=1200/2=600$，解得 $r=4$，故均衡利率为 4%。即货币供给增加使均衡利率上升了。

(4)当利率提高到 7% 时，可知实际货币需求 $D=1000-100\times7=300$，所以此时的实际货币供给 $S=M/P=300$，故 $M=300P=300\times2=600$。

四、论述题

1. 论述 $IS-LM$ 模型及数理推导。（浙江大学 2007 研）

答：(1)$IS-LM$ 模型介绍

$IS-LM$ 模型是用来说明商品市场与货币市场同时达到均衡时国民收入与利率的决定的模型。如图 11－9 所示，横轴表示国民收入(Y)，纵轴表示利率(i)。IS 曲线上的任何一点都是商品市场的均衡，即 $I=S$，其中，I 表示投资，S 表示储蓄。LM 曲线上的任何一点都是货币市场的均衡，即 $L=M$，其中，L 表示货币需求，M 表示货币供给。IS 曲线与 LM 曲线相交于 E，这时决定的国民收入(Y_0)与利率(i_0)使得商品市场与货币市场同时实现了均衡。这一模型包括了凯恩斯分析国民收入决定时所包括的四个变量：消费(或收入

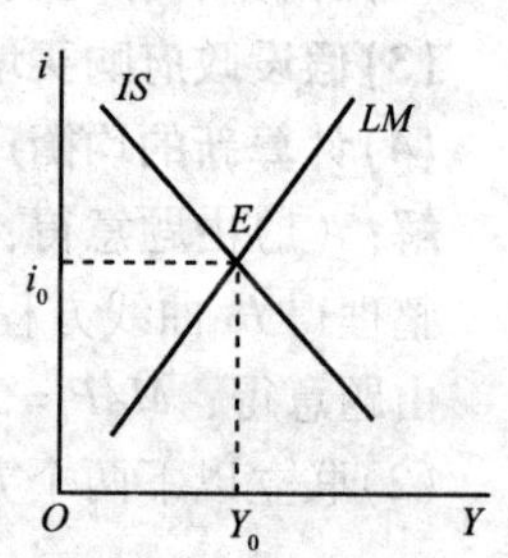

图 11－9　$IS-LM$ 模型

减消费的余额储蓄）、投资、货币需求、货币供给，并用均衡分析的方法同时分析了这四个变量如何决定国民收入与利率。

(2) $IS-LM$ 模型的数理推导

商品市场均衡条件为收入等于计划支出，即有：

$$Y=AD=\bar{A}+c(1-t)Y-bi$$

解得：$Y=\alpha_G(\bar{A}-bi)$，此即为 IS 曲线方程。

要使货币市场处于均衡状态，货币需求必须等于货币供给，即：

$$\frac{\bar{M}}{\bar{P}}=kY-hi$$

求出利率，得：

$$i=\frac{1}{h}\left(kY-\frac{\bar{M}}{\bar{P}}\right)$$

此即为 LM 曲线方程。

在图解中，IS 曲线与 LM 曲线的交点表明 IS 方程与 LM 方程均成立：同一利率与收入水平保证商品市场与货币市场都处于均衡状态。以方程式表示，可将 LM 曲线方程中的利率代入 IS 曲线方程中，得：

$$Y=\alpha_G\left[\bar{A}-\frac{b}{h}\left(kY-\frac{\bar{M}}{\bar{P}}\right)\right]$$

通过合并同类项并求解均衡收入水平，则得：

$$Y_0=\frac{h\alpha_G}{h+kb\alpha_G}\bar{A}+\frac{b\alpha_G}{h+kb\alpha_G}\frac{\bar{M}}{\bar{P}}$$

上式表明均衡收入水平取决于两个外生变量：自主支出($\bar{A}$)与实际货币存量($\frac{\bar{M}}{\bar{P}}$)。前者包括自主消费与自主投资($\bar{C}$和$\bar{I}$)以及财政政策参数(G，TR)。自主支出水平$\bar{A}$越高，实际余额存量越大，则均衡收入越高。

将均衡收入水平 Y_0 代入 LM 曲线方程中，得到均衡利率：

$$i_0=\frac{k\alpha_G}{h+kb\alpha_G}\bar{A}-\frac{1}{h+kb\alpha_G}\frac{\bar{M}}{\bar{P}}$$

上式表明均衡利率取决于乘数与$\bar{A}$项所获得的财政政策参数，以及实际货币存量。较高的实际货币存量意味着较低的均衡利率。

2. 怎样理解 *IS－LM* 模型是凯恩斯主义宏观经济学的核心。（浙江大学 2001 研）

答：(1) $IS-LM$ 模型是描述商品市场和货币市场之间相互联系的理论结构。在商品市场上，国民收入决定于消费、投资、政府支出和净出口加起来的总支出或者说总需求水平，而总需求尤其是投资需求要受到利率影响，利率则由货币市场供求情况决定，就是说，货币市场要影响产品市场；另一方面，产品市场上所决定的国民收入又会影响货币需求，从而影响利率，这又是产品市场对货币市场的影响。

(2)凯恩斯理论的核心是有效需求原理，它认为国民收入决定于有效需求，而有效需求原理的支柱又是边际消费倾向递减、资本边际效率递减以及心理上的流动偏好这三个心理规律的作用。这三个心理规律涉及四个变量：边际消费倾向、资本边际效率、货币需求和货币供给。在这里，凯恩斯通过利率把货币经济和实物经济联系了起来，打破了新古典学派把实物经济和货币经济分开的两分法，认为货币不是中性的，货币市场上的均衡利率要影响投资和收入，而产品市场上的均衡收入又会影响货币需求和利率，这就是产品市场和货币市场的相互联系和作用。汉森、希克斯这两位经济学家则用 IS－LM 模型把这四个变量放在一起，构成一个产品市场和货币市场之间相互作用如何共同决定国民收入与利率的理论框架，从而使凯恩斯的有效需求理论得到了较为完善的表述。

(3) IS－LM 模型不仅可以说明财政政策和货币政策，而且还可以用来分析财政政策和货币政策的相对有效性。政策的相对有效性也称为政策的效果，是指政策手段(或工具)变化使 IS(或 LM)曲线变动，最终对收入变动的影响。它是西方经济学家对凯恩斯经济理论整个体系所做的标准阐释，而凯恩斯的经济理论奠定了现代西方宏观经济学的基础。

因此，可以说，IS－LM 模型是凯恩斯主义宏观经济学的核心。

第十二章　货币政策与财政政策

一、名词解释

1. 相机抉择政策（对外经济贸易大学2010研）

答：相机抉择是指政府进行需求管理时根据市场情况和各项调节措施的特点，机动灵活地采取一种或几种措施，使财政政策和货币政策相互搭配。根据宏观财政政策和宏观货币政策在决策速度、作用速度、预测的可靠程度和中立程度这四方面的差异，相机抉择一般具有以下三种搭配方式：

①松的财政政策与松的货币政策相搭配；

②紧的财政政策与紧的货币政策搭配；

③松的财政政策与紧的货币政策搭配或紧的财政政策与松的货币政策搭配。

实行相机抉择的目的在于既保持总需求，又不引起较高的通货膨胀率。

2. 流动性陷阱（对外经济贸易大学2008、2012研；浙江大学2012研；中央财经大学2015、2019研）

答：流动性陷阱又称凯恩斯陷阱或灵活陷阱，是凯恩斯的流动偏好理论中的一个概念，具体是指当利率水平极低时，人们对货币的需求趋于无限大，货币当局即使增加货币供给也不能降低利率，从而不能增加投资引诱的一种经济状态。

当利率极低时，有价证券的价格会达到很高，人们为了避免因有价证券价格跌落而遭受损失，几乎每个人都宁愿持有现金而不愿持有有价证券，这意味着货币需求会变得完全有弹性，人们对货币的需求量趋于无限大，表现为流动偏好曲线或货币需求曲线的右端会变成水平线。在此情况下，货币供给的增加不会使利率下降，从而也就不会增加投资引诱和有效需求，当经济出现上述状态时，就称之为流动性陷阱。

尽管从理论上可以推导出流动性陷阱的存在，但现实经济生活中还没有发现该经济现象。有的经济学家认为，20世纪90年代的日本经济类似于出现了流动性陷阱。

3. 挤出效应（中山大学2003、2011研；浙江大学2007、2014研；中央财经大学2015研）

答：挤出效应是指政府支出增加所引起的私人消费或投资降低的效果。在*IS*－*LM*模型中，若*LM*曲线不变，政府支出增加，*IS*曲线向右移动，两种市场重新均衡时引起利率的上升和国民收入的增加。但是，利率的上升会抑制一部分私人投资，降低原有的乘数效应，因此，财政支出增加引起国民收入增加的数量小于不考虑货币市场的均衡（即*LM*曲线）或利率不变条件下的国民收入的增加量。这两种情况下的国民收入增量之差，就是利率上升引起的"挤出效应"。挤出效应的大小取决于以下四个因素：

①支出乘数的大小；

②货币需求对产出变动的敏感程度；

③货币需求对利率变动的敏感程度；

④投资需求对利率变动的敏感程度，即投资的利率系数的大小。

在凯恩斯主义极端情况下，货币需求利率系数为无限大，而投资需求的利率系数等于零。因此，政府支出的"挤出效应"为零，财政政策效果极大。反之，在古典主义极端情况下，货币需求利率系数为零，而投资需求的利率系数极大。因此，“挤出效应”是完全的。

二、简答题

1. 宏观经济政策的目标是什么？为达到这些目标可采用的政策工具有哪些？（对外经济贸易大学 2008 研）

答：（1）宏观经济政策目标

经济政策是指国家或政府为了增进社会经济福利而制定的解决经济问题的指导原则和措施。它是政府为了达到一定的经济目的而对经济活动有意识的干预。宏观经济政策的目标约有四种，即充分就业、价格稳定、经济持续均衡增长和国际收支平衡。

①充分就业。在广泛的意义上，充分就业是指一切生产要素都有机会以自己意愿的报酬参加生产的状态。通常以失业率的高低作为衡量充分就业与否的尺度。充分就业并不是百分百的就业，充分就业不排除摩擦性失业和结构性失业的存在。

②价格稳定是指价格总水平的稳定，一般用价格指数来衡量。价格稳定不是指每种商品的价格固定不变，而是指价格指数的相对稳定，即不出现通货膨胀。目前，经济学家认为，轻微的物价上涨属于正常的经济现象。

③经济持续均衡增长是指在一个特定时期内经济社会所生产的人均产量和人均收入的持续增加。通常用一定时期内实际国内生产总值年均增长率来衡量，衡量经济增长的一个重要指标是人均 GDP。

④国际收支平衡对现代开放型经济国家而言是至关重要的。一国的国际收支状况不仅反映了这个国家的对外经济交往情况，还反映该国经济的稳定程度。当一国国际收支失衡时，会对国内经济形成冲击，从而影响该国国内就业水平、价格水平及经济增长。

（2）宏观经济政策工具

实践证明，要同时达到上述四个目标几乎是不可能的。因此，各国应该结合本国宏观经济运行的具体情况来确定某一历史阶段经济政策的具体目标，综合运用各种政策手段，使之相互配合，协调一致。常用的宏观经济政策有财政政策和货币政策。

①财政政策是指为促进就业水平提高，减轻经济波动，防止通货膨胀，实现稳定增长而对政府支出、税收和借债水平所进行的选择，或对政府收入和支出水平所作的决策。财政政策工具包括政府购买、转移支付、税收和公债几个部分。

②货币政策是指中央银行通过控制货币供应量以及通过货币供应量来调节利率进而影响投资和整个经济以达到一定经济目标的行为。货币政策工具包括再贴现率政策、公开市场操作、法定准备率和道义劝告等。

2. 简述货币政策传导机制。（浙江大学 2004 研）

答：货币政策传导机制是指货币当局运用一定的货币政策工具达到其预期的最终目标所经过的途径或具体的过程。

（1）凯恩斯主义理论中的货币政策传导机制

根据凯恩斯的分析，中央银行增加或减少货币供应量将引起利率的下降或上升，在资本边际效率一定的条件下，利率的下降将引起投资的增加，利率的上升则引起投资的减少。投资的增加或减少，又将通过乘数作用引起支出和收入的同方向变动。如果用 M 表示货币供应量，i 表示利率，I 表示投资，E 表示支出，Y 表示收入，则凯恩斯的货币政策传导机制理论可表示为：

$$M\uparrow \to i\downarrow \to I\uparrow \to E\uparrow \to Y\uparrow$$

(2)货币主义理论中的货币政策传导机制

货币主义认为，货币供应量的变动需通过利率加以传导，而可直接引起支出与收入的变动，所以，其货币政策传导机制理论可表示为：

$$M\uparrow \rightarrow E\uparrow \rightarrow Y\uparrow$$

根据该理论，货币政策的传导机制主要不是通过利率间接影响支出与收入，而是通过货币供应量的变动直接影响支出与收入。

(3)托宾 q 理论

根据这种理论，货币政策改变了利率，利率的变动又会影响人们的资产组合。较低的利率会使人们把他们的财产转移到股票上，因为此时投资于股票会比银行储蓄获得更高的投资收益。于是股票价格会上升，根据托宾的“q 理论”，当股票价格更高时，企业就会进行更多的投资，从而导致更多的产出。其货币政策传导机制理论可表示为：

$$M\uparrow \rightarrow P_S(\text{股票价格})\uparrow \rightarrow q\uparrow \rightarrow I\uparrow \rightarrow Y\uparrow$$

(4)财富效应

这种理论认为扩张的货币政策造成的低利率所带来的股票价格和长期债券价格上升，会使人们感觉更富有了，于是人们会增加消费，从而总需求增加。反之，人们会减少消费支出，总需求减少。其货币政策传导机制理论可表示为：

$$M\uparrow \rightarrow P_S(\text{股票价格})\uparrow \rightarrow \text{毕生财富}\uparrow \rightarrow C\uparrow \rightarrow Y\uparrow$$

(5)信用供给可能性效应

当中央银行采取松的货币政策后，例如，在公开市场上大量购买政府债券或降低再贴现率后，商业银行体系的超额准备金会增加，可用于发放贷款的资金增加，从而企业的贷款需求容易得到满足，进而投资增加，国民收入增长。其货币政策传导机制理论可表示为：

$$M\uparrow \rightarrow L_a(\text{贷款量})\uparrow \rightarrow I\uparrow \rightarrow Y\uparrow$$

3. 试用 *IS - LM* 模型说明货币需求对利率变动的敏感程度的变化对货币政策效果的影响。(北京大学经济学院 2011 研)

答：(1)在 IS - LM 模型中，货币需求对利率变动越敏感(即货币需求函数 $L = kY - hi$ 中 h 越大)，则 LM 曲线 $i = \frac{1}{h}\left(kY - \frac{\overline{M}}{P}\right)$越平缓，表示货币需求受利率的影响较大，即利率稍有变动就会使货币需求变动很多，因而货币供给量变动对利率变动的作用较小，从而增加货币供给量的政策就不会对投资和国民收入有较大影响，即货币政策效果就小。特别地，当利率下降到一定程度时，货币需求变得无限大，这样货币供给量变动对利率变动的作用几乎没有。反之，若货币需求对利率变动越不敏感(即货币需求函数 $L = kY - hi$ 中 h 越小)，则 LM 曲线 $i = \frac{1}{h}\left(kY - \frac{\overline{M}}{P}\right)$越陡峭，表示货币需求受利率的影响较小，即货币供给量稍有增加就会使利率下降较多，从而对投资和国民收入有较多增加，即货币政策效果就大。因此，货币需求对利率变动的敏感程度的变化对货币政策效果有反向的影响。

(2)结合图形进行分析。如图 12 - 1 所示，当 IS 曲线斜率不变时，LM 曲线越平坦，货币政策效果就越小，反之，则货币政策效果就越大。在图中，IS 曲线斜率相同，货币供给增加使 LM 曲线右移，较平坦的地方收入增加较少，即货币政策效果较小；较陡峭的地方收入增加较多，即货币政策效果较大。特别地，当 IS 水平，LM 垂直时，即为古典主义的极端情况，此时财政政策完全无效，货币政策完全有效。当 IS 垂直，LM 水平时，即为凯恩斯主义的极端情况，此时财政政策完全有效，货币政策完全无效。

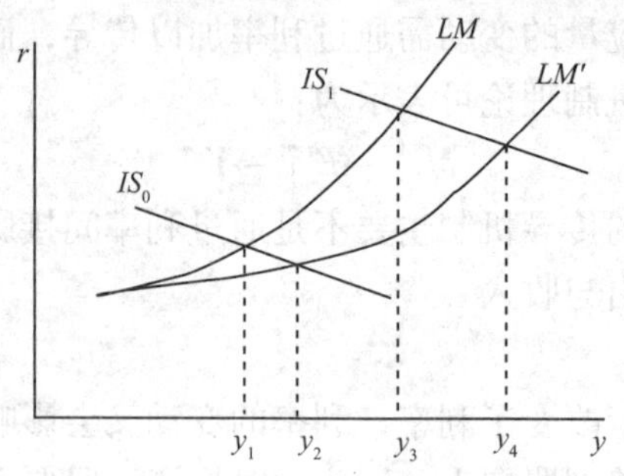

图 12－1　货币政策效果

4. 根据凯恩斯主义的 *IS－LM* 模型说明，为什么在经济萧条时期实施扩张性货币政策的作用有其很大的局限性，但实施扩张性财政政策对国民收入会产生很大的作用？（对外经济贸易大学 2007 研）

答：根据凯恩斯主义的 *IS－LM* 模型，当经济处于萧条时期时，由于此时货币的投机需求变得很大甚至无限大，经济陷入所谓“流动性陷阱”（又称凯恩斯陷阱）状态，这时的 *LM* 曲线呈水平状。

（1）经济萧条时期实施扩张性货币政策作用存在很大局限性的原因

如图 12－2 所示，在经济萧条时期，政府如果增加货币供给量，则不可能再使利率进一步下降，因为人们再不肯用多余的货币去购买债券而宁愿让货币保留在手中，因此债券价格不会上升，即利率不会下降。既然如此，想通过增加货币供给使利率下降并增加投资和国民收入是不可能的，因此货币政策无效。

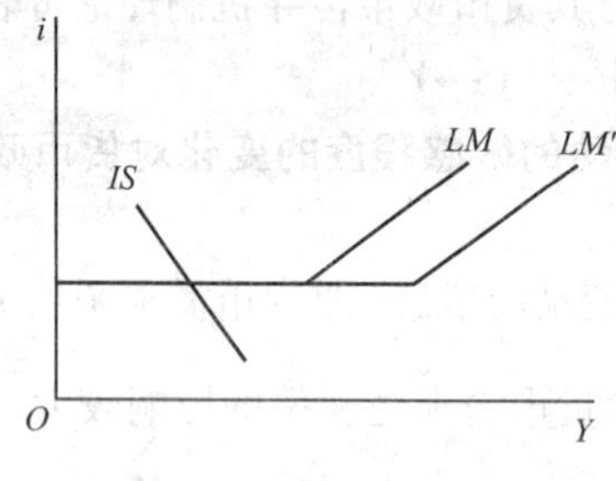

图 12－2　货币政策无效

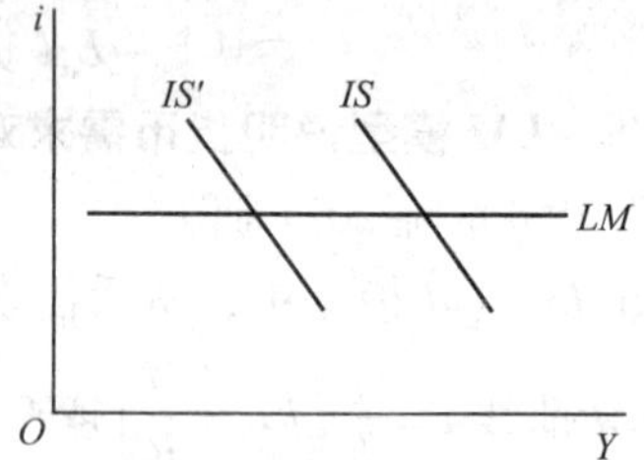

图 12－3　财政政策有效

（2）经济萧条时期实施扩张性财政政策对国民收入产生很大作用的原因

如图 12－3 所示，在经济萧条时期，如果政府增加支出，*IS* 曲线右移，货币需求增加，并不会引起利率上升而发生“挤出效应”，于是财政政策极有效。

因而，凯恩斯主义首先强调财政政策而不是货币政策的作用。

5. 请用 *IS－LM* 模型解释货币政策和财政政策，什么时候财政政策无效，什么时候货币政策无效？（清华大学 2008 研）

答：（1）*IS－LM* 模型是描述商品市场和货币市场之间相互联系的理论模型。虽然财政政策和货币政策都能产生增加国民收入的效果，但是效果大小却因 *IS* 和 *LM* 曲线的斜率不同而大有差别，甚至在极端情况下财政政策或货币政策会完全失效。

（2）在 *IS* 曲线水平或 *LM* 曲线垂直的时候财政政策完全失效，如图 12－4 和图 12－5 所示。

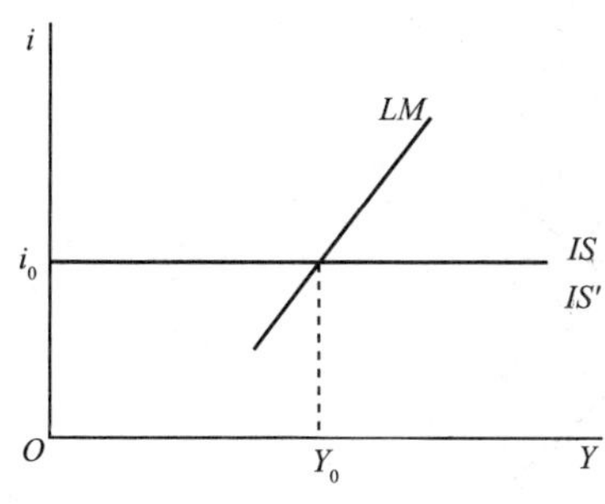

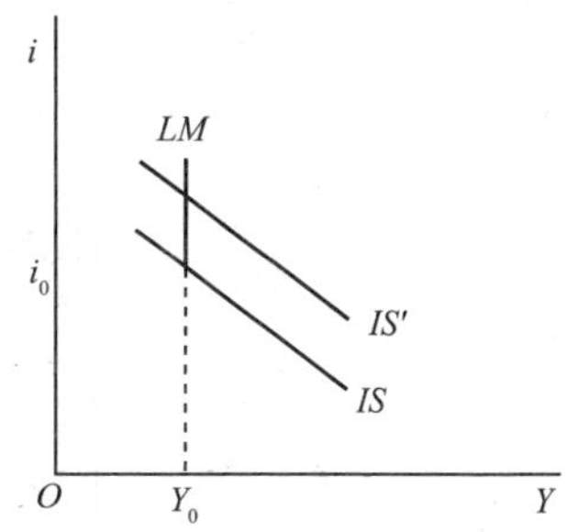

图 12－4　*IS* 曲线为一水平线时财政政策无效　　图 12－5　*LM* 曲线为一垂直线时财政政策无效

一方面，*IS* 呈水平状，说明投资需求的利率系数达到无限大，利率稍有变动，就会使投资大幅度变动。因此，政府因支出增加或税收减少而需要向私人部门借钱时，利率只要稍有上升，就会使私人投资大大减少，产生完全“挤出效应”。

另一方面，若 *LM* 曲线为垂直线，说明货币需求的利率系数为零，人们再不愿为投机而持有货币，在此情况下，政府支出的任何增加都将伴随着私人投资的等量减少，显然政府投资完全“挤出”私人投资，因此扩张性财政政策完全失效。

(3)当 *LM* 曲线水平或者 *IS* 曲线垂直的时候，货币政策完全失效。

一方面，*LM* 为水平线(如图 12－6)，说明当利率降到像 i_0 这样低水平时，货币需求的利率弹性已成为无限大。人们不管有多少货币都想持在手中，即进入所谓的“凯恩斯陷阱”中，此时货币当局想用增加货币供给以降低利率从而刺激投资的做法完全不奏效，即货币政策完全失效。

另一方面，*IS* 为垂直线(如图 12－7)，说明投资需求的利率系数为零，即不管利率如何变动，投资都不会变动。垂直的投资需求曲线产生垂直的 *IS* 曲线，这时，即使货币政策能改变利率，对收入也没有作用。

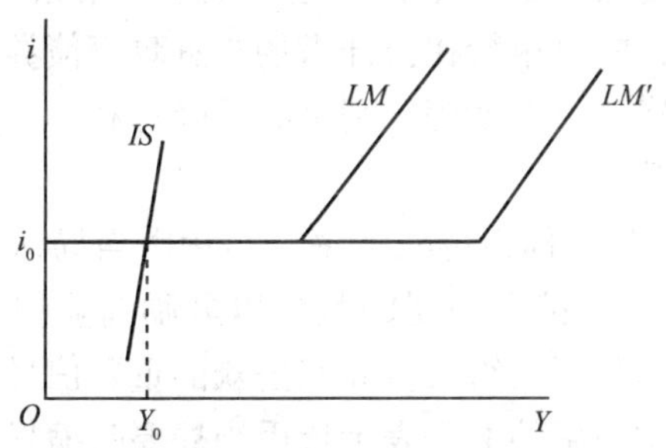

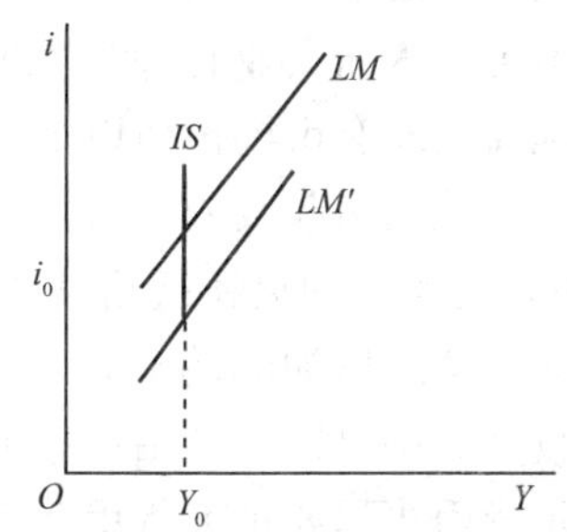

图 12－6　*LM* 曲线为一水平线时货币政策无效　　图 12－7　*IS* 曲线为一垂直线时货币政策无效

(4)可见，虽然财政政策和货币政策都是政府进行宏观调控的手段，但是由于在不同的阶段使用财政政策和货币政策的效果不同，因此有时用财政政策，有时用货币政策，而有时两者同时使用。

6. 运用 *AD*－*AS* 分析框架分析紧缩性货币政策对产出、价格和利率的短期和长期效应。(提示：短期 *AS* 曲线向上倾斜)(华南理工大学 2017 研)

答：(1)在短期，*AS* 曲线向上倾斜时，紧缩性货币政策使得 *AD* 曲线向左下方移动，如图 12－8 所示，*AD* 曲线左移至 AD_1，短期均衡点由 E_0 点左移至 E_1 点，带来的结果是产出由 Y_0 下降至 Y_1，价格由 P_0 下降至 P_1，同时由于货币供给的减少使得利率上升。

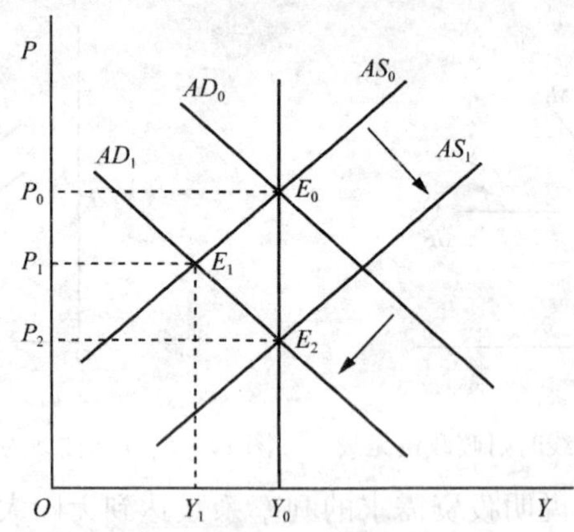

图 12－8　紧缩性货币政策的短期效应与长期效应

（2）在长期中，长期总供给曲线是垂直的，经济产出最终将回归到自然产出水平。如图12－8所示，在长期中，AS 曲线逐渐右移至 AS_1，产出由 Y_1 逐渐增加到原产出水平 Y_0；价格进一步由 P_1 下降到 P_2。由此，在长期内，产出不变，价格与货币供给减少同比例下降，实际货币供给不变，利率在短期上升后逐渐下降到与初始状态相等。

7. 中央银行常用的货币政策工具有哪些？如何用来增加货币供应量。（华南理工大学2013研）

答：货币政策指中央银行通过控制货币供应量以及通过货币供应量来调节利率进而影响投资和整个经济以达到一定经济目标的行为。货币政策的工具有公开市场业务、再贴现率、法定准备率以及道义上的劝告等措施。

（1）公开市场操作。公开市场操作是指中央银行在公开市场上买进或卖出政府债券以增加或减少商业银行准备金的一种政策手段。公开市场操作是中央银行稳定经济的最经常使用的政策手段，也是最灵活的政策手段。公开市场操作是逆经济风向行事的。当经济风向显示出总支出不足，因而失业有持续增加的趋势时，中央银行在公开市场买进政府债券，使政府债券价格提高到现有市场价格以上，而债券价格的上涨就等于利率的下降。利率的下降会引起投资上升，从而引起收入、价格和就业的上升。

（2）再贴现率。中央银行给商业银行的贷款利率称为再贴现率。当货币当局认为总支出不足、失业有持续增加的趋势时，就降低贴现率，扩大贴现的数量以鼓励商业银行发放贷款，刺激投资。中央银行的贴现率的变动成了货币当局给银行界和公众的重要信号：贴现率的下降表示货币当局要扩大货币和信贷供给，贴现率的上升表示货币当局要收缩货币和信贷供给。

（3）法定准备金率。法定准备金率是法定的商业银行必须向中央银行提交的银行准备金比率。改变法定准备率被认为是一项强有力的手段，这种手段由于影响太强烈而不常使用。中央银行逆经济风向改变银行准备率，当货币当局认为总支出不足、失业有持续增加的趋势时，可以降低银行准备率，这样商业银行能够按更多的倍数扩大贷款，增大了贷款能力。

除了上述公开市场操作、改变贴现率和改变银行准备金率三种重要政策手段外，各国的中央银行有时还采用一些其他手段，例如，道义上的劝告、选择性控制和证券信贷的控制，以及分期付款信贷控制和抵押信贷控制等。

8. 什么是非常规货币政策？为什么要实施非常规货币政策？（中国人民大学2017研）

答：（1）非常规货币政策是相对于传统的常规货币政策而言的。常规货币政策是指中央银行通过调节利率来传递其政策立场，调节市场流动性，从而影响宏观经济的货币政策，主要政策工具就是所说的“三大法宝”，即法定准备金率、再贴现率和公开市场业务。非常规货币政策则是指在没有降息空间或利率的市场传递机制严重受阻的情况下，中央银行通过调整资产负债表的结构或扩张资产负债表规模直接向市场注入流动性的行为，以保证在利率极低的情况下维持市场的流动性。

(2)非常规货币政策的兴起主要是由于2007～2009年的全球金融危机，金融危机爆发后，传统的通过降低利率刺激经济的常规货币政策工具不再有效。常规货币政策失效的原因包括：

①利率刚性问题。传统的货币政策认为利率具有弹性，但实际操作中利率可能缺乏弹性甚至具有刚性。危机后西方发达国家普遍采用低利率政策刺激经济复苏，导致了名义利率无法下降的情况，利率面临刚性约束。

②面临零利率下限约束。危机的发生使人们意识到零利率下限问题比预期的更加严重。当面临零利率下限问题时，中央银行通过降低利率刺激经济的手段受到制约，如果此时经济面临下行的风险，可能导致实际利率提升进而使经济恶化。此外，若零利率下限与流动性陷阱相互叠加，会加剧经济恶化。

③通货紧缩因素。危机后世界主要经济体经济增长凸显疲态，各国经济下行并面临通货紧缩的风险。由于产出缺口为负，物价水平下降速度甚至超过利率的下降速度，使得实际利率难以降低。

正是由于以上原因，在金融危机爆发后，传统货币政策已不足以达到刺激经济复苏的目的，因此，为了使经济平稳有序发展，各国央行纷纷开始采用非常规货币政策，它可以弥补常规货币政策的不足，在利率极低或利率机制受阻的情况下发挥作用。

(3)非常规货币政策可以分为两类：

①前瞻性指引，即在短期利率接近零下限时，央行针对未来货币政策走势与公众沟通，向市场传递央行对宏观经济状况的看法及政策应对机制，影响公众的利率预期，从而影响长期利率，利率承诺就是一种前瞻性指引政策工具。

②货币宽松，通过改变央行资产负债表的结构和规模来实施非常规货币政策，主要包括流动性宽松和信贷宽松。

9. 什么是“流动性陷阱”？量化宽松货币政策会导致流动性陷阱吗？(南开大学2016研)

答：(1)流动性陷阱的含义

流动性陷阱又称凯恩斯陷阱或灵活陷阱，是凯恩斯的流动偏好理论的一个概念，具体是指当利率水平极低时，人们对货币需求趋于无限大，货币当局即使增加货币供给也不能降低利率，从而不能增加投资引诱的一种经济状态。当利率极低时，有价债券的价格会达到很高，人们为了避免因有价债券价格跌落而遭受损失，几乎每个人都宁愿持有现金而不愿持有有价债券，这意味着货币需求会变得完全有弹性，人们对货币的需求量趋于无限大，表现为流动偏好曲线或货币需求曲线的右端会变成水平线。在此情况下，货币供给的增加不会使利率下降，从而也就不会增加投资引诱和有效需求，当经济出现上述状态时，就称之为流动性陷阱。但实际上，以经验为根据的论据从未证实过流动性陷阱的存在，而且流动性陷阱也未能被精确地说明是如何形成的。

(2)量化宽松货币政策对流动性陷阱的影响

量化宽松政策指中央银行实行零利率或近似零利率政策后，通过购买国债等中长期债券，增加基础货币供给，向市场注入大量流动性资金的干预方式，以鼓励开支和借贷。其中，量化指的是扩大一定数量的货币发行，宽松即减少银行的资金压力。一般来说，只有在利率等常规工具不再有效的情况下，货币当局才会采取这种极端做法。量化宽松政策本就是在利率逼近于零，经济可能陷入流动性陷阱时所采用的一种非常规的货币政策，因而量化宽松政策不会导致流动性陷阱。

量化宽松政策的目的在于直接影响银行、企业和家庭外部融资的成本和可获得性，按照不同的作用机理，它可以划分为以下三类：央行明确承诺政策利率将长时期保持低位；固定利率长期再融资操作；资产购买。在零利率下限处其作用机制如下：

①美联储大量购买资产，有利于稳定投资市场的预期，由于在利率水平很低情况下，资产价格处在较高的水平之上，大量购买资产能减少投资者抛售债券的情况，从而使得社会的投资水平不至于出现较大的减少，减轻因为萧条对经济而带来的冲击；

②美联储大量购买资产，有利于刺激国内总需求，其作用机制类似于扩张性的财政政策，用政府的扩张性政策稳定经济。流动性陷阱本质是人们的预期在起作用。在利率水平很低的情况下，债券价格水平很高，人们预期债券价格下降并减少投资，把政府发行的货币全部持有手中，扩张性货币政策无法导致利率进一步下降，而量化宽松的政策正是通过影响人们对债券市场的预期，从而刺激经济。

10. 请用 *IS－LM* 模型和 *AD－AS* 模型分析我国央行降低存款准备金率的短期和中长期影响。（南开大学 2016 研）

答：央行降低存款准备金率，会使货币供给增加。

(1)在 *IS－LM* 模型中，货币供给增加在短期内会使得 *LM* 曲线向右移动，利率降低，投资增加，产出也随之增加；在长期内，随着人们预期的调整，由 *AD－AS* 模型知价格将上升，而随着价格的上升，*LM* 曲线向左移动，利率回升，产出回到自然率水平，如图 12－9 所示。

(2)在 *AD－AS* 模型中，货币供给增加在短期内会使得总需求曲线右移，价格上升，产出增加；在长期内，随着人们预期价格的调整，总供给曲线向左移动，使价格进一步上升，产出则回到自然率水平，从而货币供给的增加在长期内只影响到了价格，而对实际变量无影响，如图 12－10 所示。

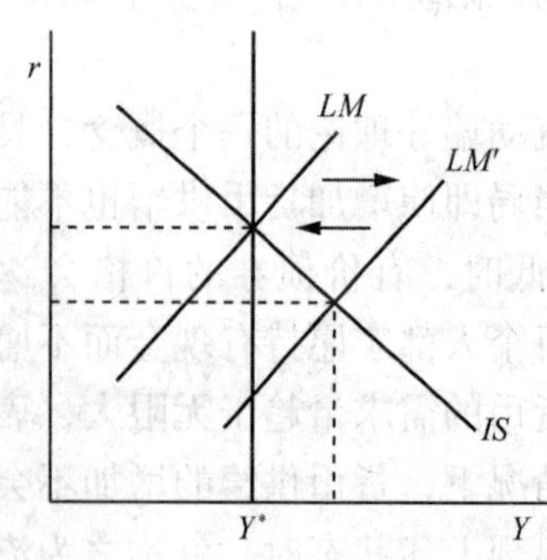

图 12－9 IS－LM 模型中的货币供给增加

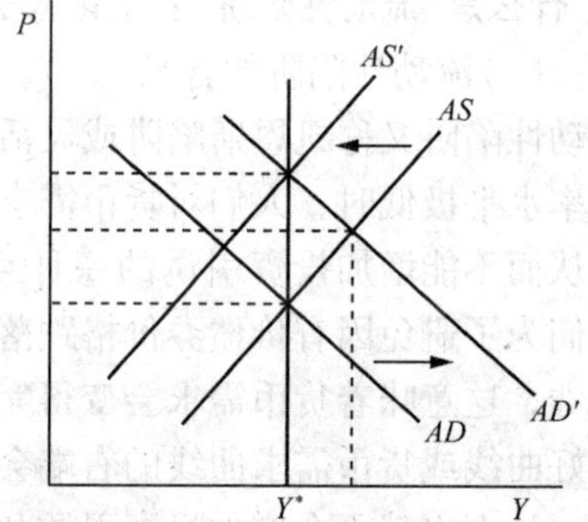

图 12－10 *AD－AS* 模型中的货币供给增加

11. 在供给侧结构性改革中为什么要减税？减税的经济效应有哪些？（中国人民大学 2018 研）

答：(1)供给侧结构性改革中减税的原因

供给侧结构性改革，就是从提高供给质量出发，用改革的办法推进结构调整，矫正要素配置扭曲，扩大有效供给，提高供给结构对需求变化的适应性和灵活性，提高全要素生产率，更好满足广大人民群众的需要，促进经济社会持续健康发展。

我国提出供给侧结构性改革的背景是产能过剩和需求结构升级矛盾突出，经济增长内生动力不足，金融风险有所集聚，部分地区困难增多等突出矛盾和问题并发，这些问题的根源在于重大结构性失衡。要解决这些矛盾和问题，周期性总量性的宏观调控政策显然难以奏效，收缩供给侧也只能作为基础，必须依靠供给侧结构性改革来解决深层次的矛盾和问题。只有通过减税，提高供给质量，才能实现供求关系新的动态均衡。在经济下行压力不容忽视和结构性矛盾近期难以根本解决的前提下，就必须通过减税的政策实现"稳中求进"的政策目标——既推进结构改革，又保持经济健康稳定发展。

(2)减税的经济效应

①企业：减税直接减少企业的负担，降低市场运行成本，有利于改善企业的预期，稳定企业家的信心，从微观上激发企业的生产积极性和创新热情，增强经济的供给能力。

②家庭：减少个人所得税，增加家庭的可支配收入，激励家庭扩大消费，从而增加社会总支出，促进经济增长。

③社会：减税或是意味着公共服务水平的下降，导致某些公众的福利水平下降，或是带来财政赤字的增长，引发税收负担的代际传递。

从根本上来说，减税政策是以一种收入再分配的方式，激发部分社会成员的生产动力和创造激情，以此恢复经济的动力。

三、计算题

1. 考虑以下 $IS-LM$ 模型：

$$C=250+0.6Y_D$$

$$I=250+0.2Y-4000i$$

$$G=250$$

$$T=350$$

$$(M/P)^d=Y-5000i$$

$$(M/P)=1700$$

请回答下列问题：

(1)推导 IS 关系式和 LM 关系式；

(2)求解该状态下的均衡产出与均衡利率；

(3)如果货币供给降低为 1450，请计算此时的 Y、i、C 和 I；

(4)为了抵消(3)中的影响，中央银行可以实行哪些货币政策？（北京大学 2012 研）

解：(1)由三部门经济商品市场均衡条件可得：

$$Y=C+I+G=250+0.6(Y-350)+250+0.2Y-4000i+250$$

整理得：$Y=2700-20000i$，此即为 IS 曲线方程。

由货币市场均衡条件可得：

$$Y-5000i=1700$$

整理得：$Y=1700+5000i$，此即为 LM 曲线方程。

(2)均衡产出和利率

联立 IS 曲线方程和 LM 曲线方程可得：

$$2700-20000i=1700+5000i$$

解得：$i=0.04$，$Y=1900$。

即该状态下的均衡产出为1900，均衡利率为4%。

(3)如果货币供给降低为1450，*LM* 曲线方程变为 $Y=1450+5000i$。联立原有的 *IS* 曲线方程和新的 *LM* 曲线方程可得：

$$2700-20000i=1450+5000i$$

解得：$i=0.05$，$Y=1700$；

消费 $C=250+0.6(1700-350)=1060$；

投资 $I=250+0.2\times1700-4000\times0.05=390$。

(4)货币供给减少，中央银行可以选择实施公开市场操作向市场购买政府债券增加货币投放，或者通过降低法定存款准备金率来增强商业银行的信用创造功能，最后还可以通过降低再贴现率，增加商业银行向中央银行的借款，进而增加商业银行的准备金从而增加货币供给量。

2. 假设一国经济描述如下(假设是封闭经济)：

实际 GDP 的生产函数：$Y=80K^{0.5}L^{0.5}$，资本存量 $K=100$，劳动力存量 $L=100$；

政府支出 $G=3000$，税收 $T=3000$；

投资函数：$I=2000-6000r$，消费函数：$C=600+0.6(Y-T)$；

又假设，实际货币需求函数为：$(M/P)_d=0.2Y-1000r$；

名义货币供给：$M=3000$，P 是价格。

(1)请计算均衡时如下变量的值：实际 GDP—Y，实际利率—r，价格—P，名义工资—W 和国民储蓄—S。

(2)总产出 Y 里付给劳动力的比例是多少？资本回报比例是多少？利润是多少？这些结果和生产函数 $Y=80K^{0.5}L^{0.5}$ 有什么相关性？

(3)假设政府增加货币供给10%，M 从3000变为3300，请重新计算(1)里各变量的值，古典的二分法成立吗？请解释。

(4)如果政府增加政府支出10%，请问这个财政政策对实际 GDP 的影响是多少？对投资的挤出效应是多少？如果政府不增加政府支出而减少10%税收，实际 GDP 变化是多少？对投资的挤出效应是多少？这两种财政政策效果对政府预算和利率的影响一样吗？为什么？

(5)2007年9月全球性的经济危机开始，经济学家建议各国政府用扩张性的货币政策和财政政策来拉动经济，这个建议的依据是什么？结合(3)和(4)来回答。(清华大学2012研)

解：(1)由已知条件可得：$Y=80K^{0.5}L^{0.5}=8000$。

由封闭经济条件下商品市场均衡条件可得：

$$Y=600+0.6(Y-3000)+2000-6000r+3000$$

化简可得：$Y=9500-15000r$，此即为 *IS* 曲线方程。

将 $Y=8000$ 代入 $Y=9500-15000r$ 可得：$r=0.1$。

当货币市场均衡时，有 $\frac{M}{P}=(M/P)_d$，即 $3000/P=0.2Y-1000r$，将 $Y=8000$，$r=0.1$ 代入可得：$P=2$。

由 $Y=80K^{0.5}L^{0.5}$ 可知工人的实际工资为：$\frac{W}{P}=MPL=40K^{0.5}L^{-0.5}=40$，因此，名义工资

为80。国民储蓄为：$S=Y-C-G=8000-[600+0.6(8000-3000)]-3000=1400$。

(2)总产出中付给劳动的比例为：$\frac{MPL\times L}{Y}=\frac{40K^{0.5}L^{-0.5}\times L}{80K^{0.5}L^{0.5}}=\frac{1}{2}$；

总产出中付给资本的比例为：$\frac{MPK\times K}{Y}=\frac{40K^{-0.5}L^{0.5}\times K}{80K^{0.5}L^{0.5}}=\frac{1}{2}$；

由于总产出全部由劳动和资本分得，故利润为0。

题中的生产函数是柯布－道格拉斯生产函数，它具有规模报酬不变性质。在完全竞争经济中，如果生产是规模报酬不变的，各要素投入按其边际产量获得回报，并且全部产出都由生产要素分得，即实现“产品分配净尽”。并且，根据柯布－道格拉斯生产函数的性质可知，各要素的收入份额就是生产函数中各要素相对应的指数。

(3)根据(1)中计算可得，此时产出仍为$Y=8000$，利率仍为$r=0.1$。

由于M变为3300，由货币市场均衡条件可知：$3300/P=0.2Y-1000r$，可得：$P=2.2$。

工人的实际工资仍为40，名义工资变为88。国民储蓄仍为1400。

综上可知，古典二分法成立，即名义变量的变化对实际变量没有影响，货币呈中性。

(4)由于资本存量和劳动存量是固定的，则实际GDP固定为8000，不会受总需求变动的影响。

当政府支出增加10%，即增加300时，IS曲线方程变为$0.4Y=4100-6000r$，可得$r=0.15$。

此时，投资为$I=2000-6000r=1100$，对投资的挤出效应是300。

当政府减少10%税收，即减少300税收时，IS曲线方程变为$0.4Y=3980-6000r$，可得$r=0.13$。此时，投资为$I=2000-6000r=1220$，对投资的挤出效应是180。

因此，这两种财政政策效果对政府预算和利率的影响是不一样的。增加政府支出会造成财政赤字，并且使实际利率上升较多；而减税则会使政府实现财政盈余，并且它通过影响人们的可支配收入，进而影响消费的机制影响总需求，由于边际消费倾向通常是小于1的，因此，相比于增加政府支出，它使实际利率上升较少。

(5)其依据是，短期内，由于价格黏性的存在，影响总需求的财政政策和货币政策能够对产出产生影响。在$IS-LM$模型中，价格被假定不变，扩张性的财政政策使IS曲线向右移动，扩张性的货币政策使LM曲线向右移动，这都会使产出增加。

但是古典二分法认为，名义变量的变动对实际变量并不产生影响，扩张性的财政政策只会导致价格上升，引发通货膨胀，而实际产出不变。实际上，古典二分法更适合长期分析，$IS-LM$主要描述的是短期经济行为。在长期，价格具有完全的伸缩性，扩张性财政政策具有完全的挤出效应，实际产出并不受影响；在短期，价格是黏性的，扩张性财政政策能够增加实际产出。

3. 假设某经济体的消费函数为$C=400+0.8Y$，投资函数为$I=100-50r$，政府购买为$G=100$，货币需求函数为$L=150+0.5Y-125r$，货币供给$M=1150$，价格水平$P=1$。

(1)写出IS、LM方程。

(2)计算均衡的国民收入和利率。

(3)如果该国充分就业的国民收入是4000，若用增加政府购买实现充分就业，应该增加多少政府购买。(对外经济贸易大学2009研)

解：(1)由三部门经济产品市场均衡条件可得：

$$Y = C + I + G = 400 + 0.8Y + 100 - 50r + 100$$

整理得：$Y = 3000 - 250r$，此即为 IS 方程。

根据货币市场均衡的条件 $\frac{M}{P} = L$ 可得：

$$\frac{1150}{1} = 150 + 0.5Y - 125r$$

整理得：$Y = 2000 + 250r$，此即为 LM 方程。

(2) 联立(1)中的 IS 和 LM 方程 $\begin{cases} Y = 3000 - 250r \\ Y = 2000 + 250r \end{cases}$，解得均衡的国民收入和利率分别是：$Y = 2500$，$r = 2$。

(3) 设增加 ΔG 单位的政府购买，则此时的 IS 方程为：

$$Y = 400 + 0.8Y + 100 - 50r + 100 + \Delta G$$

即：$Y = 3000 + 5\Delta G - 250r$，此即为新的 IS 方程。

LM 方程仍为 $Y = 2000 + 250r$，当收入为充分就业的国民收入时，即 $Y = 4000$，解得 $r = 8$。将 $r = 8$ 和 $Y = 4000$ 代入 $Y = 3000 + 5\Delta G - 250r$，可得 $\Delta G = 600$，即用增加政府购买实现充分就业，应该增加 600 单位政府购买。

4. 假定一个经济体由以下等式所刻画，

$$C = 100 + 0.8(Y - T)$$

$$I = 900 - 50i$$

$$G = 100,\ T = 100$$

$$\frac{M^D}{P} = 0.2Y - 50i$$

$$M^S = 500$$

$$\bar{P} = 1$$

问：(1) 均衡的产出和利率水平是多少？

(2) 现在假定如果政府支出增加到 200，则消费和投资各变动多少？

(3) 挤出效应是多少？（中山大学 2006 研）

解：(1) 产品市场实现一般均衡时，有 $Y = C + I + G$。根据题中已知条件可得：

$$Y = 100 + 0.8(Y - 100) + 900 - 50i + 100$$

整理得：$Y = 5100 - 250i$，此即为 IS 曲线方程。

由 $\frac{M^D}{P} = M^S$，将已知条件代入，得：

$$0.2Y - 50i = 500$$

整理得：$Y = 2500 + 250i$，此即为 LM 曲线方程。

联立 IS、LM 曲线方程，可得均衡利率水平和产出分别为 $i^* = 5.2$，$Y^* = 3800$。

并且可得，消费为 $C = 100 + 0.8(Y - T) = 3060$，投资为 $I = 900 - 50i = 640$。

(2) 如果政府支出增加到 200，重新计算得到新的 IS 曲线方程为：

$$Y = 5600 - 250i$$

联立新的 IS 和原有 LM 曲线方程，可得均衡利率水平和产出分别为 $i^* = 6.2$，$Y^* = 4050$。

此时，消费为 $C' = 100 + 0.8(Y - T) = 3260$，投资为 $I' = 900 - 50i = 590$。

所以，消费变动为：$\Delta C = C' - C = 3260 - 3060 = 200$，投资变动为：$\Delta I = I' - I = 590 - 640 = -50$。

(3) 如果不存在挤出效应，则根据乘数效应，产出应该增加：$\Delta Y = \frac{\Delta G}{1-c} = \frac{100}{1-0.8} = 500$，但是存在挤出效应时，产出增加为：$\Delta Y' = 4050 - 3800 = 250$，所以挤出效应为：$\Delta Y - \Delta Y' = 500 - 250 = 250$。

5. 在简单的 $IS-LM$ 模型中，我们假设投资只是实际利率的函数，但投资理论认为投资不仅仅由实际利率所决定，还可能会受到实际产出的影响，也就是实际产出的提高可能会带动投资增加。假设在一封闭经济体，请考虑以下两种投资函数：(A) $I = \bar{I} - ar$；(B) $I = \bar{I} - ar + bY$。其中，a 和 b 都是大于 0 的系数。

(1) 请计算在以上两种情况下的财政支出乘数和税收乘数。

(2) 请在以上两种情况下分析政府支出的挤出效应是否存在?

(3) 请用 $IS-LM$ 模型画图说明，在哪种情况下货币政策更有效?（中央财经大学 2015 研）

解：(1) 不妨设消费函数为 $C = c + d(Y-T)$。产品市场均衡条件为：$Y = C + I + G = c + d(Y-T) + I + G$。

①当投资只是实际利率的函数时，可得：$Y = c + d(Y-T) + \bar{I} - ar + G$。

整理得：

$$Y = \frac{c - dT + \bar{I} - ar + G}{1-d}$$

于是有财政支出乘数为：$dY/dG = 1/(1-d)$。

税收乘数为：$dY/dT = -d/(1-d)$。

②当投资不仅仅由实际利率所决定，还受到实际产出的影响时，可得：$Y = c + d(Y-T) + \bar{I} - ar + bY + G$。

整理得：

$$Y = \frac{c - dT + \bar{I} - ar + G}{1-d-b}$$

财政支出乘数为：$dY/dG = 1/(1-d-b)$。

税收乘数为：$dY/dT = -d/(1-d-b)$。

(2) 挤出效应是指政府支出增加所引起的私人投资减少的经济效应。在 $IS-LM$ 模型中，增加政府购买支出会导致利率上升，从而导致私人投资下降。在以上两个模型中，挤出效应都存在。但是，在第二种情况下，即投资同时受实际利率和实际产出影响时，挤出效应会小一些，因为一方面投资会因为实际利率上升而减少，另一方面会因为实际产出增加而增加。

(3) 由上述分析可得，相对于第一种情况，第二种情况下 IS 曲线更加陡峭。如图 12-11 所示，IS_2 曲线表示第二种情况下的 IS 曲线，IS_1 曲线表示第一种情况下的 IS 曲线。实施扩张性的货币政策，LM 曲线右移，由图 12-11 可知，第一种情况更有效。这是因为，在第二种情况下，投资不仅仅由实际利率所决定，还受到实际产出的影响，也就是实际产出的提高会带动投资增加，因而投资对利率变动的敏感系数变小，因此，LM 曲线由于货币供给增加而向右移动使利率下降时，投资不会增加很多，从而国民收入也不会有较大增加。

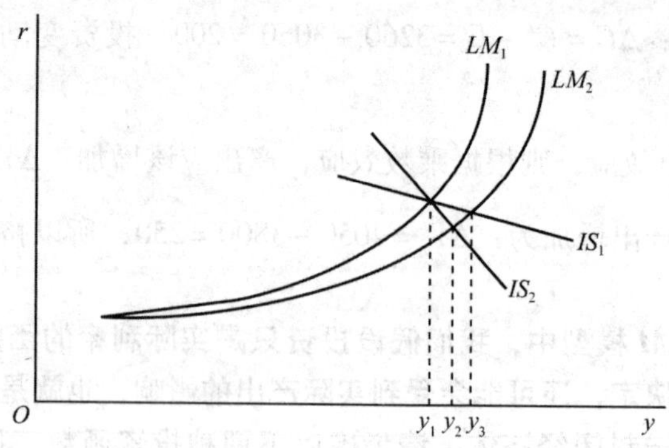

图 12 – 11　货币政策的效果

6. 考虑如下经济模型：

商品市场：$C=100+0.9(Y-T)$；$I=190-10r$；$NX=-200$；$G=200$；$T=100$。

货币市场：$M=2000$；$P=5$；$L(Y,\ r)=Y-100r$。

其中 C 为消费，Y 为总产出，T 为税收，I 为投资，r 为利率，NX 为净出口，G 为政府支出，M 为货币供给，P 为价格水平，L 为货币需求。

(1) 推导出 IS 和 LM 方程，并计算均衡状态下的产出 Y 和利率 r。

(2) 如果政府想要平衡预算($G=T$)，可以增加税收，也可以降低政府支出，哪一个对产出的影响较小？(中央财经大学 2016 研)

解：(1) 因为四部门经济中：$Y=C+I+G+NX$，所以 $Y=100+0.9(Y-100)+190-10r+200-200$，化简得到 IS 方程为：$Y=2000-100r$。

货币市场中，货币供给 $M^s=M/P=400$，货币需求 $L=Y-100r$，货币市场均衡时供需平衡，所以得到 LM 方程：$Y=400+100r$。

联立 IS 和 LM 方程解得：$Y=1200$，$r=8$。

(2) ①当降低政府支出时，$G'=100$，新的 IS 方程为：$Y=1000-100r$。LM 方程不变，新的均衡为：$Y=700$，$r=3$。

②当增加税收时，$T'=200$，新的 IS 方程为：$Y=1100-100r$。LM 方程不变，新的均衡为：$Y=750$，$r=3.5$。

所以降低政府支出使得收入减少 500，增加税收使得收入减少 450，增税的影响更小。

四、论述题

1. 解释投资乘数的意义和作用方式。国民收入是如何确定的？说明财政政策和货币政策的作用。(清华大学 2011 研)

答：(1) 投资乘数是指在一定的条件下，投资的增加可直接或间接地导致国民收入若干倍于投资增量的增加或减少。用公式表示就是：$\Delta Y=\alpha\cdot\Delta I$，其中 ΔI 是经济中投资量的变化量，α 就是乘数，其实就是倍数。

投资乘数在于告诉人们，当经济处于不景气的时候，人们是可以通过增加投资来扩大需求从而成倍地增加国民收入的，因此财政政策是调控经济的一个手段。

(2) 投资乘数是通过消费函数发生作用的。比如增加 100 万元投资时，这 100 万元投资经工资、利息、利润和租金的形式进入生产要素所有者的手中从而转化成了国民收入，这形成了投资对收入的第一轮增加。假定社会的消费函数具有 0.8 的边际消费倾向，增加的这 100 万元就会有 80 万元用于购买消费品。于是，这 80 万元又以工资、利息、利润和租金的形式进入生产要素所有者的手中，从而使国民收入又增加了 80 万元，这是收入的第二轮增加。这个过程如此不断地循环往复下去，最后使国民收入增加 500 万元：$100+100\times0.8+100\times0.8^2+\cdots=1/(1-0.8)\times100=500$(万元)。这表明，当投资增加 100 万元时，收入最终增加到了 500 万元，因此投资乘数就是 5。

(3)按照凯恩斯的理论，国民收入决定于总需求，因此只要存在着需求，社会便可以生产出任何数量的产品与之相适应，因此有国民收入决定公式 $Y=C+I+G+(X-M)$，即国民收入由四大需求所决定：消费需求、投资需求、政府支出需求以及净出口需求。将消费函数、投资函数、政府购买支出以及净出口函数代入到国民收入决定公式即可得均衡的国民产出水平。

(4)财政政策的作用就是运用财政政策消除经济萧条或通货膨胀，实现充分就业。运用财政政策的一般途径有增加(或减少)政府支出、税收，或同时增加(或减少)相同数量的政府支出和税收(平衡预算)三种方法。其中政府支出对国民收入具有直接影响，税收则要通过边际消费倾向影响人们的收入支出量，因此对国民收入的调节作用间接一些，平衡预算的效果最弱。

货币政策的作用就是运用货币政策变动货币供给量从而消除经济萧条或通货膨胀，实现充分就业。货币政策的工具有公开市场操作、改变贴现率、改变法定准备金率以及道义上的劝告等。

2. 中国在实现经济结构调整中希望刺激消费的同时相对减少投资。根据 *IS*－*LM* 模型，你认为政府可以采取什么政策来达到这种经济结构的调整？分别指出这些政策发挥作用的传导机制和对宏观经济总量(收入、投资、利率等)的具体影响。(对外经济贸易大学 2009 研)

答：中国希望在刺激消费的同时相对减少投资，即在扩大国民收入的同时适当控制利率，使利率适当走高以抑制投资，可采取扩张性的财政政策，也可根据实际情况同时采取适度宽松的货币政策。

如图 12－12 所示，当采取扩张性的财政政策，货币政策不发生改变时，比如增加政府支出、转移支付或减少税收，给居民和企业多留一些可支配收入以刺激市场需求，此时，对应的 *IS* 曲线向右移动至 *IS*′。此时，均衡点为 *E*″，总支出增加，使生产和居民可支配收入增加，从而刺激消费增加，因此，对货币交易需求增加，但由于货币供给不变，人们只能出售资产来获取交易性货币，于是证券价格下降，利率上升，导致投资减少，这就是政府扩张性财政政策的“挤出效应”，即政府的支出挤占了社会的私人投资。

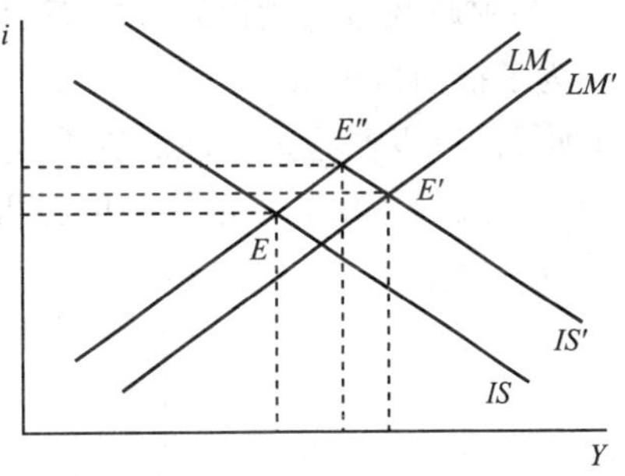

图 12－12 宏观经济政策搭配

在调整的过程中，可视宏观经济形势和所需调整程度，灵活的采取货币政策予以配合使用。比如说，面临 2008 年底全球金融危机，我国为快速走出金融危机，采取扩张性财政政策和扩张性货币政策搭配的政策组合，使得 *IS* 曲线和 *LM* 曲线移至 *IS*′和 *LM*′位置，在 *E*′处实现均衡，对应的结果是收入增加，投资适当地减少，消费大幅度增加。

3. 在宏观经济模型中，如果政府增加支出，其他条件不变，请运用 *IS*－*LM* 模型分析这一项扩张性财政政策的挤出效应。另外，如果要抵消上述挤出效应，中央银行应该如何配合运用货币政策？在什么条件下，上述货币政策能够达到预期目标？(要求画图)(浙江大学 2009 研)

答：(1)运用 $IS-LM$ 分析扩张性财政政策的挤出效应

"挤出效应"是指政府支出增加所引起的私人消费或投资减少的经济效应。在 $IS-LM$ 模型中，若 LM 曲线不变，向右移动 IS 曲线，两种市场同时均衡时会引起利率的上升和国民收入的增加。但是，利率的上升会抑制一部分私人投资，降低了原有的乘数效应，从而财政支出增加引起的国民收入增量小于不考虑货币市场的均衡(即 LM 曲线)或利率不变条件下的国民收入的增量，这两种情况下的国民收入增量之差，就是利率上升引起的"挤出效应"。

如图 12-13 所示，如果该经济初始均衡在 E 点，政府支出增加，如果利率保持不变，则移动到点E''。在E''处，商品市场处于均衡，计划支出等于产出。但货币市场不再处于均衡状态。收入已经增加，因而需求的货币量也就上升了。由于有过量的实际余额需求，利率因而提高。在利率提高情况下，厂商的计划投资支出下降，因此，总需求也下降。可以看出，一旦考虑到利率的上升，扩张性财政政策所带来的扩张效应使得收入不是增加到Y''_0，而是只增加到 Y'_0，挤出效应为 $Y'_0Y''_0$。

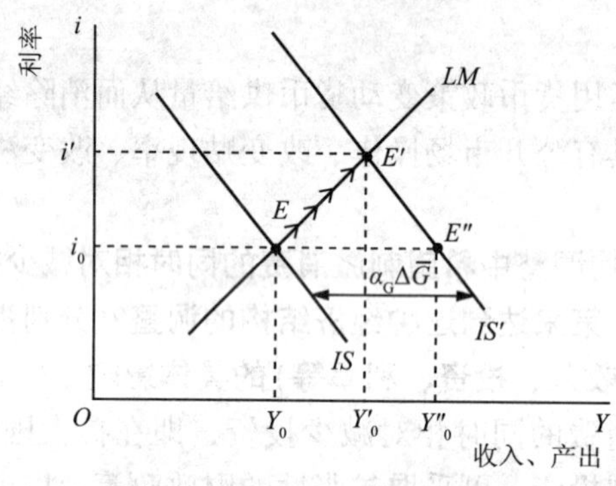

图 12-13 运用 $IS-LM$ 分析扩张性财政政策的挤出效应

(2)财政政策与货币政策的搭配

为了抵消挤出效应，中央银行在政府实施扩张性财政政策时，在一般情形下(LM 曲线向上倾斜)可以实施扩张性的货币政策，即增加货币供给量，以抵消由于投资增加导致收入增加而引致的货币需求增加；但在极端凯恩斯主义——流动性陷阱情形(水平的 LM 曲线)，货币政策完全无效。

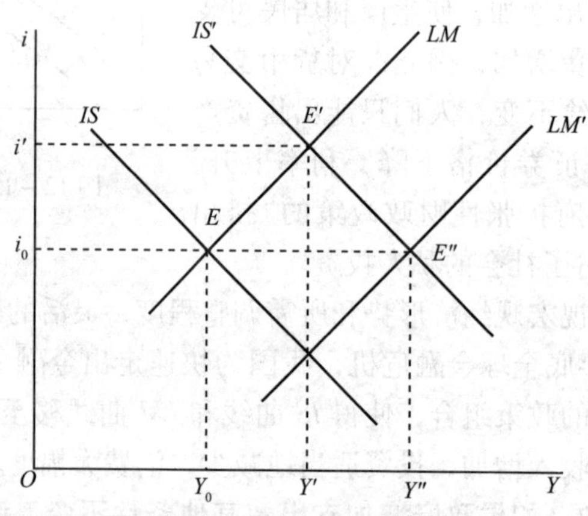

图 12-14 财政政策和货币政策的混合使用

一般情形下，如图 12-14 所示，IS 线与 LM 线相交于点 E，决定的国民收入为 Y_0，利率为 i_0。实行扩张性财政政策，IS 曲线移动到 IS'，IS'与 LM 相交于点E'，决定的国民收入为Y'，利率为i'。这说明实行扩张性的财政政策使国民收入增加，利率上升，而利率的上升会产生挤出效应，不利于国民收入的进一步增加。这时若配合扩张性的货币政策，即增加货币量使 LM 曲线移至 LM'，并与 IS'相交于E''，在E''点决定了国民收入为Y''，利率为 i_0。这说明，用扩张性的财政政策和扩张性的货币政策相配合时，可以不使利率上升，而又使国民收入有较大的增加，从而有效地刺激经济。

4. 用 *IS*－*LM* 模型说明为什么凯恩斯主义强调财政政策的作用，而货币主义者强调货币政策的作用。（中央财经大学 2010 研复试；南开大学 2011 研）

答：(1)凯恩斯主义强调财政政策作用的原因

凯恩斯主义强调财政政策作用的原因在于，凯恩斯认为，当利率降低到很低水平时(因为凯恩斯所处的时代正是经济大萧条时期，此时的利率处于较低的水平)，持有货币的利息损失很小，可是如果将货币购买债券的话，由于债券价格异常高(利率极低表示债券价格极高)，因而债券价格只会跌，而不会涨，从而使购买债券的货币资本损失的风险变得很大。这时，人们即使有闲置货币也不肯去买债券，这就是说，货币的投机需求变得很大甚至无限大，经济陷入所谓“流动性陷阱”(又称凯恩斯陷阱)状态，这时的 LM 曲线呈水平状。如果政府增加支出，IS 曲线右移，货币需求增加，并不会引起利率上升而产生“挤出效应”，于是财政政策极有效，这可以在图 12－15 上得到体现。相反，这时政府如果增加货币供给量，则不可能再使利率进一步下降，因为人们再不肯去用多余的货币购买债券而宁愿让货币保留在手中，因此债券价格不会上升，即利率不会下降，既然如此，想通过增加货币供给使利率下降并增加投资和国民收入就不可能，因此货币政策无效，这可以在图 12－16 上得到体现。因此，凯恩斯主义首先强调财政政策而不是货币政策的作用。

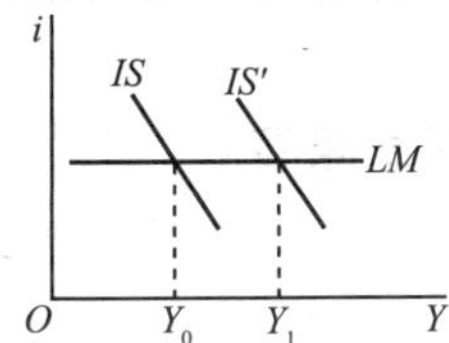

图 12－15　财政政策有效

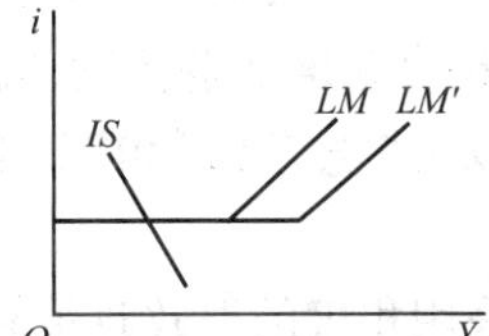

图 12－16　货币政策无效

(2)货币主义学派强调货币政策作用的原因

按经济学家观点，由于货币的投机需求与利率成反方向关系，因而 LM 曲线向右上方倾斜，但当利率上升到相当高度时，因保留闲置货币而产生的利息损失变得很大，而利率进一步上升将引起资本损失风险变得很小(债券价格下降到很低的程度)，这就使得货币的投机需求完全消失。这是因为，利率很高，意味着债券价格很低。当债券价格低到正常水平以下时，买进债券不会使本金因债券价格下跌而损失，因而公众手中任何的闲置货币都可用来购买债券而不愿再保留在手中，导致货币投机需求完全消失。由于利率涨到足够高度使货币投机需求完全消失，货币需求全由交易动机产生，而与利率无关，因此 LM 曲线就表现为垂直线形状。

古典学派认为，人们的货币需求是由交易动机而产生的，只和收入有关，而和利率波动无关，因此，垂直的 LM 曲线区域被认为是古典区域。当 LM 呈垂直形状时，变动预算收支的财政政策不可能影响产出和收入，相反，变动货币供给量的货币政策则对国民收入有很大作用，这正是古典货币数量论的观点和主张。因此，古典学派强调货币政策作用的观点和主张就表现为 IS 曲线的移动(它表现为财政政策)，在垂直的 LM 曲线区域即古典区域移动不会影响产出和收入，而移动 LM 曲线(它表现为货币政策)却对产出和收入有很大作用，如图

12－17 和图 12－18 所示。

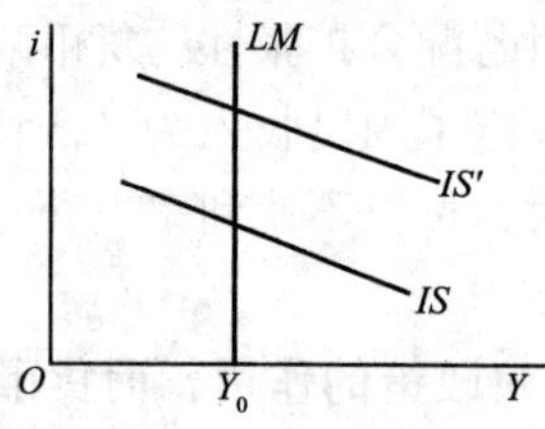

图 12－17　财政政策无效

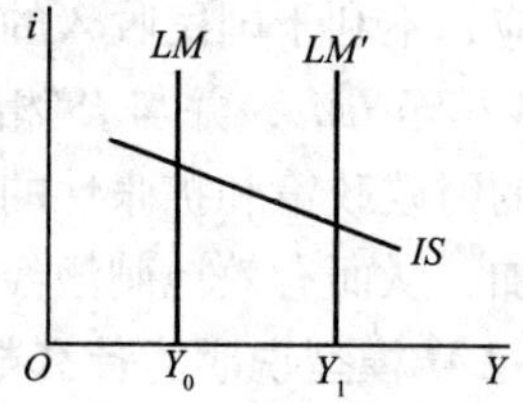

图 12－18　货币政策有效

LM 曲线呈垂直形状时货币政策极有效而财政政策无效的原因在于，当人们只有交易需求而没有投机需求时，如果政府采用扩张性货币政策，这些增加的货币将全部被人们用来购买债券，而不愿为投机而持有货币，这样，增加货币供给就会导致债券价格大幅度上升，而利率大幅度下降，使投资和收入大幅度增加，因而货币政策极为有效。相反，实行增加政府支出的财政政策则完全无效，因为支出增加时，货币需求增加会导致利率大幅度上升(因为货币需求的利率弹性极小，接近于零)，从而导致极大的挤出效应，使得增加政府支出的财政政策效果极小。所以，货币主义学派强调货币政策的作用而否定财政政策作用。

5. 当前中国经济存在下行压力以及结构性问题，例如居民消费不足、投资过多和产能过剩的现象。

(1)我国采取了哪些“稳增长”的财政政策和货币政策？

(2)结合 *IS－LM* 模型和 *AD－AS* 模型分析以上政策对利率、产出和物价的影响。

(3)试说明我国居民消费少、投资多的主要原因。

(4)在 *IS－LM* 模型框架下，如果我们要实现“调结构”的目标，应该采取什么样的财政、货币政策组合来增加消费同时减少投资？

(5)探讨以上“稳增长”和“调结构”的政策措施能否相互兼容。(对外经济贸易大学 2017 研)

答：(1)采用积极的财政政策和稳健的货币政策。

财政政策：赤字发行国债，通过棚户区改造等提高政府购买力度，拉动投资；

货币政策：央行在银行间市场连续净投放，如加大债券逆回购力度，为经济提供流动性支持，定向降低存款准备金率。

(2)如图 12－19 所示，扩张性的财政政策导致投资等需求增加，产出增加，*IS* 曲线向右移动；由于国民收入增加，导致货币需求增加，利率存在上升趋势，此时采取较稳健的货币政策配合扩张性财政政策，使得 *LM* 向右移动，防止利率上升对投资的挤出效应，最终利率保持一个较为平稳的水平，而产出从 Y_1 增加到 Y_2。

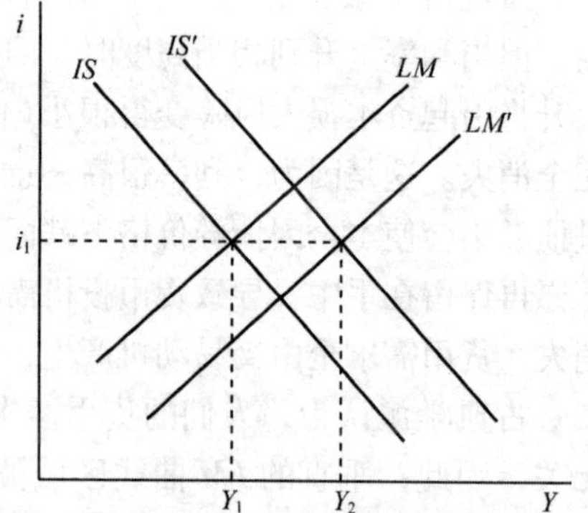

图 12－19　扩张的财政政策和扩张的货币政策

如图 12－20 所示，无论是积极的财政政策，抑或配合进行的稳健型的货币政策，都属于总需求管理政策，促进了需求扩张，*AD* 曲线向右平移，使得产出上升；但由于技术、劳动力、资本等因素短期内没有太大变化，也没有利好的技术冲击，总供给曲线没有发生移动，导致价格水平上升，通货膨胀率上升。

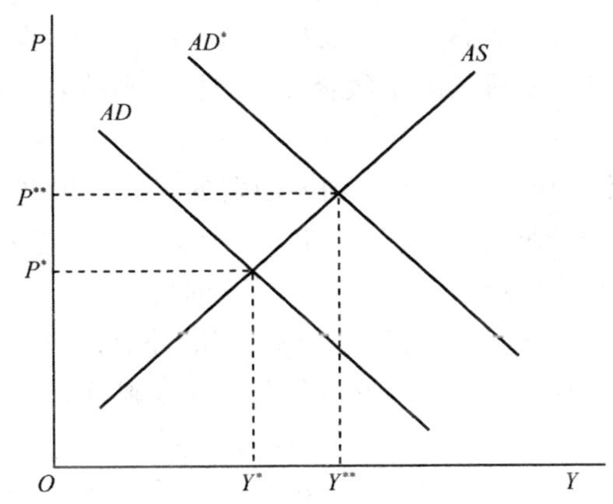

图 12－20　总需求曲线向右移动

(3)消费不足的原因:

①城乡居民相对收入增长缓慢,实际收入水平呈现逐年下降趋势。我国长期以来居民工资总额占 GDP 的比重不断下降,而财政收入增长过快,税负高,国有垄断企业及外资企业挤压吸纳民营中小企业,直接压制了工资收入的增长。

②房价、学费、医疗费用大幅上涨,严重挤压了居民消费支出。

③限制甚至禁止粮食出口政策,导致我国粮价远远低于国际市场价格,牺牲了农民利益,限制了农民收入的提高,使农村消费能力长期不足。

④城乡二元分割体制,拖累了城市化进程,使农村人口被甩在消费市场之外。

⑤根据生命周期消费理论,人们会在更长时间范围内计划他们的生活消费开支,以达到他们在整个生命周期内消费的最佳配置,由于我国社保体现尚不健全,因此居民储蓄意识较强,当前消费水平较低,保证老年时期也有一定的消费能力。

⑥传统观念较强,我国居民普遍储蓄意识较高,造成消费不足,储蓄率高导致投资水平较高。总体上,我国内部需求特别是消费需求持续不振,除传统观念的影响外,主要反映了整体的经济和社会结构的重大失衡和制度不健全。

投资过多的原因:

①我国过去一直处于贸易顺差状态,获得了大量外汇占款和外汇储备,央行为避免形成严重的通货膨胀,将其中的绝大部分用于基建投资和房地产行业,导致我国过去的产能一直过剩。

②在我国的投资过程中有一些非市场的因素在发挥作用,阻碍了市场机制优胜劣汰功能的发挥,包括扭曲要素价格,比如在招商引资过程中,一些地方政府为了拉投资、拉项目,给予一些低价,甚至在劳动力的方面都是给予很多的优惠政策。对市场竞争机制的作用产生了一定的影响,导致了投资过多的局面。

③企业公平竞争的市场环境建设滞后。由于对以技术、标准、规范等促进产业自主发展的措施研究不够,规范市场公平竞争的规则、环境、秩序建立滞后,对已有的措施监督执行也不到位,导致一些达不到环保、能耗、安全等标准的企业以不公平的方式进行市场竞争,加剧了投资过多的问题。

(4)调结构的主要目的是降低投资在总需求的比例,提高消费在总需求中的比重,通过扩大内需实现经济健康增长,改变简单依靠投资拉动经济增长的现状。

要实现调结构目标，应适当降低政府投资，采用家电下乡等方式提供消费补贴，或借鉴供给学派学说进行结构性减税，提高居民可支配收入，鼓励居民消费；同时严格控制地方政府融资平台盲目发展，鼓励金融机构向小微企业、农民、消费者发放贷款，降低小微企业、农业、信用消费等的融资成本。

在 *IS*－*LM* 模型框架下，应采用减税以刺激消费的扩张性财政政策和不变的货币政策，减税搭配其他政策改革使消费增加，*IS* 曲线右移，产出增加，利率上升，而利率上升反过来又抑制了投资，从而达到了增加消费同时减少投资的目标。

(5)以上“稳增长”和“稳结构”的经济政策有一定的冲突，但总体上是兼容的，表现为：①两者都要求扩张性的财政政策，其中，通过降低税收以刺激消费的扩张性财政政策，就能同时满足稳增长和调结构的目标；②稳增长要求扩张性的货币政策，而调结构要求不变的货币政策，但这并不是完全矛盾的，通过温和的扩张性货币政策，就能实现 *LM* 曲线略微向右移动，从而产出有所增加，一定程度上实现了稳增长。同时，利率也有所上升使得投资减少，也一定程度上实现了调结构。

所以，只要宏观经济政策保持定力并适时调整经济发展新常态，注意平衡二者关系，稳增长、调结构是可以兼容的，并为我国经济发展带来质的提升。

第十三章　国际联系

一、名词解释

1. 肮脏浮动(中央财经大学2004研复试)

答：肮脏浮动又称“管理浮动”，与“自由浮动”相对而言，指货币当局对外汇市场进行干预，以使市场汇率朝着有利于本国的方向浮动。目前各主要工业国所实行的是管理浮动，绝对的自由浮动纯粹是理论上的假设而已。当本国货币汇率不断上升并抑制出口时，中央银行或货币当局便会出面干预以避免不利局面继续和蔓延；当本国货币汇率下跌比较严重时，中央银行或货币当局便会采取措施稳定汇率。

2. *BP* 曲线(中央财经大学2005研复试)

答：*BP* 曲线指在其他参数变量固定的前提下，以利率为纵坐标，国民收入为横坐标，国际收支均衡函数的几何图形表示为国际收支均衡曲线。在通常情况下，*BP* 曲线向上倾斜，即斜率为正，这代表利率与实际国民收入同方向变动。*BP* 曲线上任何一点均代表国际收支平衡；而在 *BP* 曲线之下或之上的区域内任何一点，与 *BP* 曲线上的均衡点相比，则表示国际收支处于逆差或顺差状态。

对于国际收支平衡曲线的影响因素主要包括两个方面：国内价格水平和汇率。在 *IS*－*LM* 模型的框架下，显然国内价格水平是假定不变的。因此，汇率作为一个重要的参数，对国际收支状况的影响就十分重要。事实上，凡能影响汇率的因素(如利率、实际国民收入、价格水平等)都会使 *BP* 曲线移动。

3. 以邻为壑政策(中山大学2011研)

答：以邻为壑的政策指试图以牺牲别国的产出来增加本国产出的政策。本国货币扩张会引起汇率贬值，净出口增加，从而增加产出与就业，但是本国增加净出口对应着国外贸易余额的恶化。本国货币贬值使需求从国外商品转移到本国商品上，国外的产出与就业会因此下降。正是由于这个原因，由贬值引起的贸易余额的变动被称为以邻为壑的政策。它是输出失业，或以损害其他国家来创造本国就业的一种方式。本国福利的提高是以牺牲别国利益为代价的，因此这一政策很容易引起别国的报复和贸易战的爆发，最终损害各方的利益。

4. 三元悖论(中山大学2010研；中央财经大学2017、2018研)

答：三元悖论也称三难悖论，它是美国经济学家保罗·克鲁格曼就开放经济学的政策选择问题，在蒙代尔—弗莱明模型的基础上提出的，其含义是：本国货币政策的独立性、汇率的稳定性、资本的完全流动性不能同时实现，最多只能同时满足两个目标，而放弃另外一个目标。其中，本国货币政策的独立性是指一国执行宏观稳定政策进行反周期调节的能力，这里主要是指一国是否具有利用货币政策影响其产出和就业的能力；汇率的稳定性是指保护本国汇率免受投机性冲击、货币危机等的冲击，从而保持汇率稳定；资本的完全流动性即不限制短期资本的自由流动。

5. 购买力平价(中央财经大学2017、2018研)

答：购买力平价是一种汇率决定理论，实际上是一价定律在国际市场上的应用。它认为如果国际套利交易是可能的，那么任何一种通货在每个国家都有相同的购买力。

购买力平价理论的思想基础是，如果一国的货物相对便宜，那么人们就会购买该国货币并在那里购买商品。购买力平价成立的前提是一价定律，即同一商品在不同国家的价格是相同的。此外，购买力平价成立还需要一些其他的条件：①经济的变动来自货币方面；②价格水平与货币供给量成正比；③国内相对价格结构比较稳定；④经济中如技术、消费倾向等实际因素不变，也不对经济结构产生实质影响。

购买力平价存在两种形式：①绝对购买力平价，即两国货币的兑换比率等于两国价格水平的比率；②相对购买力平价，指两国货币兑换比率的变动等于两国价格水平变动的比率。但由于运输成本及关税等因素的存在，这种情况并非像实际上的那样。此外，汇率并非由商品和劳务的国际贸易决定，而是由外汇的供求、资本转移以及政府的汇率政策等决定的。因而，实际汇率会经常背离购买力平价，并且在许多情况下也难以对不同国家选择一套合适的商品加以比较，并计算平衡价格。

6. 名义汇率和实际汇率（中央财经大学 2017 研）

答：汇率有名义汇率与实际汇率之分。名义汇率是两种货币的交换比率，它是指 1 单位外币能够交换的本币数量，或 1 单位本币能够交换的外币数量。名义汇率有直接汇率和间接汇率两种。

实际汇率是两国产品的相对价格，是以同一货币衡量的本国与外国物价之比，它反映一国商品在国际市场上的竞争力。如果持有外币只是为了购买外国产品，本币与外币的交换比率取决于各自的购买力，即取决于物价水平的倒数，由此可得实际汇率的表达式为：$\varepsilon = eP/P^*$。其中，e 表示名义汇率（直接标价法）；P 和 P^* 分别为国内与国外的价格水平；ε 为实际汇率。

可见，如果购买力平价成立，实际汇率应等于 1。根据这一定义式，实际汇率低，本国产品就相对便宜，本国产品在国际市场竞争力强，有利于增加本国净出口；反之，本国产品就相对昂贵。

二、简答题

1. 结合 $IS-LM$ 模型，简述在固定汇率和资本完全流动条件下，开放小国减少货币基础的货币紧缩政策的效果。（中山大学 2011 研）

答：在固定汇率和资本完全流动条件下，货币政策是无效的。分析如下：

如图 13－1 所示，由于资本完全流动，该 $BP=0$ 曲线表现为一条水平线。经济体原先处于 A 点，此时内部均衡和外部均衡同时实现。该国实行货币紧缩政策，则 LM 曲线向左移动，移动到 LM'，整个经济移到 B 点。在 B 点有大量国际收支盈余，因而有本币升值的压力。在固定汇率制下，中央银行必须进行干预，购买外币，并抛出本国货币。本国货币供给因而增加。结果是，LM 曲线移回到右下方。这个过程继续下去，直到恢复为初始均衡点 A 点为止。因此，在固定汇率和资本完全流动条件下，开放小国减少货币基础的货币紧缩政策是无效的。

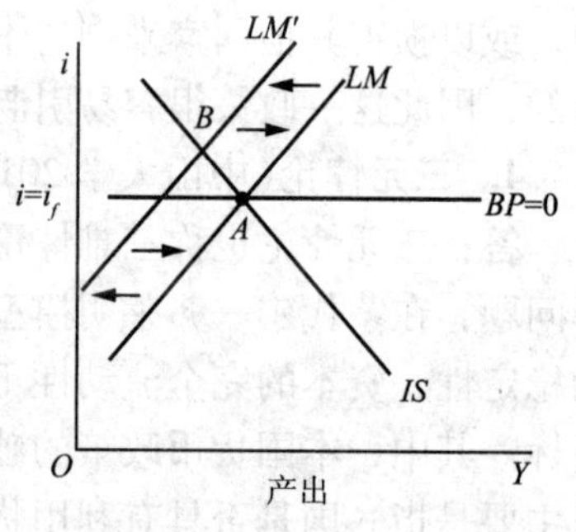

图 13－1　货币政策无效

2. 分析并评价宏观货币政策在封闭经济和开放经济中的传导机制。（对外经济贸易大学 2007 博）

答：(1)货币政策传导机制是指各种货币政策工具的运用引起中间目标的变动和社会经

济生活的某些变化，从而实现中央银行货币政策的最终目标这样一个过程。它实际上包含两个方面的内容：一是内部传导机制，即从货币工具选定、操作到金融体系货币供给收缩或扩张的内部作用过程；二是中间指标发挥外部影响的过程，即对总支出起作用的过程。

(2)关于封闭经济下，宏观货币政策传导机制的分析，一般分为凯恩斯学派的传导机制理论和货币学派的传导机制理论。前者的理论思想可归结为：通过货币供给 M 的增减影响利率 i，利率的变化则通过资本边际效率的影响使投资 I 以乘数形式增减，而投资的增减就会进而影响总支出 E 和总收入 Y，用符号表示为：$M \to i \to I \to E \to Y$。在这个过程中，利率是最主要的环节，货币供应量的调整必须首先影响利率的升降，然后才能使投资乃至总支出发生变化。与凯恩斯学派的观点不同，货币学派认为利率在货币传导机制中不起重要作用，而更强调货币供应量在整个传导机制上的直接效果。货币学派认为，货币政策的传导机制主要不是通过利率间接影响支出和收入，而是通过货币实际余额的变动直接影响支出和收入，可用符号表示为：$M \to E \to Y$。

(3)在开放经济下，货币政策还可以通过汇率途径来影响国内的产出。货币供应量的增减，会导致本币利率 i 下降或上升，形成的本外币利差引发套利行为 A，进而导致本币汇率 e 的下降(本币贬值)或上升(升值)，从而影响净出口 NX，由此带动总需求 AD 和总产出 Y 的变化。但如果汇率是固定的，则货币政策的汇率传导将发生方向性变异，如通过价格水平的变化等其它途径来影响进出口和总产出。开放经济下的货币政策传导机制用符号表示为：$M \to i \to A \to e \to NX \to Y$。

3. 什么是购买力平价理论？假设我们用 CPI 衡量国家的物价水平，A 国为本国，CPI_A 为 8%，B 国为外国，CPI_B 为 2%，A 国的汇率 $e=6$，表示为 1 个单位 B 国货币兑 6 单位的 A 国货币。根据购买力平价计算 A 国的真实汇率。(南开大学 2018 研)

解：(1)购买力平价理论简称"PPP 理论"，是西方汇率决定理论中最具影响力的理论之一，认为两国货币的购买力之比是决定汇率的基础，汇率的变动是由两国货币购买力之比引起的。

购买力平价的理论基础是一价定律，即同一种商品在两个国家的货币购买力应相同，否则就会出现套利行为。根据购买力平价理论，一国的价格水平上升，该国的货币就会贬值，反之则升值，或者说，通货膨胀率高的国家的货币会贬值，通货膨胀率低的国家的货币会升值。

(2)由购买力平价定理可知，真实汇率 =(间接汇率 × 本国物价水平)/外国物价水平 =(直接汇率 × 外国物价水平)/本国物价水平。

设 A 国物价水平为 P_a，B 国物价水平为 P_b，则 $P_a = (1+8\%)$，$P_b = (1+2\%)$。

由题意知 A 国汇率为直接汇率 $e=6$，则真实汇率 $= eP_b/P_a = 6 \times (1+2\%)/(1+8\%) \approx 5.67$。

4. 考虑蒙代尔－弗莱明框架下的小型开放经济，资本完全自由流动，分别作图分析如下问题：

(1)在固定汇率制下，国内扩张性财政政策如何影响产出和汇率；

(2)在浮动汇率制下，国内扩张性财政政策如何影响产出和汇率。(中央财经大学 2017 研)

答：(1)固定汇率下的小型开放经济的财政政策

扩张性财政政策增加了计划支出，使 IS^* 曲线右移，本币有升值压力，为了保持固定汇率，中央银行必须增加货币供给，从而使 LM^* 曲线向右移动。结果均衡汇率不变，收入增加，如图 13－2 所示。

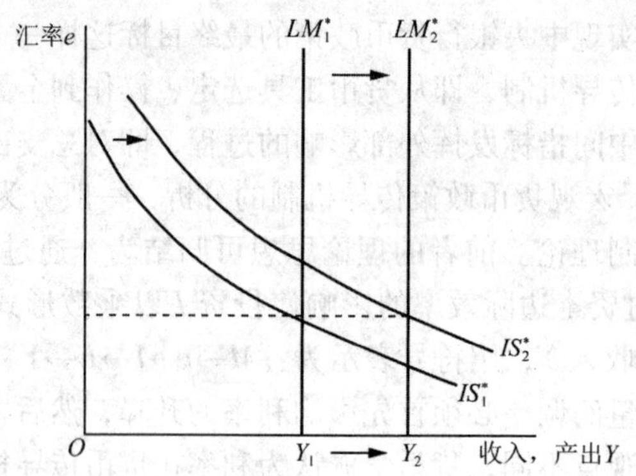

图 13－2　固定汇率下的财政扩张

(2)浮动汇率下的小型开放经济财政政策

扩张性财政政策增加了计划支出，使 IS^* 曲线右移，均衡汇率上升，而收入保持不变，如图 13－3 所示。收入不变的原因：在一个开放经济中，政府增加开支或减税引起利率上升，只要利率上升到世界利率水平之上，资本就会流入。这种资本流入增加了外汇市场上对国内货币的需求，从而使国内通货升值，使国内物品相对于外国物品变得昂贵，这就减少了净出口，净出口的减少抵消了扩张性财政政策对收入的影响。

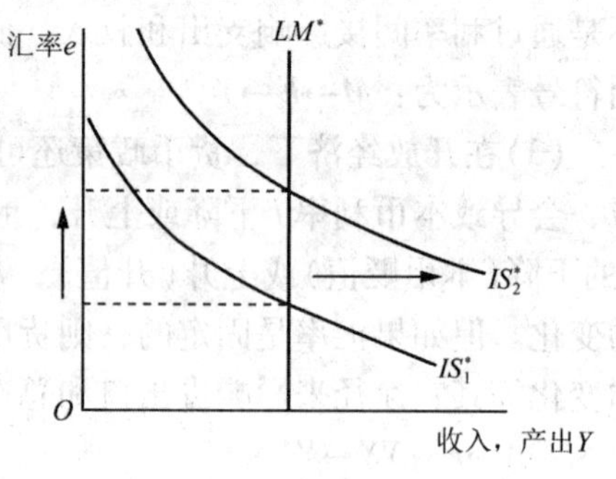

图 13－3　浮动汇率下的财政扩张

三、计算题

1. 在一个小国模型中，不考虑价格变化(简化为1)。假设货币需求是：$L=0.2Y-10r$，Y 和 r 分别为收入和利率，货币供给 $M=200$，消费为：$C=60+0.8Y_d$，Y_d 为可支配收入，税收 $T=100$，投资 $I=150-2r$，政府支出 $G=100$，贸易收支平衡。

(1)求在封闭条件下均衡的国民收入、利率和投资；

(2)如果该国资本完全自由流动，当世界市场利率为 1.5%，则均衡的国民收入为多少？

(3)在开放条件(资本自由流动)下，当政府支出从 100 增加到 120 时，均衡的国民收入怎样变动？“挤出效应”是多少？(南开大学 2010 研)

解：(1)贸易收支平衡，则 $NX=0$。由四部门经济产品市场均衡条件 $Y=C+I+G+NX$ 可得：

$$Y=60+0.8(Y-100)+150-2r+100=0.8Y-2r+230$$

整理得：$Y=1150-10r$，此即为 IS 方程。

由货币市场均衡条件可得：$M/P=0.2Y-10r$。

当 $P=1$ 时，整理得：$Y=1000+50r$，此即为 LM 方程。

联立 IS 方程和 LM 方程可得：$Y=1125$，$r=2.5(\%)$。

将 $r=2.5(\%)$ 代入投资函数，可得：$I=145$。

即在封闭条件下均衡的国民收入、利率和投资分别为 1125、2.5(%)和 145。

(2)如果该国是资本完全流动的小型开放经济，新的 IS 和 LM 曲线都是关于汇率的函数，分别记为 IS^*、LM^*。由于汇率并不进入 LM^* 曲线方程中，因此，LM^* 是一条垂直于横轴的直线，国民收入由 LM^* 曲线决定。综上分析，可知 LM^* 曲线方程为：$Y=1000+50r^*$，其中，r^* 是世界市场利率。当 $r^*=1.5(\%)$ 时，均衡国民收入为：$Y=1075$。

(3)在开放条件(资本自由流动)下，如果实施浮动汇率制，财政政策无效，此时为完全的挤出。当不考虑货币市场和外部经济时，政府支出从100增加到120，增加的政府支出($\Delta G=20$)在乘数的作用下将使得国民收入增加 $\Delta Y=20/(1-0.8)=100$。因此"挤出效应"为100。如果实施固定汇率制，均衡国民收入增加，不存在挤出效应。

2. 在蒙代尔－弗莱明模型中，考虑由以下方程所描述的小型开放经济：

IS 曲线方程：$Y=1000+G-T+NX-50r$；

LM 曲线方程：$Y=M/P+100r$；

净出口：$NX=2500-100e$。

其中 Y 为收入，r 为利率，e 为汇率，货币供应量为 $M=2000$，价格水平为 $P=1$，世界利率水平为10，政府支出 $G=1000$，税收收入 $T=800$，试求解如下问题：

(1)经济中均衡收入和汇率；

(2)假设浮动汇率制度，税收收入减少到500，则均衡收入和汇率是多少？

(3)如果该国采取固定汇率制度，且政府欲将汇率固定在本题(1)问中的均衡汇率水平，那么 G 保持不变，而 T 减少到500后，新的均衡国民收入是多少？中央银行将设定的货币供给是多少时可以维持该固定汇率水平？(中央财经大学2016研)

解：(1)将货币供应量 $M=2000$，价格水平 $P=1$，世界利率水平10，政府支出 $G=1000$，税收收入 $T=800$ 代入 IS 和 LM 曲线方程中，得到新的 $IS-LM$ 方程：

$$\begin{cases} IS：Y=3200-100e \\ LM：Y=3000 \end{cases}$$

解得：$Y=3000$，$e=2$。所以均衡收入为3000，汇率水平为2。

(2)税收收入减少到500，即 $T^*=500$，代入 IS 曲线，得到新的 $IS-LM$ 方程：

$$\begin{cases} IS：Y=3500-100e \\ LM：Y=3000 \end{cases}$$

解得：$Y=3000$，$e=5$。

(3)新的 IS 方程为：$Y=3500-100e$，将 $e=2$ 代入，解得 $Y=3300$。故新的均衡收入为3300。

由 $Y=M/P+100r$，$P=1$，$r=10$，$Y=3300$，解得 $M=2300$。

所以中央银行应该增加300货币供应量，以维持汇率稳定。

四、论述题

1. 作图分析在固定汇率制且资本完全流动下的货币政策与财政政策的效应。(浙江大学2011研；华南理工大学2015研)

答：在资本完全流动的假定下，如果国外利率 i_f 是既定的，则当国内利率高于国外水平时，资本就会无限地流入本国，就会出现大量的资本流入以及国际收支的盈余。反之，若本国的利率低于国外水平时，资本就会大量外流，就会出现国际收支赤字。因此，$BP=0$ 一定是一条位于国外利率水平 i_f 上的水平线。

(1)在固定汇率制且资本完全流动下货币政策的效应

图13－4中，由于资本完全流动，$BP=0$ 曲线表现为一条水平线。考虑从 E 点开始的货币扩张。LM 曲线移向右下方至 LM'，整个经济移到 E' 点。在 E' 点有大量国际收支赤字，因而有货币贬值的压力。中央银行必须进行干预，售出外币，并收进本国货币。本国货币供给因而减少。结果是，LM 曲线移回到左上方。这个过程继续下去，直到恢复为初始均衡点 E 点为止。

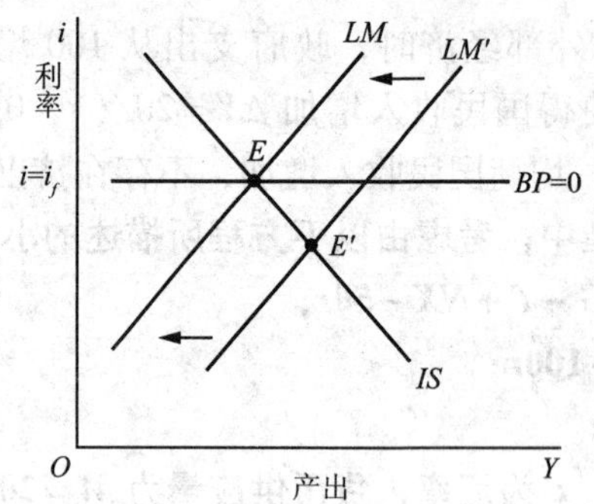

图 13－4　固定汇率制与资本完全流动情况下的货币扩张

(2)在固定汇率制且资本完全流动下财政政策的效应

如图 13－5 所示，财政扩张使 *IS* 曲线移向右上方，引起利率和产出水平都增加。较高的利率导致资本流入，将使汇率升值。为了维持汇率不变，中央银行必须扩大货币供给，向右移动 *LM* 曲线，因此会进一步增加收入。当货币供应增加到足以使利率恢复到其初始水平，即 $i=i_f$ 时，重新恢复均衡。

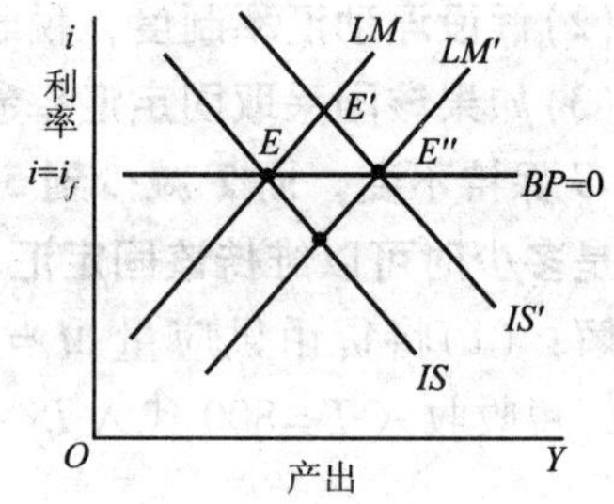

图 13－5　固定汇率制与资本完全流动情况下的财政扩张

因此，结合上述分析，可以看出，在资本完全流动的假定下，如果实行固定汇率制，财政政策有效，货币政策无效。

2. 根据 *IS*－*LM* 模型分析资本完全流动的开放经济中货币政策的有效性。(对外经济贸易大学 2008 研)

答：在资本完全流动的情况下，微小的利差会引起资本巨大的流动，对应的 $BP=0$ 曲线表现为一条水平线。

(1)固定汇率制下货币政策的效力

如图 13－6 所示，考虑从 *E* 点开始的货币扩张。*LM* 曲线移向右下方，整个经济移到*E*′点。在*E*′点有大量国际收支赤字，因而有货币贬值的压力。中央银行必须进行干预，售出外币，并收进本国货币。本国货币供给因而减少。结果是，*LM* 曲线移回到左上方。这个过程继续下去，直到恢复为初始均衡点 *E* 点为止。可以看出，在固定汇率制下，由于资本的完全流动，中央银行无法独立实施货币政策。

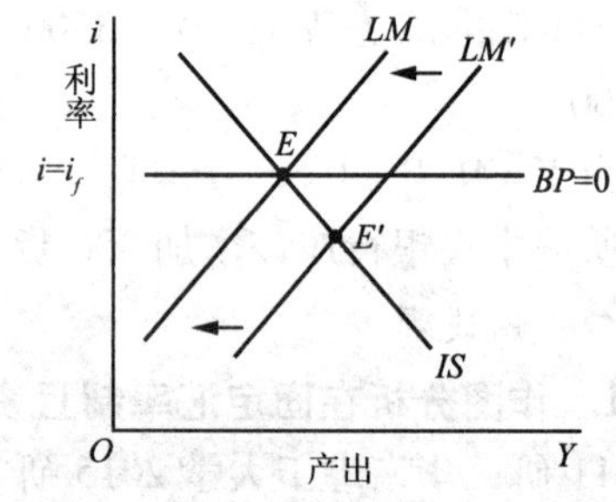

图 13－6　固定汇率制与资本完全流动情况下的货币扩张

结论：在固定汇率制和资本完全流动下，实施独立货币政策的尝试都会导致资本流动，并需要干预，直至利率重新回到世界市场上的利率水平时为止，此时货币政策无效。

(2)浮动汇率制下货币政策的效力

如图 13－7 所示，从 *E* 点的初始位置开始，并考虑名义货币数量 $\bar{M}$ 的增加，*LM* 曲线向右下方移位至 *LM*′。在*E*′点，商品市场与货币市场(在初始的汇率水平上)处于均衡状态，但利率却降低到世界水平之下。由于资本的流出，施加压力于汇率，导致贬值。资本流出引起的外汇贬值使得进口价格提高，本国商品更具竞争能力，因而使本国产品的需求增加。*IS* 曲线向右移位，并且继续移动直到贬值的汇率提高需求与产出到*E*″点所表示的水平为止。可以看出，在浮动汇率制下，由于资本的完全流动，货币扩张导致产出增加和汇率贬值。

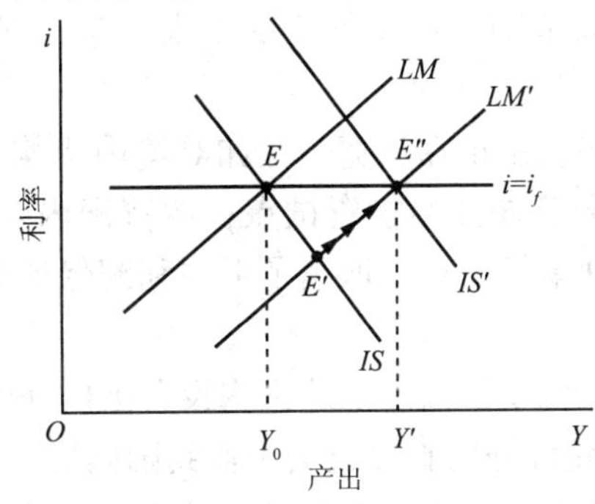

图 13－7　浮动汇率制与资本完全流动情况下的货币扩张

结论：在浮动汇率制及资本完全流动下，货币存量的增加将导致收入的增加与汇率的贬值。汇率贬值会增加净出口，净出口的增加又维持了较高水平的产出与就业。

3．结合在资本账户开放、汇率固定和货币政策独立方面的“三元悖论”，分析我国的相应制度安排。（中山大学 2008 研）

答：（1）三元悖论的含义

三元悖论也称三难选择，它是美国经济学家保罗·克鲁格曼在蒙代尔—弗莱明模型的基础上，就开放经济下的政策选择问题提出的一个命题，其含义是：本国货币政策的独立性、汇率的稳定性、资本的完全流动性不能同时实现，最多只能同时满足两个目标，而放弃另外一个目标。

它主要包括以下三种情况：

①保持本国货币政策的独立性和资本的完全流动性，必须牺牲汇率的稳定性，实行浮动汇率制，发挥汇率的调节作用，以牺牲稳定的汇率为代价达到货币政策的独立性与资本的完全流动性。

②保持本国货币政策的独立性和汇率稳定，必须牺牲资本完全流动性，实行资本管制，实际上是政府以牺牲资本的完全流动性来维护汇率的稳定性和货币政策的独立性。

③维持资本的完全流动性和汇率的稳定性，必须放弃本国货币政策的独立性。为实现资本的完全流动与汇率的稳定，本国经济将会付出放弃货币政策的独立性的巨大代价。

（2）三元悖论对中国汇率制度安排的意义

根据三元悖论，我国货币政策的独立性、汇率的稳定性、资本的完全流动性不能同时实现，最多只能同时满足两个目标，而放弃另外一个目标。同时从我国国家利益考虑，必然会在汇率波动幅度逐步增大的同时逐渐放松资本管制，保持货币政策的独立性。所以我国应该在制度安排上努力实现货币政策的独立性和资本的完全流动性，而放弃固定汇率制，实现这一目标的有效途径是进行汇率机制改革。

①汇率机制改革的目标

资本项目开放、灵活的汇率形成机制改革是汇率制度改革目标的两个方面。完善人民币汇率形成机制意味着更大的灵活性，汇率水平主要由市场供求关系来决定，以实现国际收支大体平衡，而不追求经常项目顺差和外汇储备大幅度增长，逐步实现人民币资本项目可兑换意味着朝向更适应市场经济体制的汇率机制迈进。由此可见，资本项目开放与市场化汇率形成机制是统一的。

②汇率机制改革的实践

实践中，为适应国内市场取向的改革，完善人民币汇率形成机制，中央银行逐步放开资本项目管制，使市场能在更大范围内反映外汇的供求关系，促进市场化汇率形成机制的完善，主要措施包括：

首先，资本项目中的一些管制正在放宽，比如对境内机构到境外投资的管理不断放宽；社保基金和保险公司外汇资金境外证券投资试点；放宽国内企业赴境外直接投资的有关规定；简化了境外投资外汇管理审批手续，取消了汇回利润保证金要求，放宽了企业购汇对外投资的限制，等等。

其次，资本市场对外开放稳步扩大。境外机构投资国内证券市场业务不断扩大。已有多家境外机构获得 QFII 资格；允许外商直接投资企业到国内资本市场上市融资等等。

由上面的分析不难得出结论：合理的汇率机制是资本项目开放的前提条件，资本项目开放与汇率形成机制密切相关，资本项目开放与更灵活的汇率形成机制互为前提、相辅相成。

4. 假设某个小型开放经济体(资本自由流动)，为了抑制国内农产品价格，采取了限制农产品出口的政策。用蒙代尔—弗莱明模型分别说明在固定汇率制度下和浮动汇率制度下这个政策对汇率和实际 GDP 的短期影响。（中国人民大学 2013 研）

答：(1)浮动汇率下政策对汇率和实际 *GDP* 的短期影响

如图 13－8 所示，限制农产品出口的政策意味着净出口的减少，使得净出口曲线向左移动。净出口曲线的这种移动减少了计划支出，从而使 IS^* 曲线向左移动。由于 LM^* 曲线是垂直的，贸易限制降低了汇率，但并不影响收入。

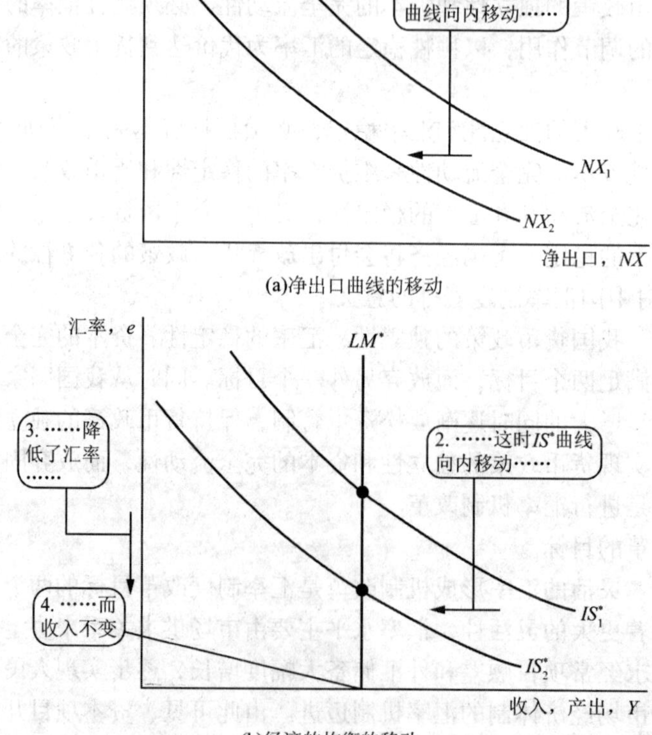

(a)净出口曲线的移动

(b)经济的均衡的移动

图 13－8　浮动汇率下的贸易限制

由于净出口是 GDP 的组成部分，在其他因素不变的情况下，净出口曲线的左移对收入 Y 产生向下的压力；反过来，Y 的减少降低了货币需求，并对利率 r 产生向下的压力，造成本币贬值。最后，本币贬值使本国产品相对于外国产品更便宜，这增加了净出口 NX 并使收入 Y 回到初始水平。

由于贸易限制并不影响收入、消费、投资或政府购买，所以，它不影响贸易余额。尽管净出口曲线的移动会减少 NX，但汇率下降又等量地增加了 NX，总体效应是不变的贸易净额。

(2)固定汇率下政策对汇率和实际 GDP 的短期影响

如图 13－9 所示，限制农产品出口的政策意味着净出口的减少，使得净出口曲线向左移动。净出口曲线的这种移动减少了计划支出，从而使 IS^* 曲线向左移动。IS^* 曲线的移动会降低汇率，为了使汇率保持在固定水平上，货币供给必须减少，这使 LM^* 曲线向左移动，收入降低。

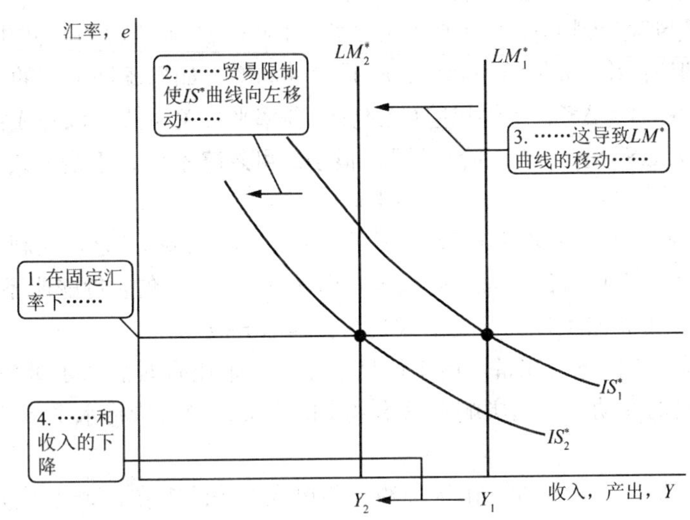

图 13－9　固定汇率下的贸易限制

固定汇率下贸易限制的结果与浮动汇率下贸易限制的结果不同。在这两种情况下，贸易限制都使净出口曲线向左移动，但只有在固定汇率下，贸易限制才减少了净出口 NX。原因是固定汇率下贸易限制引起了货币紧缩而不是汇率贬值，货币紧缩又减少了总收入。

5. 题干给出了曼昆书中“所有模型之母”里的方程(缺费雪方程)

$$Y = C(Y-T) + I(r) + G + NX(\varepsilon)$$

$$M/P = L(i, Y)$$

$$NX(\varepsilon) = CF(r - r^*)$$

$$\overline{Y} = F(\overline{K}, \overline{L})$$

$$Y = \overline{Y} + \alpha(P - EP)$$

$$\varepsilon = eP^*/P$$

(＊代表国外，故汇率 e 或 ε 定义为国外一单位货币(商品)兑换国内货币(商品)的数量)

(1)写出中性风险(无抛补)利率平价关系式，写出费雪方程。

(2)给出短期菲利普斯关系决定的 $Y = \overline{Y} + \alpha(P - EP)$ 的微观解释(两个即可)。

(3)小型开放经济体面临资本加速流出，分析产出、消费、贸易余额和汇率的变化(分为固定汇率与浮动汇率两种情况讨论)。根据三元悖论，画图分析此时采取固定汇率还是浮

动汇率更好。(此处考察蒙代尔－弗莱明模型)。

大型开放经济体 $CF(r-r^*)$ 表示资本净流出，且 $dCF/dr<0$，试分析：

(4)若该大型经济体实行扩张性财政政策，产出、消费、贸易余额和汇率将如何变化？若该大国的利率影响世界利率，则小国实行盯住大国的固定汇率制下，其产出、消费、贸易余额和汇率将如何变化？小国在什么情况下实行固定汇率制较为有利？

(5)08 年金融危机后，美国的名义利率接近 0，则此时传统货币政策将难以奏效，为什么？美联储采用量化宽松这一新型货币政策，这种政策是如何实行的？其与传统货币政策在作用机制上有什么区别？

(6)若长期购买力平价方程为：$1=eP^*/P$，画图解释汇率超调。

(7)金融系统不稳定对经济有什么影响？政府可采取哪些措施维护其稳定性？维护金融系统稳定需要全球合作吗？(北京大学 2017 研)

答：(1)中性风险(无抛补)利率平价关系式：$1+r=(1+r^*)E/e$，式中，E 是对即期汇率的预期，e 是即期汇率，r 是国内利率，r^* 是国外利率。如果预期汇率的变动率为 ΔS^e，则 $E/e=1+(E-e)/e=1+\Delta S^e$，中性风险(无抛补)利率平价关系式可以写成：$1+r=(1+r^*)(1+\Delta S^e)$，由于 $r^*\Delta S^e$ 是一个“二阶小量”，很小，可忽略不计，于是上式变为：

$$\Delta S^e=r-r^*$$

费雪方程：$1+r=(1+i)/(1+E\pi)$，式中，r 是实际利率，i 是名义利率，$E\pi$ 是通货膨胀率的预期。则费雪方程可以写成：$1+i=1+E\pi+r+\pi r$。在通货膨胀不是很严重的情况下，πr 就会很小，可忽略不计，于是上式变为：$i=E\pi+r$。

(2)微观解释一：信息不完备。由于信息不完全，企业有时混淆了价格总体水平的变动与产品间相对价格的变动。进而影响了供给多少的决策，导致价格水平与产出之间在短期存在正相关关系。

微观解释二：短期价格黏性。由于契约、菜单成本等的存在，企业不能针对需求变动即刻调整它们索取的价格。

(3)采用蒙代尔－弗莱明模型分析小型开放经济体。

①固定汇率

如图 13－10 所示。假设经济体初始均衡点是 A 点。若资本加速流出，外汇市场上本币供给增加，本币贬值，在蒙代尔－弗莱明模型中，本币贬值相当于增加了货币供给，使 LM 曲线从 LM_1 右移至 LM_2；本币贬值，意味着本国产品的国际竞争力提高，外国产品的国际竞争力下降，有利于出口，不利于进口，贸易余额增加，使 IS 曲线由 IS_1 右移到 IS_2，此时，经济体的均衡点是 B 点。比较 A 点和 B 点可知，汇率(间接汇率，下同)下降了。由于是固定汇率制，货币当局为了稳定汇率，会减少货币供给，使 LM 曲线左移，直至 LM 曲线左移到 LM_3，使汇率恢复到资本加速流出前的汇率为止。此时，经济体的均衡点是 C 点。比较 A 点和 C 点可知，固定汇率下，资本加速流出使产出增加，从 Y_1 增加到 Y_3，消费增加，汇率不变，贸易余额不变。

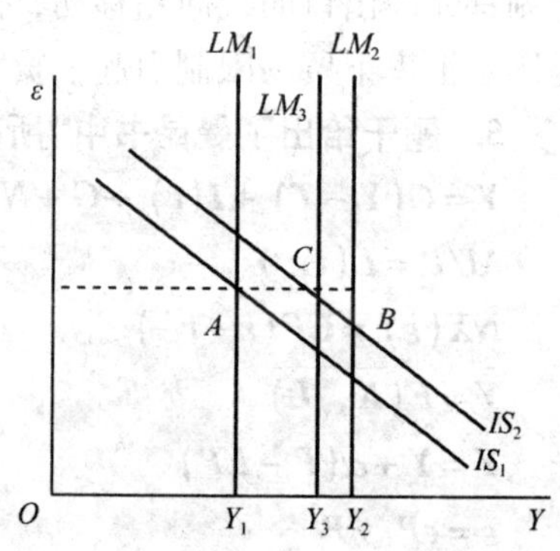

图 13－10　资本加速流出

②浮动汇率

如图 13－10 所示。假设经济体初始均衡点是 A 点。若资本加速流出，外汇市场上本币供给增加，本币贬值，在蒙代尔－弗莱明模型中，本币贬值相当于增加了货币供给，使 LM 曲线从 LM_1 右移至 LM_2；本币贬值，意味着本国产品的国际竞争力提高，外国产品的国际竞争力下降，有利于出口，不利于进口，贸易余额增加，使 IS 曲线由 IS_1 右移到 IS_2。此时，经济体的均衡点是 B 点。由于是浮动汇率制，货币当局没必要稳定汇率，B 点就是经济体的最终均衡点。比较 A 点和 B 点可知，浮动汇率下，资本加速流出使产出增加，从 Y_1 增加到 Y_2，消费增加，汇率下降，贸易余额增加。

综上所述，此时采取浮动汇率更好。因为根据三元悖论，若允许资本自由流动，固定汇率下货币政策失去了独立性，当经济均衡点为 B 点时，为稳定汇率，必须采取紧缩性货币政策，从而使国民收入减少了。

(4)若该大型经济体实行扩张性财政政策，会导致国内利率上升，产出增加，消费增加，资本净流出减少，外汇市场上本币供给减少，本币升值，汇率上升，贸易余额减少。

若该大国的利率影响世界利率，且小国实行盯住大国的固定汇率制，那么世界利率上升，小国本币贬值，汇率下降。由(3)可知，小国为稳定汇率，货币当局将减少货币供给，使汇率恢复到大型经济体实行扩张性财政政策前的汇率水平。因此，小国经济体产出减少，消费减少，汇率不变，贸易余额不变。

在小国经济发展的初期，实行固定汇率制较为有利。一方面，汇率具有相对稳定性，使进出口品的价格较为确定，使国际贸易成本计算和控制、国际债权债务的清偿都能比较稳定地进行，减少了汇率波动带来的风险。另一方面，汇率比较稳定，也在一定程度上抑制了外汇投机活动。

(5)①传统货币政策将难以奏效的原因

08 年金融危机后，美国的名义利率接近 0，传统货币政策难以奏效的原因是流动性陷阱。流动性陷阱具体是指当利率水平极低时，人们对货币需求趋于无限大，货币当局即使增加货币供给也不能降低利率，从而不能增加投资引诱的一种经济状态。当利率极低时，有价证券的价格会达到很高，人们为了避免因有价证券价格跌落而遭受损失，几乎每个人都宁愿持有现金而不愿持有有价证券，这意味着货币需求会变得完全有弹性，人们对货币的需求量趋于无限大，表现为流动偏好曲线或货币需求曲线的右端会变成水平线。在此情况下，货币供给的增加不会使利率下降，从而也就不会增加投资引诱和有效需求，当经济出现上述状态时，就称之为流动性陷阱。

②量化宽松政策的实行

量化宽松中的宽松指减轻银行资金压力，量化指创造指定金额的货币。其操作是：中央银行利用凭空创造出来的货币在公开市场购买政府债券，借钱给接受存款的机构，从银行购买资产，从而降低政府债券的收益率和银行同业隔夜拆借利率，使银行坐拥大量只能赚取极低利息的资产，央行期望银行会因此较愿意提供贷款以赚取回报，以缓解市场资金压力。

③量化宽松政策与传统货币政策在作用机制上的区别

本质上，量化宽松政策与传统货币政策都是通过市场化手段(利率)调节经济主体行为，以实现促进经济复苏的目标，其差别在于引导市场利率下降的手段不同，传统货币政策借助的是政策利率，量化宽松货币政策借助的是“非常规”货币政策工具。

(6)汇率超调指的是当商品价格在短期内存在粘性而汇率、利率作为资产价格可以自由调整时，为维持经济平衡，汇率在短期内的调整幅度超过长期水平的现象。如图 13－11 所示。

短期：在图 13－11(a) 中，t_0 时，货币供给由 M_{s0} 增加到 M_{s1}；在图 13－11(b) 中，t_0 时，由于商品市场上存在商品价格黏性，所以物价水平无法突变；在图 13－11(c) 中，t_0 时，由于货币供给增加，本国为了保证货币市场平衡，必然降低利率，使利率由 i_0 下降到了 i_1；在图 13－11(d) 中，t_0 时，利率下降导致本币贬值，在直接标价法下汇率上升，由 e_0 上升到了 e_1。

长期：随着时间的推移，在图 13－11(b) 中，商品市场上的价格得到了调整，由 P_0 逐渐上升到了 P_1；在图 13－11(c) 中，价格上升导致实际货币供给下降，利率上升，由 i_1 逐渐上升到了 i_0；在图 13－11(d) 中，利率上升导致本币升值，在直接标价法下汇率下降，由于物价水平已经上升，根据长期购买力平价方程，汇率也将上升，所以汇率不能由 e_1 下降到 e_0，而是由 e_1 下降到了 e^*。

综上所述，汇率在短期内的调整幅度超过长期的调整幅度，这就是汇率超调。

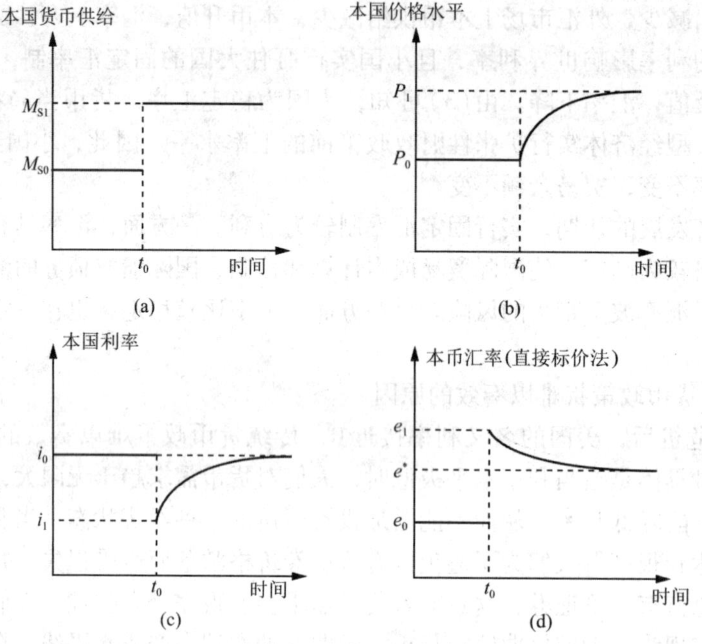

图 13－11　汇率超调

(7) ①金融系统不稳定对经济的影响

金融是当前经济的核心，金融系统不稳定意味着金融市场合理配置资源的功能不能正常发挥，从而会对经济造成损害。具体来说，金融不稳定主要是通过金融市场作用于实体经济，而宏观经济环境又通过一种特有的路径来制约产业经济的发展。金融不稳定对经济波动的影响有几个方面，一是对宏观经济总量的影响，二是对消费、投资、政府支出、净出口等经济各部门的影响。

②政府可采取的维护金融系统稳定性的措施

一般而言，金融稳定的政策工具主要有四类：a. 相对独立的政策工具，包括监测支付结算系统、宏观审慎分析、紧急流动性援助、危机协调管理四种手段；b. 借助货币政策工具来稳定金融体系，包括货币信贷政策、短期利率、公开市场操作、信息交流与窗口指导；c. 运用金融监管手段来维护金融体系稳定，包括审慎管制与审慎监管；d. 运用风险补偿制度来维护金融系统稳定。

③维护金融系统稳定需要全球合作

自20世纪90年代以来，经济和金融的全球化发展已经成为世界经济的主流。在经济一体化的同时，金融一体化也随之发展，使得世界各国之间经济波动和金融波动的传导速度有了很大提升，尤其是金融波动的传导速度大大提高了。以次债危机为例，次债危机从美国金融市场开始，逐渐转变为全球金融危机，给世界各国人民造成巨大的财产损失的同时，使各国经济陷入了困境，并成为随后发生的欧债危机的导火索。全球经济金融化使经济本身和金融之间的相互渗透、相互融合不断加深，各国之间的金融关系更加密切、更加微妙。随着经济金融全球化的发展，导致金融金融系统不稳定的因素也日趋复杂，所以国际金融组织部和各国政府都积极维护金融体系的稳定，维护金融系统稳定逐渐成为一个国际性客体。因此，维护金融系统稳定需要全球合作。

第十四章　消费与储蓄

一、名词解释

1. 生命周期假说(浙江大学2006研；中山大学2011研；华南理工大学2014研)

答：生命周期理论由莫迪利亚尼提出，这种理论认为，人的理性消费是为了一生的效用最大化，强调人们会在更长时间范围内计划他们的生活消费开支，以达到他们在整个生命周期内消费的最佳配置。按照该理论，消费不取决于现期收入，而主要取决于一生的收入。

按照分析，长期消费函数为：$C = YL \times WL/NL$，其中，WL 表示工作年限，NL 表示生活年数，YL 表示每年收入水平。可以看出，长期平均消费倾向 WL/NL 保持不变。短期消费函数为：

$$C = \frac{1}{NL - T} \cdot W_R + \frac{WL - T}{NL - T} \cdot YL$$

其中，T 表示某个时点，W_R 是财富水平。可以看出，短期平均消费倾向$(WL - T)/(NL - T)$下降。因此，生命周期理论解释了消费函数之谜，即为什么短期消费函数有正截距，长期消费函数过原点。

2. 永久性收入(浙江大学2004研)

答：按照持久性收入消费理论，消费与现期收入无关，而与“持久性收入”有关。也就是说，消费与持久性收入成比例，即：

$$C = cYP$$

式中，YP 表示持久性(可支配)收入，对应的长期边际消费倾向为 c。所谓持久性收入也称为永久性收入，是指消费者可以预计到的长期收入。持久性收入大致可以根据观察到的若干年收入的加权平均数计得，距现在的时间越近，权数越大；反之，则越小。因此，假设只考虑两期，则持久性收入可表示为：

$$YP = \theta Y + (1 - \theta) Y_{-1}$$

其中，θ 为权数，Y 和 Y_{-1} 分别表示当前收入和过去收入。将上式代入 $C = cYP$ 可得：

$$C = c\theta Y + c(1 - \theta) Y_{-1}$$

可得短期边际消费倾向为 $c(1-\theta)$，长期边际消费倾向大于短期边际消费倾向。得出的结论是：暂时性收入变化对消费没有实质性影响，只有持久性收入变化才对消费有实质性影响。另外，暂时性税收变化对消费没有实质性影响，只有持久性税收政策调整才对消费有实质性影响。

3. 李嘉图等价(中山大学2005、2010研；对外经济贸易大学2015研)

答：李嘉图等价是英国经济学家李嘉图提出，并由新古典主义学者巴罗根据理性预期重新进行论述的一种理论。该理论认为，在政府支出一定的情况下，政府采取征税或发行公债来为政府筹措资金，其效应是相同的。该定理若成立，须具备许多前提条件：①无论是用税收还是用公债融资，初始时期的政府支出不变；②初始时期发行的公债必须用以后时期课征的税收收入偿还；③资本市场是完全的，即不存在流动性约束，而且个人与政府的借贷利率是相同的；④个人对现在和将来的收入具有理性预期；⑤个人作为现行纳税人和将来的潜在纳税人，其行为就好像能永远生存下去一样；⑥个人能完全预见包含在公债发行中的将来时期的纳税义务；⑦征收的是总税额，并且减税及税负下降是均等地落在每一个消费者身上，每个消费者具有相同的边际消费倾向；⑧公债持有者的数额与未来纳税额的负担是对称的。根据这一定理，政府因减税措施而增发的公债会被人们作为未来潜在的税收考虑到整个预算约束中去，在不存在流动性约束的情况下，公债和潜在税收的现值是相等的。这样，变化前后两种预算约束本质上是一致的，从而不会影响人们的消费和投资。该理论反击了凯恩斯主义所提出的公债是非中性的，即对宏观经济是有益处的观点。但实际上，该定理成立前提条件太苛刻，现实经济很难满足。

4. 消费之谜(中央财经大学 2017 研)

答：消费之谜又称凯恩斯－库兹涅茨悖论，是指一种现象：平均消费倾向在长期不变，在短期递减；长期边际消费倾向大于短期边际消费倾向。凯恩斯绝对收入假说得出的线性消费函数($C=a+bY_d$)在短期内得到现实的验证。但是，在 1942 年美国经济学家西蒙·库兹涅茨针对凯恩斯提出的消费倾向递减理论，对 1869～1938 年的资料进行回归分析时发现，消费函数表达式应为 $C=bY_d$，即在长期内，自发性消费为零；任何收入水平上边际消费倾向与平均消费倾向相等。同时他指出，凯恩斯理论和统计数据相矛盾：在美国尽管个人收入有很大增长，但国民收入中的储蓄份额并无长期上升现象。

二、简答题

1. 根据储蓄与消费的生命周期模型，请解释为什么健全的社会保障体系会使人们的消费倾向更加稳定？(南开大学 2010 研)

答：生命周期消费理论强调人们会在更长时间范围内计划他们的生活消费开支，以达到他们在整个生命周期内消费的最佳配置。与绝对收入假说不同的是，生命周期消费理论认为消费不只同现期收入相联系，而是以一生或永久的收入作为消费决策的依据。

按照生命周期消费理论的观点，由于人们追求稳定的生活方式，从而在人的一生中消费倾向是不稳定的。具体而言，年轻时和年老时，消费倾向较高；壮年时和中年时，消费倾向较低。

一个社会中，当社会保障体系健全，即更多的人可以享受养老金待遇时，人们就会减少他在工作期的储蓄，增加消费。这样，就不会出现中年时增加储蓄、减少消费，存钱防老的状况，人们的平均消费水平就会提高，人们一生的消费倾向将变得更加稳定。相反，如果社会保障体系不健全，人们就会为了保障以后的生活质量不下降而减少当期的消费来增加储蓄，从而平均消费倾向就会降低，人们的消费倾向就会因为没有保障而变得不稳定。

2. 什么是储蓄？影响储蓄的因素是什么？根据国民收入决定理论和经济增长理论，试分析一国的储蓄水平高低对宏观经济的短期和长期影响。(对外经济贸易大学 2004 博)

答：(1)储蓄是指将一部分不用于当前消费的收入存储和积蓄起来的行为及其相应的金额。支配人们将收入用于储蓄而不是用于当前消费的动机，称为“储蓄动机”。按照储蓄动机，可以把储蓄分为以下几类：①为了实现均匀消费的生命周期性储蓄；②为了给后代留下遗产的遗产性储蓄；③为了应付生活中的意外变故和事件的谨慎性储蓄(这类储蓄通常与保险购买行为联系在一起)；④为了应付个人收入的不确定变化的持久性储蓄；⑤为了实现大宗消费购买或支出目标(如购车、购房、子女教育等)而进行的目标性储蓄；⑥为了个人或家庭进行创业、兴办经济实体，或购买证券和基金而进行的投资性储蓄。

(2)影响储蓄水平高低的两个主要因素是收入水平和储蓄倾向。若储蓄倾向不变，个人收入水平越高，则储蓄水平也越高；若收入水平不变，储蓄倾向越高，则储蓄水平也越高。

影响储蓄的收入形式可以是绝对收入、相对收入、持久性收入和生命周期收入。影响个人储蓄倾向的因素主要有利率水平、利息税、消费方式、未来支出预期、资产选择机会等。

(3)一国储蓄水平的高低对宏观经济有着重要的影响。

在短期内，一国储蓄率水平的提高会导致一国消费水平的下降。在一定条件下，会导致节俭悖论。所谓的节俭悖论就是指增加储蓄的行为反而导致储蓄的减少的情况。节俭悖论发生的条件是总供给过剩，总需求不足，均衡国民收入由总需求单方面决定。这是储蓄增加必然要减少消费支出，也就是减少了总需求，从而减少均衡国民收入。

在长期内，一国较高的储蓄水平，将增加一国的资本存量，根据索洛模型，一国资本存量的提高，将导致稳态人均产出的提高。储蓄水平的高低在长期将决定着一国福利水平。但是，一国过高的储蓄水平也会导致人均资本存量高于黄金律的资本存量，导致经济动态无效率。

3. 依据生命周期消费理论分析临时性减税的效果。(华南理工大学 2016 研)

答：(1)生命周期理论

生命周期理论即生命周期假说，是由美国经济学家 F·莫迪利亚尼、R·布伦伯格和 A·安东提出的一种消费函数理论。它指出，在人一生中的各个阶段，个人消费占其一生收入现值的比例是固定的。消费不取决于现期收入，而主要取决于一生的收入。生命周期假说的消费函数可以表示为：$C=bY_L+\sigma W_R$。其中，C 代表消费，b 代表劳动收入的边际消费倾向，Y_L 代表劳动收入，σ 代表实际财产的边际消费倾向，W_R 代表实际财产。生命周期假说认为，理性人根据自己一生的收入和财产来安排自己一生的消费并保证每年的消费水平保持在一定水平。人们在一生中的消费规律是：青年时以未来收入换取借款，中年时或清偿早期债务或储蓄防老，老年人逐日消耗一生积蓄。一般而言，中年人具有较高水平的收入，青年人和老年人收入水平较低。所以，中年人具有较低的平均消费倾向，青年人和老年人具有较高的平均消费倾向。但终其一生，个人具有相对稳定的长期平均消费倾向。这就很好地解释了消费函数在长期和短期中的不同形式。

(2)生命周期理论下临时减税的效果

政府临时减税只会导致消费者当前收入的暂时增加，而对整个生命周期内的收入影响是很小的。根据生命周期理论，个人消费占其一生收入现值的比例是固定的。消费不取决于现期收入，而主要取决于一生的收入。当政府想用税收政策影响消费时，如果减税或增税只是临时性的，则消费者并不会受到很大影响，只有永久性税收变动，政策才会有明显效果。因为人们可能会预期此次的减税只是为了以后更大力度的增税，人们在不确定减税政策是否是永久性时，是不会轻易消费的，只有被证明了的永久性的减税政策才会增加居民消费。

4. 假设某国经济陷入衰退，政府决定从 2014 年开始之后的十年内减税 2 万亿，但是这个减税不是平滑实行的，而是在 2014 年和 2015 年少量减税，之后增加：

(1)一些评论者使用的是凯恩斯的消费函数，认为这种政策对经济衰退不起作用，为什么？

(2)一些评论者使用消费的永久收入理论，认为政府在 2014 年和 2015 年减税是有作用的，为什么？

(3)如果人们接受永久收入理论，但是存在借贷约束，这会如何影响上一问的结论？(中国人民大学 2015 研)

答：(1)根据凯恩斯消费理论，边际消费倾向介于 0 和 1 之间，这意味着人们不会把所有的收入进行消费，而是拿出收入中的一部分进行消费，另一部分进行储蓄；平均消费倾向随收入的增加而下降，平均消费倾向等于消费与收入之比。凯恩斯认为，储蓄是奢侈品，因此富人中用于储蓄的比例要高于穷人；他还认为收入是消费的主要决定因素，消费函数为 $c=\alpha+\beta(y-t)$，其中 α 为必不可少的自发消费部分，即收入为 0 时举债或动用过去的储蓄也必须要有的基本生活消费；β 为边际消费倾向，且 $0<\beta<1$；β 和 $(y-t)$ 的乘积表示收入引致的消费，消费取决于人们的现期可支配收入。由于 2014 年和 2015 年少量减税，该项政策带来的收入增加效果甚微，增加的收入中还有一部分用于储蓄。因而对经济衰退不起作用。

(2)根据永久收入理论，把现期收入 Y 视为永久收入 Y^P 与暂时收入 Y^T 之和，即 $Y=Y^P+Y^T$。永久收入是人们预期持续到未来的那一部分收入；暂时收入是人们预期不能持续的那一部分收入。消费者的消费支出主要不是由他的现期收入决定，而是由他的永久收入决定的。永久收入是指消费者可以预计到的长期收入。因为政府决定从 2014 年开始之后的十年内减税 2 万亿，即使减税不是平滑实行的，消费者预期自己的永久收入会增加，而永久收入的边际消费倾向很大，甚至接近于 1，所以该政策会使消费上升，从而使经济复苏。

(3)存在借贷约束情况下，该种减税政策对减轻经济衰退效果不大，原因如下：①存在借贷约束时，即使消费者预期在长期收入会增长，也无法在当期通过增加借贷来增加消费。②2014 年和 2015 年减税很少，短期内实际收入增加就很少，消费增加很小，总需求的增加很小。

5. 试论述凯恩斯消费函数的特征以及缺陷。(南开大学 2014 研)

答：消费函数是指消费与收入的关系。关于收入和消费的关系，凯恩斯认为，存在一条基本心理规律：随着收入的增加，消费也会增加，但是消费的增加不及收入增加多。凯恩斯消费函数又被直接称为消费倾向，凯恩斯消费函数用公式可以表示为：$c=c(y)$。凯恩斯消费曲线如图 14－1 所示。

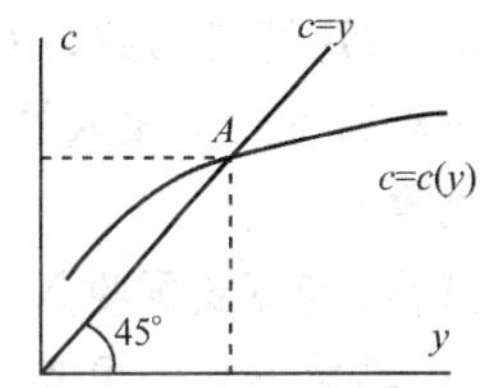

图 14－1　凯恩斯消费曲线

(1)凯恩斯消费函数的特征

①边际消费倾向递减。边际消费倾向是指每增减一元国民收入所引起的消费变化，用公式表示为：$MPC=\Delta c/\Delta y$ 或 $\beta=\Delta c/\Delta y$。

在图 14－1 中，消费曲线上任一点的斜率，都是与这一点相对应的边际消费倾向。随着消费曲线向右延伸，曲线上各点的斜率越来越小，说明边际消费倾向递减。

②平均消费倾向递减。平均消费倾向指任一收入水平上消费支出在收入中的比率，平均消费倾向的公式是：$APC=c/y$。

在图 14－1 中，消费曲线上任一点与原点相连而成的射线的斜率，是与这一点相对应的平均消费倾向。随着这条曲线向右延伸，曲线上各点与原点的连线的斜率越来越小，说明平均消费倾向也递减。

③平均消费倾向始终大于边际消费倾向。由于消费增量只是收入增量的一部分，因此边际消费倾向总大于零而小于 1，但平均消费倾向则可能大于、等于或小于 1，因为消费可能大于、等于或小于收入。

④消费取决于当期的收入水平，现期收入是消费的决定性因素。

(2)凯恩斯消费函数的缺陷

凯恩斯消费函数的缺陷体现在以下两个方面：

①简单的凯恩斯消费函数仅仅考虑了最直观的短期情况，忽略了消费也要有长期考虑，

也忽视了不同社会收入层次对总体消费的影响，以及社会消费与居民消费、企业消费、政府消费的情况。

②凯恩斯的消费倾向概念强调消费者的心理因素，有一定的道理，但太笼统，忽视了它在不同层次中的作用。

三、计算题

1. 某人 20 岁开始工作，60 岁退休，估计可以活到 80 岁，假定生命由 20 岁开始算起，按照生命周期理论：

(1) 不考虑财富因素，写出此人工作期间的消费函数。

(2) 如果人口增长率为零，人口构成是均匀的，那么国家的总储蓄率是多少？（中山大学 2001 研）

解：(1) 假设此人在工作期间每年的收入为 YL，工作后每年的消费为 C，则此人一生的收入为 $(60-20)\times YL$，其工作后的总消费为 $(80-20)\times C$，根据生命周期理论，在不考虑财富因素的情况下，有：

$$(80-20)\times C=(60-20)\times YL$$

所以消费函数为：$C=\frac{2}{3}YL$。

(2) 根据生命周期理论，在人口不增长且人口构成均匀的情况下，任一时刻工作人员的储蓄恰好被退休人员的负储蓄所抵消，所以国家的总储蓄率为零。

2. 假定消费函数为 $C=400+0.8Y$，其中 Y 为持久可支配收入，假定消费者按照本年和上一年的可支配收入的简单平均来估计他的持久可支配收入，即 $Y=0.5(Y_1+Y_0)$，Y_1 为可支配收入。

(1) 假定可支配收入第一年为 5000 元，第二年为 6000 元，第二年消费是多少？

(2) 若第三年的可支配收入为 7000 元，而且预计以后都是 7000 元不变，第三年的消费是多少？

(3) 第三年的当前边际消费倾向和长期边际消费倾向各是多少？（中山大学 2002 研）

解：(1) 由 $Y_0=5000$，$Y_1=6000$ 可得：

$$Y=0.5(Y_1+Y_0)=0.5\times(5000+6000)=5500$$

根据 $C=400+0.8Y$ 可知：

$$C=400+0.8\times 5500=4800$$

由此可知，第二年的消费为 4800 元。

(2) 由 $Y_0=6000$，$Y_1=7000$ 可得：

$$Y=0.5(Y_1+Y_0)=0.5\times(6000+7000)=6500$$

根据 $C=400+0.8Y$ 可知：

$$C=400+0.8\times 6500=5600$$

由此可知，第三年的消费为 5600 元。

(3) 第三年的当前边际消费倾向即短期边际消费倾向为 $0.8\times 0.5=0.4$，长期边际消费倾向为 0.8。可以看出，长期边际消费倾向大于短期边际消费倾向。

3. 生命周期假说。假设小张从 0 岁开始工作，20 岁退休，40 岁去世。工作时年收入为 10000 元，0 岁时的财富 $W_0=0$。

(1) 求小张 0 岁时的财富边际消费倾向与收入边际消费倾向。

(2)求小张 10 岁时的财富边际消费倾向与收入边际消费倾向。

(3)分别计算小张 10 岁、20 岁时的平均消费倾向，并分析这一结果能否解释库兹涅茨消费函数之谜？(南开大学 2017 研)

解：(1)财富的边际消费倾向是每增加 1 单位实际财富会导致消费的增量，收入的边际消费倾向是每增加 1 单位劳动收入会导致消费的增量。小张从 0 岁开始工作，20 岁退休，40 岁去世，则他工作 20 年，年收入 10000 元，0 岁时的财富为 0，那么他一生的总财富为 200000 元，一共存活 40 年，那么每年的消费额是 200000/40 = 5000 元。

小张在 0 岁时剩余的生命时长 $n_0=40$ 年，剩余的工作时长 $w_0=20$ 年，财富 $W_0=0$，因此年消费额：

$$C_0=\frac{W_0}{n_0}+\frac{w_0Y_L}{n_0}=\frac{0}{40}+\frac{20\times10000}{40}=5000\text{ 元}$$

那么，财富的边际消费倾向：$\mathrm{d}C_0/\mathrm{d}W_0=1/n_0=1/40$。

收入的边际消费倾向：$\mathrm{d}C_0/\mathrm{d}Y_L=w_0/n_0=20/40=1/2$。

(2)小张每年收入 10000 元，消费 5000 元，储蓄 5000 元，所以第十年的财富 $W_{10}=50000$ 元，那么小张在 10 岁时剩余的生命时长 $n_{10}=30$ 年，剩余的工作时长 $w_{10}=10$ 年，财富 $W_{10}=50000$，因此年消费额：

$$C_{10}=\frac{W_{10}}{n_{10}}+\frac{w_{10}Y_L}{n_{10}}=\frac{50000}{30}+\frac{10\times10000}{30}=5000\text{ 元}$$

那么，财富的边际消费倾向：$\mathrm{d}C_{10}/\mathrm{d}W_{10}=1/n_{10}=1/30$。

收入的边际消费倾向：$\mathrm{d}C_{10}/\mathrm{d}Y_L=w_{10}/n_{10}=10/30=1/3$。

(3)首先计算短期中的平均消费倾向。小张 10 岁时，年消费额为 5000 元，年劳动收入为 10000 元，因此平均消费倾向 $=C/Y=1/2$；小张 20 岁时，易算出其年消费额也为 5000 元，年劳动收入为 10000 元，因此平均消费倾向 $=C/Y=1/2$。如果小张的年劳动收入发生某一增量 ΔY_L，由(2)可见收入的边际消费倾向总是小于 1/2，那么消费的增加比例小于收入的增加比例，因此平均消费倾向会下降。

接下来计算长期中的平均消费倾向。小张 10 岁时，一共消费 50000 元，前十年总收入 100000 元，所以前 10 年的平均消费倾向是 1/2；20 岁时，小张一共消费 100000 元，总收入 200000 元，所以前 20 年的平均消费倾向是 1/2。即使小张的年劳动收入发生某一增量 ΔY_L，可以算出长期中消费会按同比例变化，因此长期中的平均消费倾向还会是 1/2。

库兹涅茨消费函数之谜具体表现为平均消费倾向在长期不随收入变化，在短期随收入增加而下降，因此这一结果能解释库兹涅茨消费函数之谜。

四、论述题

1. 一个消费者生存两期，$t=1$，2。在 $t=1$ 时，他持有初始财富为 A，期间收入 Y_1；在 $t=2$ 时，收入为 Y_2。消费者的财富和收入可以用来消费(以 C 代表)或储蓄，储蓄利率为 r。假定消费者的效用函数是自然对数形式：$U(C_t)=\ln C_t$。消费者的目标是最大化两期消费的加权效用($0<\rho<1$)：$U(C_1)+\dfrac{U(C_2)}{1+\rho}$。

(1)如果消费者可以以 r 的利率自由借入或借出资金，①写出消费者的预算约束；②求出消费者的最优消费计划。

(2)如果消费者不能借入或借出资金，消费者的最优消费计划是什么？

(3)由以上结果讨论弗里德曼永久收入理论和凯恩斯即期消费理论的联系。（中山大学2005研）

答：(1)如果消费者可以以 r 的利率自由借入或借出资金，则消费者的预算约束为 $C_1+\frac{C_2}{1+r}=A+Y_1+\frac{Y_2}{1+r}$，该消费者的目标是最大化 $U(C_1)+\frac{U(C_2)}{1+\rho}$，即：

$$\max U(C_1)+\frac{U(C_2)}{1+\rho}$$

$$s.t.\quad C_1+\frac{C_2}{1+r}=A+Y_1+\frac{Y_2}{1+r}$$

构造拉格朗日辅助函数：$L=U(C_1)+\frac{U(C_2)}{1+\rho}-\lambda\left(C_1+\frac{C_2}{1+r}-A-Y_1-\frac{Y_2}{1+r}\right)$

效用最大化的一阶条件为：

$$\frac{\partial L}{\partial C_1}=\frac{1}{C_1}-\lambda=0$$

$$\frac{\partial L}{\partial C_2}=\frac{1}{C_2(1+\rho)}-\frac{\lambda}{1+r}=0$$

于是最优消费比例 $\frac{C_1^*}{C_2^*}=\frac{1+\rho}{1+r}$，代入预算约束方程，求出消费者的最优消费计划为：

$$C_1^*=\left(A+Y_1+\frac{Y_2}{1+r}\right)\frac{1+\rho}{2+\rho},\ C_2^*=\left(A+Y_1+\frac{Y_2}{1+r}\right)\frac{1+r}{2+\rho}$$

(2)如果消费者不能借入或借出资金，意味着 $r=0$，消费者只能通过不生利息的储蓄来进行跨期消费。他在时期1最多只能花费 $A+Y_1$，因此这种情况下的预算约束变为：

$$C_1+C_2=A+Y_1+Y_2(\ C_1\leqslant A+Y_1)$$

重新计算消费者的最优消费计划为：

$$C_1^{**}=(A+Y_1+Y_2)\frac{1+\rho}{2+\rho},\ C_2^{**}=\frac{A+Y_1+Y_2}{2+\rho}$$

但要求 $C_1^{**}=(A+Y_1+Y_2)\frac{1+\rho}{2+\rho}\leqslant A+Y_1$，即 $Y_2(1+\rho)\leqslant A+Y_1$

如果 $Y_2(1+\rho)>A+Y_1$，则最优消费计划只能为 $C_1^{**}=A+Y_1$，$C_2^{**}=Y_2$。

(3)①弗里德曼永久收入理论认为消费者的消费支出主要不是由他的现期收入决定的，而是由他的永久收入决定的。所谓永久收入是指消费者可以预计到的长期收入。一次性暂时收入变化引起的消费支出变动甚小，即其边际消费倾向很低，甚至近于零，但来自永久收入变动的消费倾向很大，甚至接近于1，如题(1)所示。存在流动性约束或者消费者缺乏足够的远见会导致永久收入假说不成立，如题(2)所示。

②凯恩斯的即期消费理论认为消费是收入的稳定函数，其他条件不变的情况下消费随收入的增加而增加，随收入的减少而减少，边际消费倾向在0与1之间。如题(2)中 $Y_2(1+\rho)>A+Y_1$ 情况下所示。

2. 库兹涅茨对凯恩斯消费函数进行检验时发现了问题，提出了消费函数之谜，请论述莫迪利亚尼的生命周期假说和弗里德曼的永久收入假说分别是如何对消费函数之谜进行解释的？（中央财经大学2016研；南开大学2017研）

答：(1)凯恩斯消费函数与消费函数之谜

影响消费的因素很多，如收入水平、商品价格水平、利率水平、收入分配状况、消费者偏好、家庭财产状况、消费信贷状况、消费者年龄构成、社会保障制度、风俗习惯等等。凯恩斯认为，这些因素中有决定意义的是收入。为此，可从诸多因素中抽出这一因素单独分析。

关于收入和消费的关系，凯恩斯认为，存在一条基本心理规律：随着收入的增加，消费也会增加，但是消费的增加不及收入增加多，消费和收入的这种关系称作消费函数或消费倾向。

凯恩斯在讨论消费函数的时候作出了三个猜测：①边际消费倾向在0～1之间；②平均消费倾向随收入的增加而下降；③收入是决定消费的主要因素，利率对消费影响不大。根据这三个猜测，凯恩斯主义的消费函数通常写为：$C = C_0 + cY(0 < c < 1)$。C为消费，Y为可支配收入，C_0为正常数，边际消费倾向c在0～1之间，平均消费倾向$APC = C/Y$随Y增加而递减。

二战后的经验表明，凯恩斯关于平均消费倾向随收入的增加而下降的猜测与现实情况不完全吻合。库兹涅茨发现从一个十年到另一个十年，消费与收入之比十分稳定。这也就是说，短期来看消费函数拥有下降的平均消费倾向，而长期来看消费函数拥有不变的平均消费倾向。经济学家需要解释长期消费函数和短期消费函数之间的这种差异如何相互一致。

(2)生命周期假说与消费函数之谜

生命周期假说是由美国经济学家F·莫迪利亚尼、R·布伦伯格和A·安东提出的一种消费函数理论，强调人们会在更长时间范围内计划他们的生活消费开支，以达到他们在整个生命周期内消费的最佳配置。它指出，在人一生中的各个阶段，个人消费占其一生收入现值的比例是固定的。消费不取决于现期收入，而主要取决于一生的收入。生命周期假说的消费函数可以表示为：$C = bY_L + \sigma W_R$。其中，C代表消费，b代表劳动收入的边际消费倾向，Y_L代表劳动收入，σ代表实际财产的边际消费倾向，W_R代表实际财产。那么平均消费倾向$APC = C/Y_L = \sigma W_R/Y_L + b$。

可以看到，对于任何一个给定的财富水平W_R，生命周期函数看起来都像凯恩斯主义的消费函数一样。短期中，财富水平W_R是近乎不变的，因此APC是随收入Y_L增加而下降；长期中，财富水平W_R会随收入Y_L同比例增长，因此APC不随收入Y_L改变。

生命周期模型还做了其他讨论，如平滑消费理念、消费与储蓄在人一生中的安排情况等。生命周期假说认为，理性人根据自己一生的收入和财产来安排自己一生的消费并保证每年的消费水平保持在一定水平。人们在一生中的消费规律是：青年时以未来收入换取借款，中年时或清偿早期债务或储蓄防老，老年人逐日消耗一生积蓄。一般而言，中年人具有较高水平的收入，青年人和老年人收入水平较低。所以，中年人具有较低的平均消费倾向，青年人和老年人具有较高的平均消费倾向。但终其一生，个人具有相对稳定的长期平均消费倾向。这也就解释了消费函数在长期和短期中的不同形式。

(3)永久收入假说与消费函数之谜

永久收入假说是由美国著名经济学家弗里德曼提出来的。该假说认为，人的收入会有暂时性的变动，现期收入可以分为永久性收入和暂时性收入两部分：$Y = Y^P + Y^T$。其中Y为现期收入；Y^P为永久性收入，指收入中人们预期会持续到未来的那一部分；Y^T为暂时性收入，指人们并不预期可以持续的那一部分。

弗里德曼认为消费者的消费支出不是由他的现期收入决定的，而是由他的永久收入决定的，即 $C=\alpha Y^{P}$。那么平均消费倾向 $APC=C/Y=\alpha Y^{P}/(Y^{P}+Y^{T})$。

可以看到，现期收入 Y 暂时高于永久性收入 Y^{P} 时，APC 会暂时下降，反之暂时上升。短期中，收入波动是由暂时收入决定的，因此高收入的年份是 Y 高于 Y^{P} 的年份，APC 会下降；长期中，收入波动是由永久性收入决定的，因此 APC 不变。这样就解释了消费函数之谜。

永久收入假说能给政策制定带来一些启示。按照永久收入假说，凯恩斯提出的边际消费倾向递减的"规律性"便不一定存在，因为人们一旦愿意预支未来收入作为现期消费支出，消费倾向就会发生不规则的变化，而不一定是递减的。所以，政府如果以此"规律"为根据，用刺激需求的办法来刺激消费则很可能会带来滞胀的恶果。

第十五章　投资支出

一、名词解释

1．存货投资（中央财经大学2005研复试）

答：存货投资指产量超过实际销售量时发生的存货积累，以及为保持生产连续性而准备的各种原材料等。

存货投资分为合意的存货投资和非合意的存货投资。为确保生产顺利进行所持有的最低限度的原材料，为保证产品供应的连续性而持有的合适的产品，都属于合意的存货投资的范畴。合意的存货水平可以用存货—销售比率来衡量，与产品生产速度、定货到来的快慢成正比，与利率水平成反比，与销售水平和社会需求的不确定性成正比。如果实际存货超过了合意存货，超过的部分便被称为非合意存货。存货投资往往无法预料，它在产量和不确定的销售量之间起缓冲的作用。

存货投资水平的变动与经济周期有关，二战以来的历次经济衰退被认为是公司存货普遍减少的结果。

2．资本存量调整的可变加速模型（中山大学2007研）

答：资本存量调整的可变加速模型是投资理论中的一种，其基本观点是现有资本存量与合意资本存量之间的差距越大，企业投资速度就越快。

根据可变加速模型，企业在每一时期都打算填补合意资本存量与实际资本存量之间 λ 部分的差距，以便使当前时期结束时的实际资本存量 K 成为 $K_0=K_{-1}+\lambda(K^*-K_{-1})$，其中上期结束时的资本存量表示为 K_{-1}，合意资本存量与实际资本存量之间的差距为 (K^*-K_{-1})，资本存量调整速度为 λ。

根据上述方程，净投资逐渐调整的表达式为：

$$I=K_0-K_{-1}=\lambda(K^*-K_{-1})$$

上述净投资公式表明，当前投资支出取决于合意资本存量 K^* 与上期实际资本存量 K_{-1} 两者之差，二者之间的差额越大，企业投资速度越快。

3．投资的托宾 q 值（中央财经大学2016研；对外经济贸易大学2018研）

答：投资的托宾 q 值是股票市场对企业资产相对于生产这些资产的成本进行的价值估算，q 的最简单形式是企业的市场价值与资本重置成本之比。当 $q>1$ 时，即企业资产的市场价值大于企业资产的重置成本时，企业就有扩张的愿望，企业就应该增加实物资本。企业资产市场价值的提高（如股票价格的上涨）意味着 q 值的上升，q 越大，企业扩张的激励就越大，企业投资扩张的速度通常就越快。

二、计算题

企业的最优化问题：$\max\pi(K)=PY-C-T$，约束条件：$Y=AK^aL^{1-a}$，$C=rK+wL$，L 恒等于1（劳动正规化为1）。其中：Y 为总产出，C 为总成本，T 为税收，P 为外生价格，r 为利率，w 为工资率。问：

（1）最优资本存量 K^* 为多少？利率和价格上升对 K^* 有什么影响？

(2) 如果税收 T 为定值，这时 K^* 为多少？如果 T 为资本存量的比例税 $T=tK$，K^* 为多少？如果以同样税率 t 对总收入 PY 征收从量税，K^* 为多少？

(3) 当 $0<r<1$，$0<t<1$ 时，比较第(2)题的三个 K^*，政府税收对企业投资有何影响？哪种征税方式影响最大？用一句话概括税收影响投资的关键。（中央财经大学 2011 研复试）

解：(1)把等式约束条件以及 $L=1$ 代入目标函数，得：

$$\pi(K)=PY-C-T=PAK^a-rK-w-T$$

根据利润最大化的一阶条件，得：

$$aPAK^{a-1}-r-T'=0$$

由此得最优资本存量 K^* 为：

$$K^*=\left(\frac{r+T'}{aAP}\right)^{\frac{1}{a-1}}=\left(\frac{aAP}{r+T'}\right)^{\frac{1}{1-a}}$$

因为 $0<a<1$，所以 $\frac{1}{1-a}>1$，利率 r 上升时 K^* 会下降，而价格上升时 K^* 会增加。

(2)如果税收 T 为定值，这时 $T'=0$，最优资本存量 K^* 为：

$$K_1^*=\left(\frac{aAP}{r}\right)^{\frac{1}{1-a}}$$

如果 T 为资本存量的比例税 $T=tK$，这时 $T'=t$，最优资本存量 K^* 为：

$$K_2^*=\left(\frac{aAP}{r+t}\right)^{\frac{1}{1-a}}$$

如果以同样税率 t 对总收入 PY 征收从量税，此时利润函数为：

$$\pi(K)=PY-C-T=PAK^a-rK-w-tPY=PAK^a-rK-w-tPAK^a=PA(1-t)K^a-rK-w$$

根据利润最大化的一阶条件，得：

$$aPA(1-t)K^{a-1}-r=0$$

由此得最优资本存量 K^* 为：

$$K_3^*=\left[\frac{r}{aAP(1-t)}\right]^{\frac{1}{a-1}}=\left[\frac{aAP(1-t)}{r}\right]^{\frac{1}{1-a}}$$

(3)当 $0<r<1$，$0<t<1$ 时，比较第(2)题的三个 K^*，发现 $K_2^*<K_1^*$ 和 $K_3^*<K_1^*$，可见政府税收为定值的时候对企业投资影响最小，而其他征税方式都将使得最优资本存量下降。

第十六章　货币需求

一、名词解释

1. 广义货币(浙江大学 2004 研)

答： 广义货币和狭义货币相对应，是货币供给的一种形式或口径，以 M_2 来表示，其计算方法是交易货币(M_1，即社会流通货币总量加上活期存款)以及定期存款与储蓄存款。

但由于历史原因，在不同国家其统计口径及表示方法会有所不同。例如，在美国的经济统计中，常常以 M_3 表示广义货币；而在英国，则以 M_4 表示。

2. 鲍莫尔－托宾的平方根公式(中山大学 2007 研)

答： 鲍莫尔－托宾模型在 20 世纪 50 年代由经济学家威廉·鲍莫尔和詹姆斯·托宾提出，是对凯恩斯交易动机的货币需求理论的发展。根据凯恩斯的理论，交易动机的货币需求只是收入的函数，而与利率无关。鲍莫尔和托宾通过分析发现，即使是交易动机的货币需求，也同样是利率的函数，而且同样是利率的减函数。

鲍莫尔－托宾模型分析持有货币的成本与收益。持有货币的收益是方便进行交易，成本是放弃把货币存在银行里所得到的利息。它描述了个人对货币资产的需求，正向地取决于支出而反向地取决于利率。

到银行提款的人所承担的总成本是放弃的利息和去银行的成本，即总成本＝放弃的利息＋去银行的成本＝$\frac{iY}{2n}+n\times tc$，其中，Y 是一年中的实际支出，n 是去银行的次数，tc 是每次去银行的固定成本，i 是利率，$\frac{Y}{2n}$表示持有的平均货币量。通过求总成本的最小化，则得到最优的交易次数，即有：$n^*=\sqrt{\frac{iY}{2tc}}$，对应地，平均货币持有量＝$\frac{Y}{2n^*}=\sqrt{\frac{tcY}{2i}}$。其中，$n^*$ 是最优交易次数。鲍莫尔－托宾的平方根公式表明，个人持有的实际余额存量将与利率成反方向变动，但随实际收入水平和交易成本的增加而增加。

3. 货币幻觉(对外经济贸易大学 2014 研)

答： 货币幻觉指各种经济行为主体只看到经济变量名义值变化，而没有看到经济变量实际值变化的现象。就消费支出来说，货币幻觉有两种形式。假设价格水平和名义收入水平同比例增加，第一种货币幻觉指只看到名义收入增加，而没有看到价格水平增加，因而他们以为自己的实际收入增加了，从而实际消费支出增加；第二种货币幻觉指只看到价格上升，而没有看到名义收入增加，因而他们以为自己的实际收入下降了，则实际消费支出减少了。

但是，在没有货币幻觉的情况下，实际消费支出应该不变。这两种货币幻觉都存在，可能相互抵消，也可能某种货币幻觉占主导地位。

4. 货币数量方程(华南理工大学 2014 研)

答： 货币数量论是一种用流通中的货币数量的变动来说明商品价格变动的货币理论。该理论认为：假定其他因素不变，商品价格水平涨落与货币数量成正比，货币价值的高低与货币数量的多少成反比。

货币数量论用数量方程式作为分析工具。数量方程式：$MV=PT$，式中，M 为流通中的货币数量，V 为货币的流通速度，P 为一般物价水平，T 为社会总交易额。如果用 Y 表示实际 GDP，则 PY 是名义 GDP，那么数量方程式变成 $MV=PY$。

货币数量论假设：货币流通速度 V 不变，那么货币数量 M 的变动必然引起名义 GDP 的同比例变动。货币数量论进一步认为生产要素和生产函数共同决定实际 GDP，这样货币数量论意味着，物价水平和货币供给同比例变动，也即货币增长率决定通货膨胀率。

5. 货币需求的流动性偏好理论（中央财经大学 2016 研）

答：流动性偏好又称灵活偏好，是指人们为应付日常开支、意外支出和进行投机活动而愿意持有现金的一种心理偏好。货币需求的流动性偏好理论由英国著名经济学家约翰·梅纳德·凯恩斯（J·M·Keynes）于 1936 年在《就业、利息和货币通论》中提出。它根源于交易动机、预防动机和投机动机。交易动机是为了日常交易而产生的持有货币的愿望，预防动机是为了应付紧急情况而产生的持有货币的愿望。满足交易动机和预防动机的货币需求数量取决于国民收入水平的高低，并且是收入的增函数。投机性动机是人们根据对市场利率变化的预测，持有货币以便从中获利的动机。投机动机的货币需求与现实利率呈负相关。由交易动机、预防动机引起的流动偏好所决定的货币需求与收入（Y）呈同方向变动，可以表示为 $L_1(Y)$；由交易动机引起的流动偏好所决定的货币需求与利率（r）呈反方向变动，故可以用 $L_2(r)$ 表示。这样，由流动偏好所决定的货币需求（L）就可以表示为：$L=L_1(Y)+L_2(r)$。

6. 利率效应（中央财经大学 2015 研）

答：利率效应指价格水平变动通过影响利率进而影响企业投资的效应。价格水平越低，人们为了购买他们想要的物品与劳务需要持有的货币量就越少，根据货币市场的理论，货币需求量下降会使利率下降，进一步地，利率的下降会鼓励企业增加投资，进而使总需求增加。反之，价格水平高，则增加了货币需求，使利率上升，进而抑制了投资支出，降低了经济的总需求。

二、简答题

1. 简述货币的职能和货币需求的原因。（浙江大学 2006 研）

答：（1）货币的职能

货币具有以下四种传统的职能：①交换媒介。交换媒介使得交易更加的方便。没有货币，人们就不得不进行物物交换；②价值贮藏。价值贮藏是指一种资产能长久地保持其价值。如果一种资产没有贮藏价值，它将不能用作交换媒介；③核算单位。核算单位是指一种双方同意的表示产品与劳务价格的衡量标准。如果所有的价格都用统一的衡量单位来表示，这就简化了价值比较与购买决策；④延期支付的标准（支付手段）。作为一种延期支付的标准，是指货币充当用来清偿债务或支付赋税、租金、工资等的职能。相对而言，支付手段虽不是货币的基本职能，但随着商品货币经济的发展，货币在人们经济生活中所起的作用越来越广泛了，货币执行支付手段的职能也越来越普遍了。

（2）对货币需求的原因

根据凯恩斯的货币需求理论，人们持有货币是基于以下三种动机：交易动机、预防性动机和投机性动机。其中，交易动机是指为了应付日常交易必须持有一部分货币，无论是厂商或家庭都如此。预防性动机是指为防止意外支出，必须持有一部分货币，如为了应付事故、防止失业和对付疾病等意外事件，必须持有一部分货币。投机性动机是指为了遇到能获得巨额利润的有利时机，必须持有一部分货币用于投资，包括兴建效益好的项目和购买获利多的证券等。

2. 简述鲍莫尔－托宾交易性货币需求模型。（对外经济贸易大学 2007 研）

答：鲍莫尔－托宾模型在 20 世纪 50 年代由经济学家威廉·鲍莫尔和詹姆斯·托宾提出，是对凯恩斯交易动机的货币需求理论的发展。根据凯恩斯的理论，交易动机的货币需求只是收入的函数，而与利率无关。鲍莫尔和托宾通过分析，发现即使是交易动机的货币需求，也同样是利率的函数，而且同样是利率的减函数。

鲍莫尔－托宾模型分析持有货币的成本与收益。持有货币的收益是方便进行交易，成本是放弃把货币存在银行里所得到的利息。它描述了个人对货币资产的需求，正向地取决于支出而反向地取决于利率。

到银行提款的人所承担的总成本是放弃的利息和去银行的成本，即总成本＝放弃的利息＋去银行的成本$=i\dfrac{Y}{2n}+n\times tc$，$Y$ 是一年中的实际支出，n 是去银行的次数，tc 是每次去银行的固定成本，i 是利率，$\dfrac{Y}{2n}$表示持有的平均货币量。消费者持有货币的成本如图 16－1 所示。

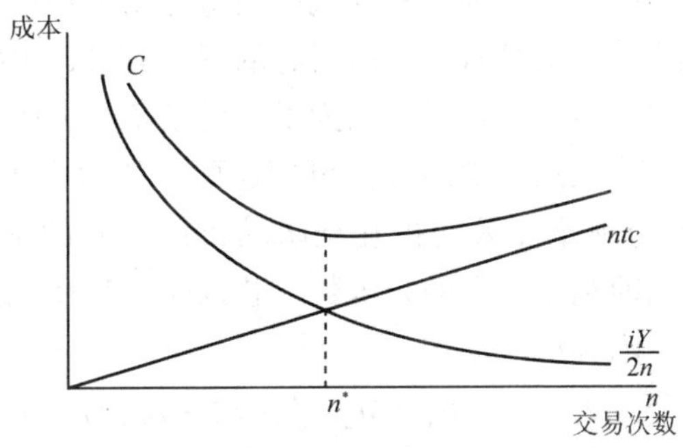

图 16－1　消费者持有货币的成本

持有货币的总成本是：

$$\text{总成本}=\frac{iY}{2n}+n\times tc$$

通过求总成本的最小化，则得到最优的交易次数，即有：

$$n^{*}=\sqrt{\frac{iY}{2tc}}$$

对应地，平均货币持有量$=\dfrac{Y}{2n^{*}}=\sqrt{\dfrac{tcY}{2i}}$。

其中，n^{*}是最优交易次数。存货理论分析表明，个人持有的实际余额存量将与利率成反方向变动，但随实际收入水平和交易成本的增加而增加。

由此可见，该模型认为，即使是交易性货币需求，也会对利率的变化作出敏感反应，而且相对于交易数值而言，货币的交易性需求也呈现出规模经济的性质。

3. 简述货币需求理论。（浙江大学 2007、2012 研）

答：西方货币需求理论沿着货币持有动机和货币需求决定因素这一脉络，经历了古典的货币数量论、凯恩斯学派货币需求理论和货币学派货币需求理论的主流沿革。

（1）古典的货币数量论

货币数量理论提供了一个对于货币、价格和产出之间关系的简单的组织方式：

$$MV = PY$$

这就是著名的数量方程，它将价格水平和产出水平与货币存量联系起来。当货币的流通速度 V 与产出水平 Y 两者固定不变时，这一数量方程就称为古典的货币数量理论。由于经济处于充分就业状态，所以，实际产出应该被当作是固定不变的，而流通速度则被假定不发生很大变化。如果 Y 和 V 都是固定不变的，则价格水平和货币存量按比例变化。因此，古典的货币数量理论就是一个通货膨胀的理论。

古典的货币数量理论是价格水平与货币存量成比例变化的命题：

$$P = \frac{V \times M}{Y}$$

如果 V 是常量，货币供应量的变化就会引起名义 GDP，即 $P \times Y$ 成比例地变化。由古典学派的(垂直的)供给曲线可知：V 是被固定的，而货币数量的变化就会转化为物价总水平 P 的变动。

(2)凯恩斯的货币需求理论

凯恩斯将人们保持货币的动机分为交易动机、预防性动机和投机性动机这三类，其中交易动机的货币需求指使用货币进行日常支付所引起的货币需求，主要由收入决定，是收入的函数。所谓预防性动机的货币需求则是指人们为了应付紧急情况而持有一定数量的货币，这一货币需求的大小也主要由收入的多少决定。可把这两种货币需求函数合二为一，以 $M_1 = L_1(Y)$ 表示，其中 M_1 表示为满足交易动机和预防动机而持有的货币量，Y 表示收入水平。投机性动机的货币需求是当前利率水平的减函数。若以 M_2 表示满足投机动机而持有的货币量，r 表示市场利率，就有 $M_2 = L_2(r)$。

所以货币需求函数总公式为：$M = M_1 + M_2 = L_1(Y) + L_2(r)$。

凯恩斯的货币需求理论在分析方法上对传统货币理论的突破，主要表现在它把货币总需求划分为出于各种动机的货币需求。

(3)弗里德曼的现代货币数量理论

弗里德曼认为，与消费者对商品的选择一样，人们对货币的需求同样受这三类因素的影响：收入财富的变化、持有货币的机会成本和持有货币给人们带来的效用。据此，弗里德曼列出个人财富持有者的货币需求函数：

$$M/P = f\left(Y,\ W,\ r_m,\ r_b,\ r_e,\ \frac{1}{P} \cdot \frac{\mathrm{d}P}{\mathrm{d}t};\ u\right)$$

其中，M/P 表示实际货币需求，Y 表示实际收入，W 表示非人力资本收入与恒久性收入的比例，r_m 表示预期货币名义报酬率，r_b 表示预期债券名义报酬率，r_e 表示预期股票名义报酬率，$\frac{1}{P} \cdot \frac{\mathrm{d}P}{\mathrm{d}t}$ 表示预期价格变动率，u 表示其他变量。

弗里德曼认为，货币需求函数最主要的特点是该函数的稳定性，其动向是可以预测的。明确货币需求函数的稳定性，对分析整个经济社会中的其他重要因素意义重大。这是由于其他重要因素，如货币收入或价格水平都是货币需求函数和货币供给函数相互作用的结果。论证并强调货币需求函数具有稳定性，其目的在于说明货币对总体经济的影响主要来自货币供应方面。因此，稳定的货币需求函数成为货币学派理论及收入政策的理论基础和分析依据。

三、论述题

1. 凯恩斯和弗里德曼都发现了货币流通速度的顺周期规律：经济进入繁荣期，货币流

通速度高；经济衰退时，货币流通流通速度低，请用理性经济人的理论来解释这一现象。（清华大学2005、2010研）

答：从各国的统计数据中大致可以看出货币流通速度往往是顺周期变动的，这一现象和凯恩斯主义的观点是相吻合的。按照凯恩斯主义的观点，货币需求和利率是成反向变动的，而利率的变动往往又是顺周期的，也就是说利率在经济繁荣时上升，衰退时下降，受此影响，货币需求在繁荣时期会趋于下降，在衰退时期会趋于上升。而根据交易方程式，货币需求又是和货币流通速度成反向关系的，因此货币流通速度会表现出顺周期变动的特征。

弗里德曼的货币需求理论也对货币流通速度的顺周期波动提供了合理的解释。他的解释是这样的：由于货币的需求是由永久性收入决定的，而在繁荣时期，永久性收入的增长相对慢于现期收入的增长，因而货币需求的增长相对慢于国民收入的增长，货币流通速度也就上升或加快上升；在衰退时期，永久性收入的下降慢于现期收入的下降，因而货币需求的下降也相对慢于国民收入的下降，货币流通速度就下降或增长放慢。这样，货币流通速度就表现出顺周期的特征。

由以上分析可知，凯恩斯主义和货币主义都认为货币流通速度是顺周期变动的。但是从长期资料来看，货币流通速度稳定的观点受到一定的挑战。实际情况表明，将货币流通速度视为一个随时间缓慢变化的量是缺乏依据的，将它视为一个常数更加是不科学的。特别是在一个经济高速发展或剧烈波动的时期，货币流通速度会有较大的波动。由此看来，像费雪那样将货币流通速度看成是一个由制度因素决定的外生变量，并据以估计货币需求的方法是不正确的，必须将货币流通速度视为人们行为的结果。也就是说，必须用人们的货币需求来解释货币流通速度，而不是用货币流通速度来解释货币需求。

2. 简述凯恩斯的货币需求理论，试在货币供给外生假定的基础上作图推导出*LM*曲线。（中央财经大学2017研）

答：（1）凯恩斯的货币需求函数为：$M=M_1+M_2=L_1(y)+L_2(r)$。式中，M为货币总需求，M_1是指由交易性动机和预防性动机决定的货币需求，y是收入水平，M_1是收入水平y的函数；M_2是指基于投机动机的货币需求，r是利率，M_2是利率r的函数。

（2）货币需求理论的含义

①人们的货币需求行为是由三种动机决定的，即交易动机、预防动机、投机动机。把货币总需求划分为出于各种动机的货币需求是凯恩斯货币需求理论在分析方法上对传统理论进行突破的主要表现。

②交易动机和预防动机决定的货币需求取决于收入水平，凯恩斯认为，交易媒介是货币的一个十分重要的功能，用于交易媒介的货币需求量与收入水平存在稳定的关系，即交易动机的货币需求为收入水平稳定的正向函数。收入越多，交易性货币需求越大；收入越少，交易性货币需求也就越小。人们所拥有的依赖于收入水平的货币需求不仅出于交易动机，而且还出于“预防动机”，即为了应付可能遇到的意外支出等情况而持有货币的动机。交易动机和预防动机所决定的货币需求对利率的变化都很不敏感。

③基于投机动机的货币需求取决于利率水平。投机动机的货币需求是指人们为了在未来某一适当时间进行投机活动而保持的一定数量的货币。这里的投机活动最典型的就是买卖债券，因为凯恩斯把资产分为货币和债券，货币无收益，债券有收益但价格波动。投机动机的货币需求的大小取决于三个因素：当前利率水平、投机者心目中的正常利率水平及投机者对未来利率变化趋势的预期，如果整个经济中有许多投机者，而且每个投机者所拥有的财富对

于所有投机者的财富总额是微不足道的，那么，投机动机的货币需求就成了当前利率水平的减函数。可见，投机性货币需求同利率之间存在着负相关的关系。

④就利率与货币需求的关系问题，凯恩斯又进行了特殊情况的研究，提出了著名的“流动性陷阱”假说：当一定时期的利率水平降低到不能再低时，人们就会产生利率将上升从而债券价格下跌的预期，货币需求弹性就会变得无限大，即无论增加多少货币，都会被人们贮藏起来。

(3)对 *LM* 曲线的推导

LM 曲线是描述满足货币市场均衡条件(货币需求等于货币供给)的利率与收入关系的曲线。*LM* 曲线实际上是从货币的投机需求与利率的关系、货币的交易需求与收入的关系以及货币需求与供给相等的关系中推导出来的。

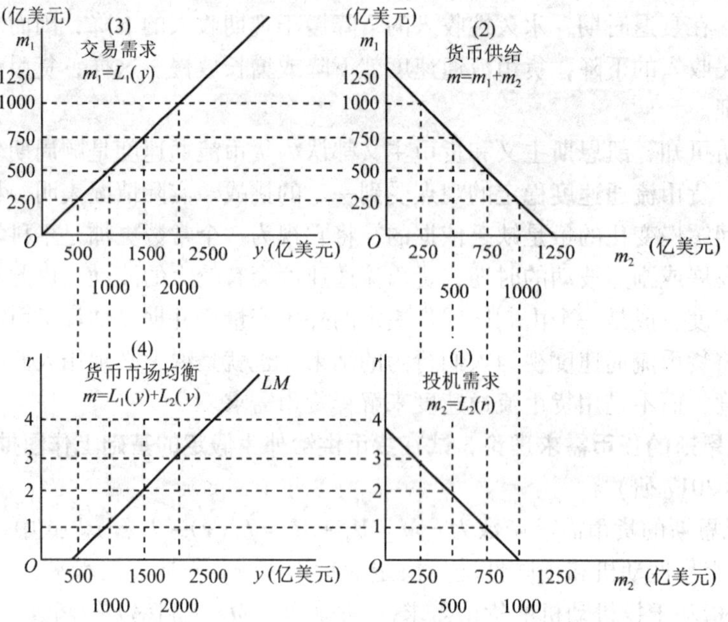

图 16－2　*LM* 曲线的推导

如图 16－2 所示，象限(1)中向右下方倾斜的曲线是货币的投机需求函数 $m_2=L_2(r)$。象限(2)则表示当货币供给为一定量时，应如何来划分用于交易需求的货币和投机需求的货币。由于 $m=m_1+m_2$，所以 $m-m_1=m_2$ 或 $m-m_2=m_1$，那条和纵横轴都成45°角的直线就表示这种关系。象限(3)的曲线是货币的交易需求函数 $m_1=L_1(y)$。象限(4)表示与货币市场均衡相一致的利息与收入的一系列组合。包含了以上三个象限的内容。这样，将一系列使货币均衡的利率和收入组合点连结起来，就描绘出 *LM* 曲线。

3. 请回答下面有关货币与经济运行的问题：关于经济周期的经验研究发现真实产出与基础货币、真实产出与 M_1 之间存在正相关，而真实产出与一般价格水平之间存在负相关。

(1)在价格信息完全条件下，如何从内生货币的角度解释宏观经济周期波动中货币量和真实产出、一般价格水平和真实产出的关系？

(2)在价格信息不完全条件下市场出清模型中，未预期到的央行货币扩张是如何影响实际利率、产出、工作和投资的？(北京大学 2015 研)

答：(1)在价格信息完全的条件下，根据最优现金管理模型可知实际货币余额需求 $L(Y, r)$ 是真实产出的增函数，货币市场均衡条件为 $M/P=L(Y, i)$。

将货币作为内生变量看待并将上式变形可得：$M=P\cdot L(Y,\ i)$，即：名义货币量 = 物价水平 × 实际货币需求量。根据上式可解释宏观经济周期波动中货币量和真实产出、一般价格水平和真实产出的关系如下：

①宏观经济周期波动中货币量和真实产出的关系

由上述货币内生决定方程可知，货币量与真实产出是正相关的，即名义货币量是顺周期的。当经济繁荣时，产出增加导致实际货币需求量上升，央行为了维持价格稳定，不得不增加名义货币供给量，最终导致均衡货币量上升；反之，在经济萧条时期，产出下降导致货币需求量下降，在维持物价稳定的压力下央行将减少名义货币供给量，从而使均衡货币量下降。

②一般价格水平和真实产出的关系

由上述货币内生决定方程可知，在央行不变动名义货币供给量的情况下，真实产出与一般价格水平之间存在负相关关系。在经济繁荣时期，真实产出上升导致实际货币需求上升，在名义货币量不变的情况下将导致货币量供小于求，于是一般价格水平下降；反之，在经济萧条时期，真实产出下降导致实际货币需求下降，在名义货币量不变的情况下将导致货币量供大于求，于是一般价格水平上升。

(2)价格信息不完全意味着未预期到的央行货币扩张首先影响到一般价格水平，经济当事人得经过一段时间才能看清楚这种变化不是相对价格变化而是一般价格水平变化，在短期内未预期到的货币扩张的确能够影响产出。但是理性预期的经济当事人能够利用有关货币政策规则的知识，很快形成对未来价格的正确预期，纠正错误的产量决策，使社会总产量恢复到充分就业时的产出水平。

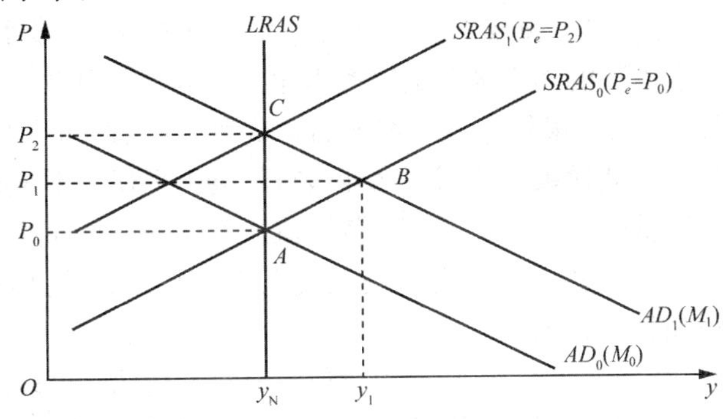

图 16－3　未预期到的货币扩张政策的效果

如图 16－3 所示，经济起初在 A 点处运行，该点是总需求曲线 AD_0、总供给曲线 $SRAS_0$ 和 $LRAS$ 三条线的交点。在 A 点，价格水平 P_0 被完全预见到，产出和就业在其长期均衡的水平上，市场处于出清状态。假设央行实行未预期到的货币扩张政策，LM 曲线向右移动，利率下降；在价格信息不完全的条件下，厂商和工人把一般价格水平上升的结果错误地当做相对价格的上升，他们作出的反应是增加投资、提高产量和增加劳动供给，从而总需求曲线将从 AD_0 移动到 AD_1，在 B 点与 $SRAS_0$ 相交。此时经济的产量为 y_1，它偏离了产出的自然率水平 y_N，这被认为是当事人预期误差的结果。按照新古典宏观经济学的理性预期假设，一旦当事人充分调整了他们的价格预期，总供给曲线就会从 $SRAS_0$ 向左移动到 $SRAS_1$，与 AD_1 在 C 点相交，产出恢复到潜在产出水平，价格上升，劳动供求不变。

4. 贪官贮藏大量现金对于货币流动速度的影响，央行是否干预？（对外经济贸易大学

2019 研）

答：(1)货币的分类

按照流动性强弱，可将货币划分为 M_0、M_1、M_2、M_3、M_4 等边界不同的货币层次。

M_0 = 现金(纸币和硬币)

$M_1 = M_0$ + 所有金融机构的活期存款

$M_2 = M_1$ + 商业银行的定期存款和储蓄存款

$M_3 = M_2$ + 其他金融机构的定期存款和储蓄存款

$M_4 = M_3$ + 其他短期流动资产(如国库券、商业票据、短期公司债券、人寿保单等)

在上述的货币层次划分中，随着货币层次的提高，其流动性呈递减态势。

通常把 M_0 和 M_1 称为狭义货币，或称为交易货币，即主要是为交易目的而持有的货币。狭义货币作为现实经济活动中购买能力或支付能力的载体，体现着货币作为交换媒介的作用，直接影响着社会的货币供给量，对整个宏观经济运行具有很大的影响。

(2)贪官贮藏大量现金对于货币流动速度的影响

①贮藏现金在贵金属时代与现代信贷体系之下的效应并不相同。在贵金属货币时代，窖藏往往容易引发通货紧缩，而在信用货币制度下，窖藏现金不会影响银行体系的运作，因此，不会明显影响到货币流通速度甚至导致发生钱荒。假设贪官贮藏的 1 亿元现金来自银行支取的现金，对于银行而言，这笔现金在被取出并贮藏之前体现为 1 亿元的资产(库存现金)与负债(个人存款)。不论这 1 亿元货币是如何创造出来的，它对经济的作用已经发生了。

②从货币银行运作角度来理解现金。一旦取款发生之后，在银行账户上体现为资产方(库存现金)与负债方(存款)的等额减少。假设银行库存现金不足，银行可以向央行要求提供，在会计上，将自己在央行的超额准备金转换为库存现金。对中央银行而言，这体现为负债方不同科目之间的转换(减少银行存款、增加储备货币)，资产负债总额则没有变化，货币总量也并不会发生变化。现代银行体系中商业银行不会出现现金不足的情况，因此，贮藏现金不是货币流通速度降低的原因。实际上，货币流通速度降低是商业银行管理流动性出现问题而导致的紧张状况，与现钞是否充分没有任何关系。同时，贮藏现金不会改变货币总量，自然也就不是货币超发的原因。

③贮藏现金不会影响银行后续的放贷。银行通过放贷 1 亿元，可以同步增加自己的资产(企业借款)与负债(企业在该银行的存款)1 亿元，用来恢复之前因支取现金而降低的数额，而所需要遵守的存款准备金、存贷比等要求可以通过流动性管理来满足。这样，即使贪官贮藏现金对于银行运作有所影响，其影响也是十分有限的，因此，央行无需采取干预手段。

在信用货币体系之下，现金的影响日渐式微，而货币更多源自信贷的创造。货币的创造过程并不是直升机撒钱式的随机与平均，而是跟随资本而流动。值得注意的是，在金融抑制之下，信贷资源的分配往往离不开行政干预，大众对于货币超发的激愤，正是源于此处，权力的腐败以及不公，在金融与信贷领域也同样存在。

第十七章　联邦储备、货币与信用

一、名词解释

1. 货币供给乘数(浙江大学 2006 研；华南理工大学 2011 研；对外经济贸易大学 2018 研)

答：货币供给乘数是指中央银行新增一笔原始货币供给使活期存款总和(亦即货币供给量)扩大为这笔新增原始货币供给量的倍数。货币供给模型有以下三个变量：

①基础货币 H。公众以通货形式持有的货币 CU 和银行以准备金持有的货币 R 的总量，即 $H=CU+R$。它由中央银行直接控制。

②准备金比率 re，银行准备金在其持有存款中的比例，即 $re=\frac{R}{D}$。它由银行的经济政策和管制银行的法律决定。

③通货—存款比率 cu。人们持有的通货量对其活期存款持有量的比例，即 $cu=\frac{CU}{D}$。它反映了经济活动主体对其持有的货币形式的偏好。

于是，$\frac{M}{H}=\frac{CU+D}{CU+R}=\frac{\frac{CU}{D}+1}{\frac{CU}{D}+\frac{R}{D}}=\frac{1+cu}{re+cu}$，即 $M=\frac{1+cu}{re+cu}\times H$，其中 $mm=\frac{1+cu}{re+cu}$被称为货币乘数。

影响货币供给乘数的因素有：现金漏损率、活期存款法定准备率、超额准备率和定期存款占存款总额的比例。货币供给乘数可以从两个方面起作用：它既可以使银行存款多倍扩大，又能使银行存款多倍收缩。因此，中央银行控制准备金和调整准备率对货币供给会产生重大影响。

2. 公开市场业务(中国海洋大学 2002 研)

答：公开市场业务也称公开市场操作，是指中央银行在金融市场上公开买卖政府债券以控制货币供给和利率的政策行为，是中央银行的三大法宝之一。

公开市场业务的目的是：①通过政府债券的买卖活动收缩或扩大会员银行存放在中央银行的准备金，从而影响这些银行的信贷能力；②通过影响准备金的数量控制市场利率；③通过影响利率控制汇率和国际黄金流动；④为政府证券提供一个有组织的市场。公开市场业务被认为是实施货币政策、稳定经济的重要工具。例如，经济扩张时，实行卖出政府债券的政策，可以减少商业银行的准备金，降低它的信贷能力，促使贷款利率上涨，遏制过度的投资需求。经济萧条时，则买进政府债券，以便提高商业银行的准备金，扩大它们的信贷能力，促使利息率下降，从而扩大投资需求。

作为中央银行最重要的货币政策工具之一，公开市场业务具有明显的优越性，这主要体现在：①通过公开市场业务可以直接调控银行系统的准备金总量，使其符合政策目标的需要；②中央银行通过公开市场业务可以“主动出击”，避免“被动等待”；③公开市场业务操作可以对货币供应量进行微调，也可以进行连续性、经常性、试探性甚至逆向性操作，以灵活调节货币供应量。

但是，公开市场业务受到诸如商业周期、货币流通速度变化、商业银行的信贷意愿等因素的影响，同时还必须具备一个高度发达的证券市场。

二、简答题

1．请简述中央银行购买财政部门发行的国债对该国货币供应量的影响。（对外经济贸易大学2011研）

答：（1）中央银行购买财政部门发行的国债是中央银行公开市场操作的手段，也是目前中央银行控制货币供给最重要也是最常用的货币政策工具。政府债券是政府为筹措弥补财政赤字资金而发行支付利息的国库券或债券。这些被初次卖出的债券在普通居民、厂商、银行、养老基金等单位中反复不断被买卖。中央银行可参加这种交易，在这种交易中扩大或收缩货币供给。

（2）当中央银行在公开市场上购买政府债券时，商业银行和其他金融机构的准备金会以两种方式增加：①如果中央银行向个人或公司等非银行机构买进债券，则会开出支票，债券出售者将该支票存入自己的银行账户，该银行则将支票交中央银行作为自己在中央银行账户上增加的准备金存款；②如果中央银行直接从各银行买进债券，则可以直接按债券金额增加各银行在中央银行体系中的准备金存款。商业银行和其他金融机构的准备金的增加就意味着货币供给量在货币乘数效应下成倍地增加。

2．增加货币供应是否必然导致利率下降？请从货币供应增加的效应方面加以分析。（清华大学2010研）

答：增加货币供应并不必然导致利率下降，其原因可以分析如下：

（1）一般情况下，当货币市场已经处于均衡时，如果货币需求和名义收入不变，中央银行决定增加货币供给，货币市场上的货币供给量将通过货币乘数成倍增加，使货币供给曲线右移。此时，人们将多余的货币换成债券，由此导致债券价格上涨，利率下跌，直至债券收益减少，人们持有货币的愿望恢复，最终形成低于原均衡利率的新的均衡利率。

长期中，随着货币供给的增加，利率降低，投资增加，总需求增加，总产出增加，货币需求也增加，在货币供给不变的情况下，利率上升，其新的均衡利率水平是否低于原来的均衡利率水平并不确定。因此，利率在长期中并不必然下降。

（2）在经济衰退时，货币需求曲线较平缓，就是说，货币需求对利率反应十分敏感。由于衰退时利率水平较低，人们的货币需求很大，这种情况接近流动性陷阱局面，因而货币供给增加不会带来利率下降。

3．简述提高法定准备金率影响货币供给的传导机制。（中央财经大学2005研复试）

答：（1）法定准备金率和货币创造乘数

银行可以把绝大部分存款用来从事贷款或购买短期债券等盈利活动，只需要留下一部分存款作为应付提款需要的准备金就可以了。这种经常保留的供支付存款提取用的一定金额，称为存款准备金。在现代银行制度中，这种准备金在存款中起码应当占的比率是由政府（具体由中央银行）规定的。这一比率称为法定准备金率。按法定准备金率提留的准备金是法定准备金。法定准备金一部分是银行库存现金，另一部分存放在中央银行的存款账户上。由于商业银行都想赚取尽可能多的利润，它们会把法定准备金以上的那部分存款当做超额准备金贷放出去或用于短期债券投资。正是这种比较小的比率的准备金来支持活期存款的能力，使得银行体系得以创造货币。

原始存款假定来自中央银行增加的一笔原始货币供给，则中央银行新增一笔原始货币供给将使活期存款总和(亦即货币供给量)扩大为这笔新增原始货币供给量的$\frac{1}{r_d}$倍。这$\frac{1}{r_d}$称为货币创造乘数，用 k 表示的话，则 $k=\frac{1}{r_d}$，它是法定准备金率的倒数。

(2)提高法定准备金率影响货币供给的传导机制

中央银行通过控制货币供应量以及通过货币供应量来调节利率进而影响投资和整个经济以达到一定经济目标的行为就是货币政策。中央银行的货币政策工具主要有再贴现政策、公开市场操作和变动法定准备金比率。中央银行可以通过调整法定准备金比率来调节货币供给。

中央银行有权决定商业银行和其他存款机构的法定准备金率，如果中央银行认为需要增加货币供给，就可以降低法定准备金率，使所有的存款机构对每一笔客户的存款只要留出更少的准备金，或反过来说，让每一单位货币的准备金可支撑更多的存款。假定原来法定准备金率为20%，则100元存款必须留出20元准备金，可贷金额为80元，这样，增加1万元的准备金就可以派生出5万元的存款。若中央银行把法定准备金率降低到10%，则100元存款只需10元准备金就行了，可贷金额为90元，这样，增加1万元的准备金就可以派生出10万元的存款，货币供给就因此增加了一倍。可见，降低法定准备金率，实际上等于增加了银行可贷资金，而提高法定准备金率，就等于减少了银行可贷资金。从理论上说，变动法定准备金率是中央银行调整货币供给最简单的办法。

可见，其传导机制为：提高存款准备金率→银行的贷款减少→进一步派生的存款减少→货币供给减少。

4. 结合 *IS* – *LM* 模型分析：

(1)如果来自商品市场的冲击导致均衡产出偏离潜在产出水平，则央行为了稳定产出，应该选择保持货币存量还是利率不变?

(2)如果来自货币需求的冲击导致均衡产出偏离潜在产出水平，则央行为了稳定产出，应该保持货币存量还是利率不变?(中山大学2008研)

答：货币当局在执行货币政策时，对货币管理当局而言，货币存量目标与利率目标是相互冲突的，二者不可兼得。也就是说，中央银行不能同时完全控制利率和货币存量。它只能选择与货币需求函数相一致的利率和货币存量的组合。

(1)如果来自商品市场的冲击导致均衡产出偏离了潜在产出水平，即表示此时 *LM* 曲线是稳定的，而 *IS* 曲线发生了移动。如图17–1所示，当经济体的波动主要是由 *IS* 曲线造成时(预先不知道哪一条曲线是真正的 *IS* 曲线)，货币管理当局为了使收入尽可能接近于目标水平 Y^*，应当选择货币存量目标。

也就是说，根据“两权相害，取其轻”的原则，当经济的波动主要来自商品市场即 *IS* 曲线造成时，货币当局应当选择货币存量目标。

(2)如果是来自货币需求的冲击导致均衡产出偏离了潜在产出水平，即表示此时 *IS* 曲线是稳定的，而 *LM* 曲线发生了移动。如图17–2所示，如果货币需求函数是经济不稳定的主要原因时(预先不知道哪一条曲线是真正的 *LM* 曲线)，货币管理当局应该集中关注利率目标。

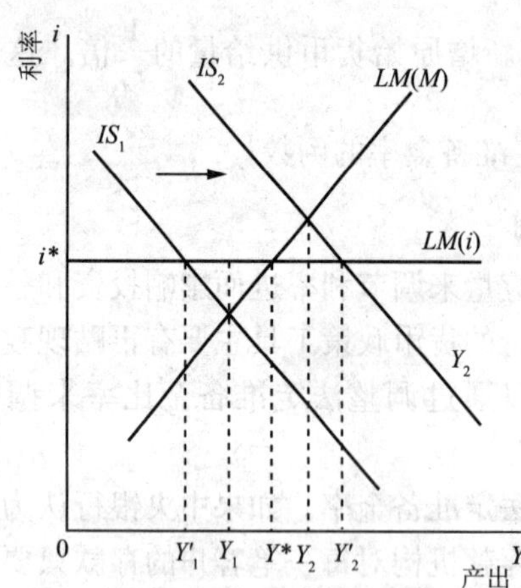

图 17－1　*IS* 冲击：货币存量目标

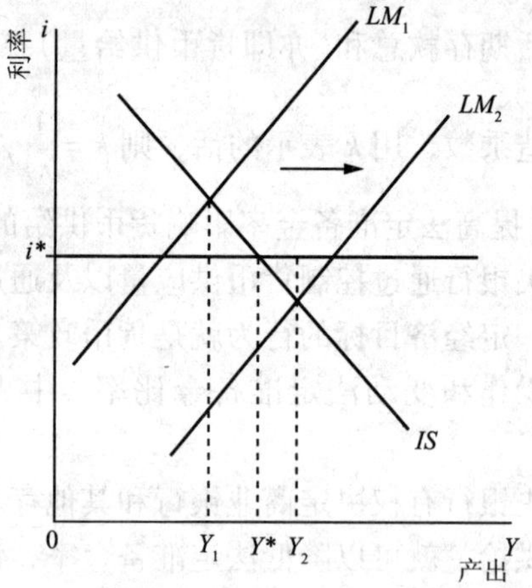

图 17－2　*LM* 冲击：利率目标

也就是说，当经济的波动主要来自货币市场即 *LM* 曲线造成时，货币当局应当选择利率目标。

三、计算题

1. 下列等式描绘了一个经济体：

$C=0.8(1-t)Y$

$t=0.25$

$I=900-50i$

$G=500$

$L=0.25Y-62.5i$

$CU=150$

$RE=100$

$cu=0.2$

$re=0.1$

$P=2$

这里，*C* 表示消费支出，*Y* 表示国民收入，*t* 表示税率，*I* 表示投资支出，*G* 表示政府购买支出，*i* 表示利率，*L* 表示真实货币需求，*CU* 表示通货，*RE* 表示准备金，*cu* 表示通货存款比率，*re* 表示准备率，*P* 表示价格水平。

(1) 求 ***IS*** 曲线和 ***LM*** 曲线方程，并计算均衡收入和均衡利率。

(2) 计算财政政策乘数和货币政策乘数。

(3) 现在政府要改变需求的构成，减少消费 **100**、增加投资 **100**，从而保持当前的收入水平不变。请问：需要什么样的政策组合？用 ***IS－LM*** 曲线模型表示你的建议，并计算出需要调整的政策变量变化量是多少。

(4) 假设充分就业的收入水平为 **4000**，政府准备采用扩张性政策以实现充分就业，请问：如果单独采用扩张性财政政策，需要增加多少政府购买支出？如果采用扩张性财政政策的同时，采用适应性货币政策，政府购买支出和名义货币供给的变化量分别是多少？（对外经济贸易大学 2007 研）

解：(1)由

$$\begin{cases}Y=C+I+G\\C=0.8(1-t)Y\\t=0.25\\I=900-50i\\G=500\end{cases}$$

可得 IS 曲线方程为：$Y=3500-125i$ ①

货币供给乘数为：$mm=\dfrac{1+cu}{re+cu}=\dfrac{1+0.2}{0.1+0.2}=4$

因此，经济中的名义货币供给量为：$M=mm(CU+RE)=4\times(150+100)=1000$，实际货币供给量$\dfrac{M}{P}=\dfrac{1000}{2}=500$。

由$\begin{cases}\dfrac{M}{P}=L\\\dfrac{M}{P}=500\\L=0.25Y-62.5i\end{cases}$

可得 LM 曲线方程为：$Y=2000+250i$ ②

由①、②两式联立可得：均衡收入为 $Y=3000$，均衡利率水平为 $i=4$。

(2)财政政策乘数为：

$$\frac{\mathrm{d}Y}{\mathrm{d}G}=\frac{1}{1-\beta(1-t)+dk/h}$$

其中，β 为可支配收入的边际消费倾向，在本题中为 0.8；t 为税率，在本题中为 0.25；d 为投资的利率弹性，在本题中为 50；k 为货币需求的收入弹性，在本题中为 0.25；h 为货币需求的利率弹性，在本题中为 62.5。

由此可得：

财政政策乘数为$\dfrac{\mathrm{d}Y}{\mathrm{d}G}=\dfrac{1}{1-0.8(1-0.25)+50\times0.25/62.5}=\dfrac{5}{3}$。

货币政策乘数为$\dfrac{\mathrm{d}Y}{\mathrm{d}m}=\dfrac{1}{[1-\beta(1-t)](h/d)+k}=\dfrac{1}{[1-0.8(1-0.25)](62.5/50)+0.25}=\dfrac{4}{3}$。

(3)政府可以采用紧缩性的财政政策(增加税收)来减少居民的消费，采用扩张性的货币政策来降低利率水平，从而使投资增加，最终使总收入保持不变。如图 17－3 所示，紧缩性的财政政策将使 IS 曲线从 IS_0 左移到 IS_1，扩张性的货币政策将使 LM 曲线从 LM_0 右移到 LM_1，从而使利率从 i_0 下降到 i_1，收入水平保持在 Y_0 不变。

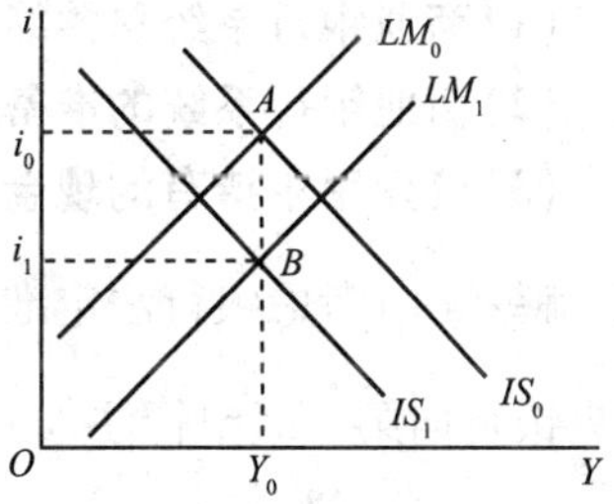

图 17－3　紧缩性财政政策与扩张性货币政策配合

假设政府的税收政策为增加一次总量税，而不是改变边际税率，征税总额为 ΔT；政府增加货币实际供给量为 Δm。

由(1)可得原来的消费水平为：$C=0.8(1-t)Y=1800$；原来的投资水平为：$I=900-50i=700$。要使投资水平增加 100，则利率水平必须下降为：$i'=2$；要使消费减少 100 而总收入保持不变，则 $C=0.8[(1-t)Y-\Delta T]=1700$，解得 $\Delta T=125$。

由$\begin{cases}\dfrac{M}{P}=L\\ \dfrac{M}{P}=500+\Delta m\\ L=0.25Y-62.5i\end{cases}$

可得新的 LM 曲线方程为：$Y=2000+250i+4(\Delta m)$ ③

此时在原收入 $Y=3000$ 和新的利率水平 $i=2$ 下，可得：$\Delta m=125$。

综上所述，为了使消费减少 100，投资增加 100，而收入水平保持不变，政府税收应增加 125，实际货币供给应增加 125(即名义货币供给增加 250)。

(4)如果政府单独采用扩张性财政政策，假设政府支出增加 ΔG，则由

$$\begin{cases}Y=C+I+(G+\Delta G)\\ C=0.8(1-t)Y\\ t=0.25\\ I=900-50i\\ G=500\end{cases}$$

可得新的 IS 曲线方程为：$Y=3500-125i+2.5(\Delta G)$ ④

而此时 LM 曲线保持不变，因此由：

$$\begin{cases}Y=3500-125i+2.5(\Delta G)\\ Y=2000+250i\\ Y=4000\end{cases}$$

可得政府支出增加额为：$\Delta G=600$。

如果采用扩张性财政政策的同时，采用适应性货币政策使利率保持不变，即收入增加为 $Y=4000$，而利率水平仍然为 $i=4$。由④可得政府购买支出增加额为 $\Delta G=400$；由③可得实际货币供给增加为 $\Delta m=250$，即名义货币供给增加 $\Delta M=P\Delta m=500$。

2．设商业银行准备金率为 r。商业银行只能向公众发放贷款，公众对所获贷款的现金持有率为 c，把所获贷款的其余部分存入下一级银行(例如，当 $c=50\%$ 时，如果公众获得了 100 元贷款，他持有 50 元现金(所获贷款 100 的 50%)，把另外 50 元存入下一级银行)。在这样的银行体系和制度安排下，如果中央银行向第一级商业银行注入 1 元现金。回答下列问题：

(1)商业银行系统总共能创造出多少存款?

(2)商业银行系统的准备金会增加多少?

(3)公众手中持有的现金会增加多少?(中山大学 2008 研)

解：(1)考虑银行法定准备金率(r)和现金漏损率(c)的存款乘数为：$K=\dfrac{1}{r+c}$，所以当中央银行向第一级银行注入 1 元现金(实际上是基础货币)时，整个银行体系创造的存款货币为 $D_d=K=\dfrac{1}{r+c}$。

(2)商业银行系统增加的准备金为 $\Delta R_d=rD_d-r\cdot 1=\dfrac{r(1-r-c)}{r+c}$。

(3)公众手中持有的现金增加 $\Delta c=cD_d=\dfrac{c}{r+c}$。

3. 设银行的存款准备金率为 0.1，通货存款比率为 0.2。

(1)假定政府开支超过税收收入 100 亿元，而且完全通过央行进行赤字融资，那么高能货币，货币供给和银行准备金率各增加多少?

(2)如果初始货币供给是 5000 亿元，产出恰好处于潜在水平。如果潜在产出的增长率每年为 3%。价格水平预计增长 2%，货币流通速度($V=PY/M$)保持不变，那么政府要将产出维持在潜在水平，应该有多大赤字?（中山大学 2002 研）

解：(1)政府开支超过税收收入 100 亿元，而且完全通过央行进行赤字融资，从而导致了高能货币增加了 100 亿元。

货币乘数为：$mm=\frac{1+cu}{re+cu}=\frac{1+0.2}{0.1+0.2}=4$，整个货币供给量 $=100\times4=400$ 亿元。

银行准备金增加量：

$$100\times re+100\times(1-re-cu)re+100(1-re-cu)^2re+\cdots$$

$$=\frac{100re}{re+cu}=\frac{100\times0.1}{0.1+0.2}\approx33.3$$

(2)根据 $V=\frac{PY}{M}$可得：

$$\frac{dV}{V}=\frac{dP}{P}+\frac{dY}{Y}-\frac{dM}{M}\Rightarrow\frac{dM}{M}=\frac{dP}{P}+\frac{dY}{Y}\Rightarrow\frac{dM}{M}=5\%$$

此时，根据初始货币供给为 5000 亿，增加的货币供给应该为 250 亿，对应的基础货币为$\frac{250}{4}=62.5$ 亿。

4. 若银行的存款准备率为 0.1，流通现金一存款比率为 0.2。

(1)计算货币乘数。

(2)当高能货币等于 3000 时，货币存量是多少?（中山大学 2001 研）

解：(1)由已知条件可得，通货—存款比率 $cu=0.2$，准备金比率 $re=0.1$，代入货币乘数计算公式 $mm=\frac{1+cu}{re+cu}$，可得货币乘数 $mm=\frac{1+0.2}{0.1+0.2}=4$。

(2)根据题意可知：$H=3000$，所以货币存量 $M=mm\times H=4\times3000=12000$。

5. 假设今年的货币供给是 5000 亿美元，名义 GDP 是 10 万亿美元，而实际 GDP 是 5 万亿美元。请计算：

(1)物价水平是多少?货币流通速度是多少?

(2)假设货币流通速度是不变的，而每年经济的物品和劳务产量增加 5%。如果美联储想保持货币供给不变，明年的名义 GDP 和物价水平是多少?

(3)如果想保持物价水平不变，美联储应该把明年的货币供给设定为多少?

(4)如果美联储想把通货膨胀控制在 10%，美联储应该把货币供给设定为多少?（武汉大学 2010 研）

解：(1)根据计算公式：名义国民生产总值 = 价格水平 × 实际国民生产总值，得物价水平为$\frac{10}{5}=2$。根据交易方程：$PY=MV$，将 $P=2$、$Y=5$ 以及 $M=0.5$ 代入交易方程，可得货币流通速度为：

$$V=\frac{PY}{M}=\frac{2\times5}{0.5}=20$$

(2)若货币流通速度和货币供给不变，根据交易方程式可知名义GDP不变。若每年经济的物品和劳务产量增加5%，即实际 $GDP=5\times(1+0.05)=5.25$，根据计算公式：名义国民生产总值=价格水平×实际国民生产总值，得物价水平为$\frac{10}{5.25}\approx1.9$。

(3)如果想保持物价水平不变，即物价水平为2，则根据交易方程有：

$$M=\frac{PY}{V}=\frac{2\times5.25}{20}=0.525$$

即如果想保持物价水平不变，美联储应该把明年的货币供给设定为5250亿美元。

(4)若通货膨胀控制在10%则物价水平为 $2\times(1+0.1)=2.2$，则根据交易方程有：

$$M=\frac{PY}{V}=\frac{2.2\times5.25}{20}=0.5775$$

即如果美联储想把通货膨胀控制在10%，美联储应该把货币供给设定为0.5775亿美元。

四、论述题

1. 中央银行控制货币供应量时所能采取的工具有哪些？根据总供求模型分析：当工资随时间缓慢调整时，名义货币供给量的增加对价格水平、实际产出和实际货币供给量的短期影响及长期影响。（对外经济贸易大学2010研）

答：(1)中央银行控制货币供应量时所能采取的工具

①再贴现率政策。再贴现率政策是中央银行通过变动给商业银行及其他存款机构的贷款利率来调节货币供应量。再贴现率提高，商业银行向中央银行借款就会减少，准备金从而货币供给量就会减少；再贴现率降低，向中央银行借款就会增加，准备金从而货币供给量就会增加。

②公开市场操作。这是目前中央控制货币供给最重要也是最常用的工具。公开市场操作是指中央银行在金融市场上公开买卖政府债券以控制货币供给和利率的政策行为，中央银行若买进债券，则增加货币供应量，利率下降；反之，若卖出债券，则减少货币供应量，利率上升。公开市场业务之所以能成为中央银行控制货币供给最主要的手段，是因为运用这种政策手段有着比用其他手段更多的灵活性。

③法定准备金比率。如果中央银行认为需要增加货币供给，就可以降低法定准备金比率，使所有的存款机构对每一笔客户的存款只要留出更少的准备金，或反过来说，让每一单位准备金可支撑更多的存款。从理论上说，变动法定准备金比率是中央银行调整货币供给最简单的办法，然而，它的作用十分猛烈，一旦准备金比率变动，所有银行的信用都必须扩张或收缩，如果准备金比率变动频繁，会使商业银行和所有金融机构的正常信贷业务受到干扰而感到无所适从，因此，这一政策手段一般很少使用，可能几年才改变一次准备金比率。

(2)名义货币供给量的增加对价格水平、实际产出和实际货币供给量的短期影响及长期影响：

当工资随时间缓慢调整时，可视短期内工资具有“刚性”，总供给曲线为凯恩斯供给曲线，如图17-4所示。根据 $AD-AS$ 模型，当名义货币供给量增加时，总需求增加，AD 曲线由 AD_0 右移至 AD_1，使得短期内实际产出增加，价格不变，仍为 P_0，实际货币供给量等于名义货币供给量除以价格，所以实际货币供给量增加。

但是在长期内，工资不存在刚性，而是会得到充分调整，总供给曲线为处于充分就业水平 Y_f 的垂直线，如图 17－5 所示。当名义货币供给量增加时，总需求增加，总需求曲线由 AD_0 右移至 AD_1，价格由 P_0 上升到 P_1，实际产出不变，仍为 Y_f，实际货币供给量等于名义货币供给量除以价格，所以实际货币供给量增减不确定。

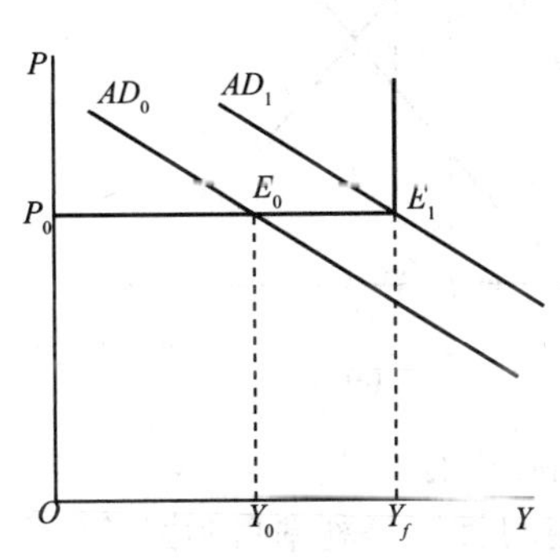

图 17－4　名义货币供给量增加的短期影响

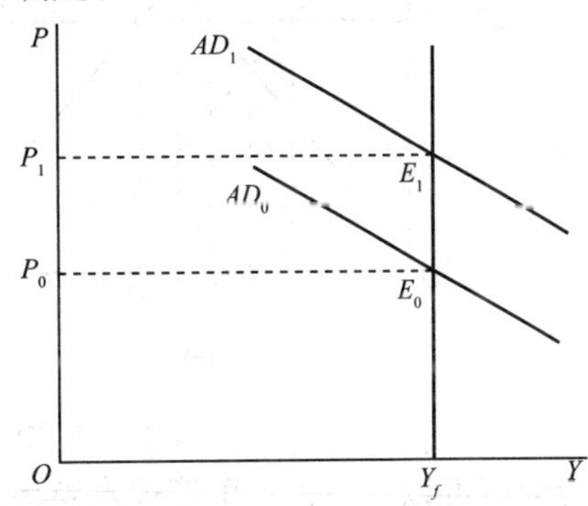

图 17－5　名义货币供给量增加的长期影响

2. 请用文字和图形说明，在短期内，为什么货币当局(中央银行)不能同时把货币供应量和利率确定在其可选择的既定目标水平上？货币当局(中央银行)的货币政策，在什么情况下，应选择控制货币供应量的目标；在什么情况下，又应选择控制利率的目标？(对外经济贸易大学 2009 博)

答：(1)中央银行不能在它想选择的任何既定目标水平上，同时确定货币存量和利率。

如图 17－6 所示，中央银行只能沿着货币需求曲线 LL 来确定利率和货币供给的组合点。在利率 i^*，它只能有货币供给$\frac{M_0}{P}$，在目标货币供给$\frac{M^*}{P}$处，只能有利率 i_0。但是，中央银行不能既控制$\frac{M^*}{P}$，又控制 i^*。也就是说，中央银行不能同时完全控制利率和货币存量。它只能选择与货币需求函数相一致的利率和货币存量的组合。

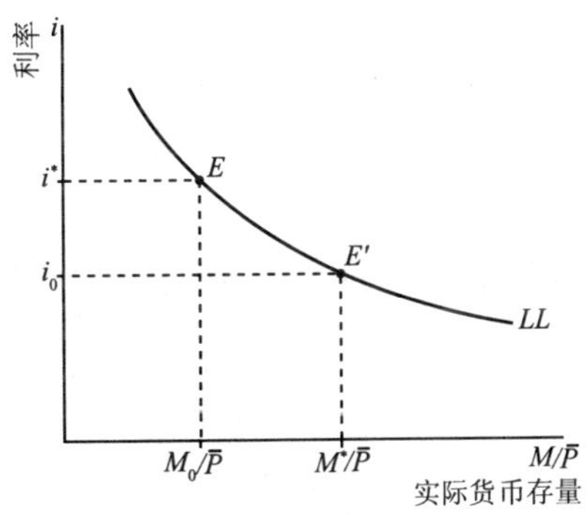

图 17－6　实际货币存量与利率之间的关系

(2)如图 17－7(a)所示，当经济体的波动主要是由 IS 曲线造成时(预先不知道哪一条曲线是真正的 IS 曲线)，货币管理当局为了使收入尽可能接近于目标水平 Y^*，应当选择货币存量目标。如图 17－7(b)所示，如果货币需求函数是经济不稳定的主要原因时(预先不知道哪一条曲线是真正的 LM 曲线)，货币管理当局应该集中关注利率目标。

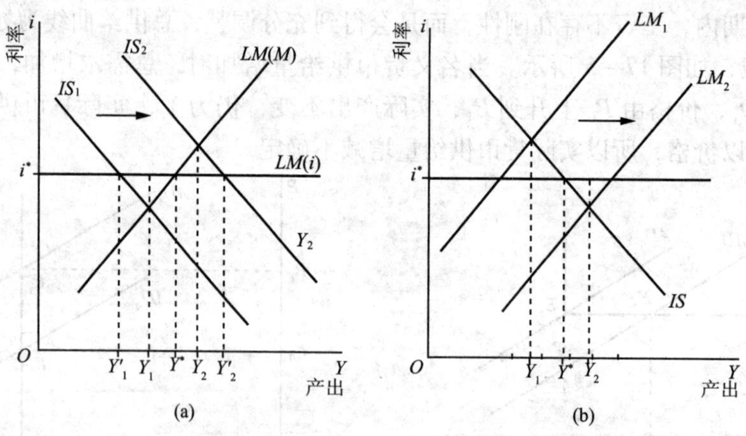

图 17－7　货币存量目标与利率目标

结合分析可以看出，货币管理当局是选择货币存量目标还是利率目标因条件而异。只不过，从现实看，随着对货币存量的不可预测性的逐步增加，货币管理当局越来越重视利率目标。

第十八章 政 策

一、名词解释

1. 政策时滞(中山大学2009研；对外经济贸易大学2016研)

答：弗里德曼强调政策工具对于政策目标的影响具有长期的和变化的滞后效应，即政策时滞。所谓时滞是指从经济体遭受冲击到宏观经济管理当局采取行动影响政策目标的过程，通常有两个阶段：

①内部时滞。内部时滞指从经济体遭受冲击，形势发生变化，需要采取行动到宏观经济管理当局实际采取行动所花费的时间。内部时滞又可细分为认识时滞、决策时滞和行动时滞。相对来说，货币政策的内部时滞较短，财政政策的内部时滞较长。

②外部时滞。外部时滞是指决策当局采取了行动，从政策工具到政策目标产生影响为止的时间间隔，它由社会的经济、金融条件决定。相对来说，财政政策的外部时滞较短，货币政策的外部时滞较长。

2. 卢卡斯批判(中山大学2018研)

答：卢卡斯批判，又称卢卡斯批评，是卢卡斯提出的一种认为传统政策分析没有充分考虑到政策变动对人们预期影响的观点。卢卡斯在《计量经济学的政策评价：一个批判》一文中指出，人们在对将来的事态做出预期时，不但要考虑过去，还要估计现在的事件对将来的影响，并且根据他们所得到的结果改变他们的行为。这就是说，他们要估计当前的经济政策对将来事态的影响，并且按照估计的影响采取对策，即改变他们的行为，以便取得最大的利益。行为的改变会使经济模型的参数发生变化，而参数的变化又是难以衡量的。因此，经济学者用经济模型很难评价经济政策的效果。

3. 渐进主义与激进主义(中山大学2007研)

答：渐进主义和激进主义是宏观经济学上利用衰退来缓解通货膨胀的两种方法。渐进主义是用较小的失业和较长的时间来降低通货膨胀；而激进主义是用较高的失业和较短的时间来降低通货膨胀。渐进主义往往更大幅度地减少货币供给，以更大的产出减少来迅速地降低通货膨胀率，其优势在于获得信誉红利，政策的坚定执行降低了预期通货膨胀，引起短期菲利普斯曲线下移，更有利于降低通胀，但也存在着一些问题：信誉难以获得，有一些固定合同限制了价格下降。

4. 信誉红利(中山大学2007研)

答：信誉红利是理性预期学派的观点，他们认为公众能够准确地预测政府的政策行为，并且会主动采取有利于自身的应对措施。在这种情况下，只有当政府向公众公布政策方向并且保持政策的一致性，才能使宏观经济政策行之有效。也就是说，只有政府建立良好的信誉，政府的政策才能被公众所信任。

5. 央行抑制通胀中的动态不一致性(对外经济贸易大学2013研；南开大学2013研)

答：动态不一致性指决策者提前宣布政策以影响私人决策者的预期，然后在这些预期形成并发生作用后又采用不同政策的倾向。决策者违背自己以前作出的宣言，主要是由于决策者有改变政策，不履行诺言的激励。

举例：假定中央银行宣布采取低通货膨胀政策，公众相信了这种承诺从而同意不增加货币工资，这时由于中央银行在失业和通货膨胀之间处于一个更好的处境，因此中央银行就有了采取提高通货膨胀降低失业的政策的激励，从而使政策前后不一致。

考虑到政策的动态不一致性，固定政策规则优于斟酌处置政策。动态不一致性的概念不仅使宏观经济政策争论的焦点转移到了积极干预政策是否有效的问题上，而且向人们揭示，建立对规则的信任比具体的规则本身更为重要。

6. 自动稳定器（中山大学2001、2002、2005、2010研；浙江大学2013研）

答：自动稳定器也称内在稳定器，是指经济系统本身存在的一种会减少各种干扰对国民收入冲击的机制，能够在经济繁荣时期自动抑制通胀，在经济衰退时期自动减轻萧条，无需政府采取任何行动。

例如，一些财政支出和税收制度就具有某种自动调整经济的灵活性，可以自动配合需求管理，减缓总需求的摇摆性，从而有助于经济的稳定。在社会经济生活中，通常具有内在稳定器作用的因素主要包括：个人和公司所得税、失业补助和其他福利转移支付、农产品维持价格以及公司储蓄和家庭储蓄等。例如，在萧条时期，个人收入和公司利润减少，政府所得税收入自动减少，从而相应增加了消费和投资。同时，随着失业人数的增加，政府失业救济金和各种福利支出必然要增加，又将刺激个人消费和促进投资。

但是，内在稳定器的作用是有限的。它只能配合需求管理来稳定经济，而本身不足以完全维持经济的稳定；它只能缓和或减轻经济衰退或通货膨胀的程度，而不能改变它们的总趋势。因此，还必须采用更有力的财政政策措施。

二、简答题

1. 试述宏观经济政策的局限性以及由此引起的争论和启示。（对外经济贸易大学2008博）

答：（1）宏观经济政策的局限性

宏观经济政策的局限性，普遍认可的有四个方面：①货币政策制止严重萧条时的无能为力。当严重的萧条状态出现时，人们对经济前景的信心异常低下。这时，即使采用非常宽松的货币政策，即以低微的利息率提供大量的贷款，企业仍然可能不愿投资，而消费者仍然不愿增加消费。②尽管政策正确而适时，但官员们却有可能由于利己的政治考虑而不予执行。这种情况有时被称为“政治经济周期”。③经济政策在时间上滞后的性质。这里的原因在于：从发现经济运行中存在的问题，最终到针对问题而执行的政策全部产生效果之间存在一系列的步骤，而其中每一个步骤都需要时间才能完成。④市场机制所牵涉到的为数众多的变量和因素使财政政策和货币政策所能运用的有限手段难以奏效。

（2）争论和启示

由于宏观经济政策的局限性导致经济学家对宏观经济政策的有效性充满争议，政策的时滞性问题使得对于经济形势的预计与判断变得十分重要，但很明显这点经济学家做得并非十分到位。预期问题的出现使得宏观经济政策的有效性得到严重质疑，因为如果人们能够完全有效的预期政策变动并随之做出决策的话，那么将只有非预期到的宏观经济政策才会有效，而那样将与宏观经济政策的稳定性目标背道而驰。此外，各种忽然而至的冲击更是宏观经济政策的天敌。比如，中国曾经在2008年开始实施出口产业调整战略，但年底忽然而至的全球金融海啸迫使中国政府重新开始保护各种原本不再重点发展的出口产业。动态不一致使得宏观政策制定者成为言而无信的小丑，不再相信政策制定者的措施使得政策可信度完全丧失，这同样使得经济政策不再有效与可信。

正是由于这些问题的存在，不同宏观经济学派对于经济政策的有效性问题充满争论，凯恩斯主义者要求积极实施政府干预，而货币主义以及理性预期学派则要求无为而治，尽管在这些问题的存在性上各个学派能够达成共识，但这些问题究竟有多严重，是否影响到政策的实施却是争论不休。这些争论表明经济体系的运行是十分复杂的，不同学派对于其运行方式有着不同的看法与观点，因此必须结合实际的经济情况，对症下药才能使得问题得到解决。

2. 什么是相机抉择？宏观经济管理当局相机抉择将会带来什么挑战？如何治理？（中山大学2011研）

答：（1）相机抉择的含义

相机抉择是指政府进行需求管理时根据市场情况和各项调节措施的特点，机动灵活地采取一种或几种措施，使财政政策和货币政策相互搭配。相机抉择一般具有以下三种搭配方式：①松的财政政策与松的货币政策相搭配；②紧的财政政策与紧的货币政策搭配；③松的财政政策与紧的货币政策搭配或紧的财政政策与松的货币政策搭配。实行相机抉择的目的在于既保持总需求，又不引起较高的通货膨胀率。

（2）宏观经济管理当局相机抉择将会带来的挑战

理论上，相机抉择的经济政策都是为了变动总需求，而按照凯恩斯定律的假设，不论需求量为多少，经济社会大致能以不变的价格提供相应的供给量，因此总需求的变动只影响产量水平而不影响价格水平，即价格和工资存在着刚性。但是，在现实生活中，总需求的变动不仅影响产量水平也影响价格水平。即使在萧条时期，也有可能产生轻微的影响。此外，价格水平和工资水平是在商品和劳务市场上由市场力量所决定的，其变动又可能影响到经济政策的作用。例如扩张性经济政策虽然有助于解决失业问题，但是当实施的结果导致物价上涨时，这些政策就受到价格水平变动的限制，有时甚至不能用于解决失业问题。

实践中，在实际经济活动中存在各种各样的限制因素影响相机抉择的经济政策作用的发挥，集中体现在以下几个方面：①时滞。认识总需求的变化，变动经济政策以及乘数作用的发挥，都需要时间。②不确定性。实行经济政策时，政府主要面临两个方面的不确定：第一，各种乘数大小难以准确地确定；第二，政策必须预测总需求水平通过经济政策作用达到预定目标究竟需要多少时间，而在这一时间内，总需求特别是投资可能发生戏剧性的变化，这就可能导致决策失误。③外在的不可预测的随机因素的干扰，也可能导致经济政策达不到预期结果。此外还存在政策的“挤出效应”问题。政府增加支出，会使利息率提高，私人投资支出减少，即发生挤出效应。

（3）如何治理

考虑到相机抉择的经济政策在理论上和实践中都面临着一些问题，为此，在采取相机抉择的经济政策时，还要辅之以限制货币工资和价格的收入政策。实行相机抉择的经济政策时，必须考虑相关因素的影响，尽量使其效果接近预期目标。

3. 谈谈你对财政政策和货币政策时滞的认识。（华南理工大学2014研）

答：政策时滞可以分为两个阶段：内部时滞和外部时滞。

（1）内部时滞。内部时滞是指达成一致意见、采取政策行动的时间。内部时滞又可以划分为认识时滞、决策时滞和行动时滞。认识时滞是从扰动产生到政策制定者认识到需要采取行动之间所花费的时间。决策时滞是指认识到需要采取行动和做出政策决策之间所延续的时间。政策决策和它的实施之间的时间就称为行动时滞。

（2）外部时滞。外部时滞是指政策行动对经济产生作用的时间。外部时滞通常是一种分布时滞：一旦采取政策行动，它对经济的作用就随时间扩展。货币政策的时滞，由货币支出对支出和产出所产生的任何重要影响都要花费几个季度而且只能慢慢建立起来这一事实来表示。

可以确定，财政政策和政府支出的变化（这直接对总需求起作用）会比货币政策更快地对总收入产生作用。中央银行变动货币供给量，要通过影响利率，再影响投资，然后再影响就业和国民收入，因而，货币政策作用要经过相当长一段时间才会充分得到发挥。尤其是，市场利率变动以后，投资规模并不会很快发生相应变动。利率下降以后，厂商扩大生产规模，需要一个过程，利率上升以后，厂商缩小生产规模，更不是一件容易的事。不过，虽然财政政策具有较短的外部时滞，但它有很长的内部时滞。财政政策的形成过程需要较长的时间。因为财政政策的变动一般是一个完整的法律过程，这个过程包括议会与许多专门委员会的讨论，政府部门的研究，各利益集团的院外活动等。这样，在财政政策最终形成并付诸实践时，经济形势可能已经发生意想不到的变化。因此，就会影响其所要达到的目标。较长的内部时滞使财政政策对于稳定经济来说作用不大，而且意味着财政政策倾向于使用相对不寻常的手段去稳定经济。

4. 什么是货币政策规则？请列出其中的三种并简述之。（中国人民大学2014研）

答：货币政策规则是相对于货币政策操作中相机抉择而言的，如果政策制定者按照一定的规则来制定政策，即提前公告政策如何对各种情况做出反应并承诺始终遵循其公告，那么政策就是按规则来实施的。反之，如果政策制定者在事件发生时自由地作出判断并择时制定政策，该政策就是斟酌处置的，也称为相机抉择的。经济学家提出的三种政策规则是：

（1）货币主义的单一政策规则

货币主义提出，在没有通货膨胀的情况下，按平均国民收入的增长率再加上人口增长率来规定并公开宣布一个长期不变的货币增长率，是货币政策唯一的最佳选择。货币主义的这一以货币供给量作为货币政策的唯一控制指标，而排除利率、信贷流量、准备金等因素的政策建议被称为单一的政策规则。

（2）名义GDP目标制

根据这种规则，中央银行宣布一个计划的名义GDP路径。如果名义GDP的增加高于这个目标，中央银行就降低货币增长率，以抑制总需求。如果名义GDP的增加低于这个目标，中央银行就提高货币增长率，以刺激总需求。由于名义GDP目标允许根据货币流通速度的变动调整货币政策，所以，大多数经济学家相信，这种政策规则会比货币主义政策规则使产出和物价更稳定。

（3）通货膨胀目标制

根据这种规则，中央银行将预先宣布通货膨胀率目标（通常是低的），然后当实际通货膨胀率背离这一目标时调整货币供给。与名义GDP目标一样，通货膨胀率目标也把经济与货币流通速度的变动分开。此外，通货膨胀率目标政治上的优点是易于向公众作出解释。

5. 相机抉择的经济政策在理论上和实践中可能面临怎样的问题？如何克服这些问题？（中国人民大学2011研）

答：（1）凯恩斯主义认为，为确保经济稳定，政府要审时度势，主动采取一些经济政策以稳定总需求水平，使之接近物价稳定的充分就业水平。当认为总需求非常低即出现经济衰退时，政府采取扩张性的财政政策和货币政策；反之，当认为总需求非常高即出现通货膨胀时，政府采取紧缩性的财政政策和货币政策，简言之，即“逆经济风向行事”，这样一套斟酌使用的经济政策就是凯恩斯主义的相机抉择的经济政策。但相机抉择的经济政策在理论上和实践中都面临着一些问题，为此，在采取相机抉择的经济政策时，还要辅之以限制货币工资和价格的收入政策等。

(2)理论上，相机抉择的经济政策都是为了变动总需求，而按照凯恩斯定律的假设，不论需求量为多少，经济社会大致能以不变的价格提供相应的供给量，因此总需求的变动只影响产量水平而不影响价格水平，即价格和工资存在着刚性。但是，在现实生活中，总需求的变动不仅影响产量水平也影响价格水平。即使在萧条时期，总需求的变动对价格水平也有可能产生轻微的影响。此外，价格水平和工资水平是在商品和劳务市场上由市场力量所决定的，其变动又可能影响到经济政策的作用。例如扩张性经济政策虽然有助于解决失业问题，但是当实施的结果导致物价上涨时，这些政策就受到价格水平变动的限制，有时甚至不能用于解决失业问题。

(3)实践中，在实际经济活动中存在各种各样的限制因素影响这种相机抉择的经济政策作用的发挥，集中体现在以下几个方面：①时滞。认识总需求的变化，变动经济政策以及乘数作用的发挥，都需要时间。②不确定性。实行经济政策时，政府主要面临两个方面的不确定：第一，各种乘数大小难以准确地确定；第二，政策必须预测总需求水平通过经济政策作用达到预定目标究竟需要多少时间，而在这一时间内，总需求特别是投资可能发生戏剧性的变化，这就可能导致决策失误。③外在的不可预测的随机因素的干扰，也可能导致经济政策达不到预期结果。此外还存在政策的“挤出效应”问题。政府增加支出，会使利率提高，私人投资支出减少，即发生挤出效应。所以，实行相机抉择的经济政策时必须考虑这些因素的影响，尽量使其效果接近预期目标。

三、论述题

1. 论述宏观政策时滞原因及其影响。(浙江大学 2012 研)

答：(1)宏观经济政策存在时滞的原因

宏观经济政策时滞存在的原因为：从发现经济运行中存在的问题，最终到针对问题而执行的政策全部产生效果之间存在一系列的步骤，而其中每一个步骤都需要时间才能完成。时滞可以划分为两个阶段：内部时滞，即达成一致意见采取政策行动(例如减税或增加货币供给)的时间；外部时滞，即政策行动对经济产生作用的时间。而内部时滞又可以划分为认识时滞、决策时滞和行动时滞。认识时滞是扰动产生到政策制定者认识到需要采取行动之间所花费的时间。决策时滞，即认识到需要采取行动和做出政策决策之间所延续的时间。行动时滞，即政策决策和它的实施之间所延续的时间。相对来说，货币政策的内部时滞较短，财政政策的内部时滞较长。外部时滞通常是一种分布时滞：一旦采取政策行动，它对经济的作用就随时间扩展，即一项政策变化发生效果所需要的时间。相对来说，财政政策的外部时滞较短，货币政策的外部时滞较长。

(2)宏观经济政策时滞的影响

由于存在时滞，宏观经济政策可能成为经济波动的一个因素，使得宏观经济的运行更不稳定。

对于经济的扰动，政策制定者是否做出反应以及如何做出反应，需要判断这种经济的扰动是永久性的还是短暂的。

如图 18－1 所示，假如一次总需求扰动从时间 t_0 开始减少了产量，使其低于潜在水平。

在没有积极政策干预的情况下，产量会有一段时间下降，但随后就会恢复，并在时间 t_2 处再次达到充分就业。假如实行一项积极的稳定性政策，这种扩张性的政策从时间 t_1 开始，但在某段时间后才会发挥作用。作为扩张性政策的后果，产量趋向于迅速恢复，但由于缺乏合适的力度和时间，实际上会调整过度，超过充分就业水平。在时间 t_3 上，产出水平超过潜在水平，出现了通货膨胀。在这个例子中，"稳定性"政策实际上反倒使经济"不稳定"。

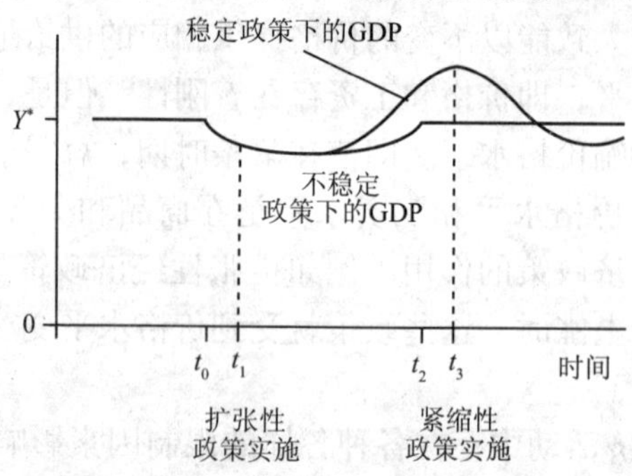

图 18－1　时滞和不稳定的政策

2. 绘图并简要说明"动态不一致性"的机制。怎样才能避免"动态不一致性"？（中山大学 2005 研）

答：宏观经济管理当局在一定时期内做决策时会有按规则行事还是相机决策的问题，前者是指宏观经济管理当局事先宣布政策如何对各个情况进行反应，并承诺始终遵循这个规则；而后者是指宏观经济管理当局在事件发生时自由作出判断，优化每个时点上的政策工具选择。因此，当宏观经济管理当局按规则行事，事先宣布通货膨胀目标是$\bar{\pi}$，最终其选择的还是$\bar{\pi}$，则意味着宏观经济管理当局是言行一致的，即所谓时间一致性或动态一致性；反之，当相机决策时，宏观经济管理当局开始宣称通货膨胀目标是$\bar{\pi}$，但最终其选择的是 π^*，而非$\bar{\pi}$，这意味着他们是言行不一致的，即所谓的时间不一致性或动态不一致性。

(1)"动态不一致性"的机制

动态不一致性主要源于宏观经济管理当局尽管谋求长期利益，但总想从事短期行动，难免与经济体的长期利益不一致，下面以附加预期的菲利普斯曲线为例，几何地说明动态不一致性。如图 18－2 所示，附加预期的菲利普斯曲线为 $\pi=\pi^e-\varepsilon(u-u^*)$，它是向右下方倾斜的。假定初始时刻，宏观经济管理当局宣称零通货膨胀政策，如果公众认为宏观经济管理当局的承诺是可信的，那么他们的预期通货膨胀率 $\pi^e=0$，也就是经济体的政策目标是图 18－2 中的 A 点，此时短期菲利普斯曲线为 PC_0。由于菲利普斯曲线就是刻画通货膨胀率与失业率之间的某种(短期)取舍关系，当相机抉择时，宏观经济管理当局可以沿着菲利普斯曲线按需调整通货膨胀率与失业率的组合，比如说，通过接受小幅度的通货膨胀率来降低失业率，这样经济体就运动到了 B 点，此时失业率是$\bar{u}$，通货膨胀率是$\hat{\pi}$。

而此时，对于公众而言，特别是对理性预期的公众而言，他们能够预期到经济体的通货膨胀水平已经上升到了$\hat{\pi}$，即 $\pi^e=\hat{\pi}$，那么短期菲利普斯曲线也将向上平移$\hat{\pi}$个单位，此时的菲利普斯曲线变为 $PC_1(\pi^e=\hat{\pi})$，那么经济体的通货膨胀还是$\hat{\pi}$，但失业率重新恢复到自然失业率 u^*，即为 C 点所示。对于 A 点和 C 点，就会发现，宏观经济管理当局开始宣称零通货膨胀政策，即 A 点，但当相机抉择时，经济体却达到了 C 点，于是理性的、出于良好动机的政策决策者让经济白白遭受了一次通货膨胀，而且自己言行不一致，信誉受损。

如果考虑到通货膨胀预期的调整，即把通货膨胀预期加进菲利普斯曲线，在长期内通货膨胀率与失业率之间根本不存在替代取舍关系。长期菲利普斯曲线是一条垂直的直线，即图18－2中的PC_L。从长期菲利普斯曲线来看，扩张性政策虽然能够在短期内暂时降低失业率，但无法在长期内降低失业率，如果政府采取持续的扩张性政策，必然会造成通货膨胀加速上升，失业率始终保持在自然失业率水平上。

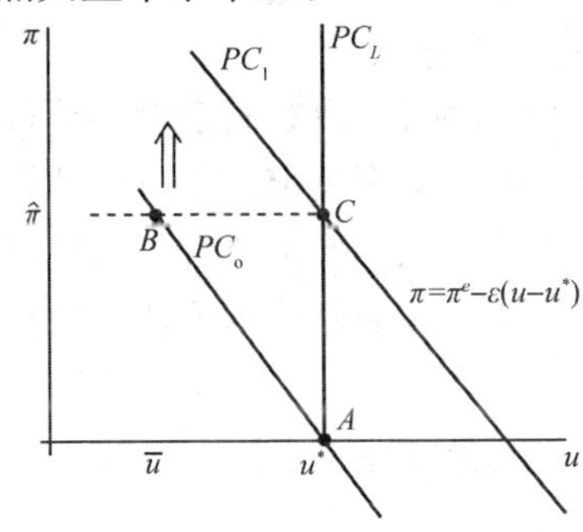

图18－2 动态不一致

(2)避免“动态不一致性”的方法

解决动态不一致问题，并不是一件容易的事情。目前主要存在以下三种方案：第一种方案，宏观管理当局按规则行事，但问题是规则又该由谁定；第二种方案任命一个厌恶通货膨胀或称保守的中央银行家，这在一定程度上降低经济体中的通货膨胀率，缓解动态不一致问题；第三种方案是强化中央银行的独立性，体现在政治上的独立性和经济上的独立性，这可以在一定程度上避免动态不一致问题。

3. 论述滞后性原理及其对宏观经济调控的意义(时机、力度、选择、配合、微调等)。(华南理工大学2011研)

答：(1)时滞

无论是财政政策还是货币政策，从政策制定到政策发挥作用，都需要一定的时间，即都存在一定的时滞。时滞可以分成两种时间层次：内部时滞和外部时滞。

①内部时滞指从经济发生变动，认识到有采取政策措施的必要性到决策者制定出适当的经济政策并付诸实施之间的时间间隔，是与“外部时滞”相对而言的。内部时滞可以分为三个组成部分：认识时滞、决策时滞和行动时滞。

a. 认识时滞是扰动产生到政策制定者认识到需要采取行动之间所花费的时间，认识时滞通常是必要的，扰动和认识到需要采取积极的政策之间需要一段时间；

b. 决策时滞即认识到需要采取行动和做出政策决策之间所延续的时间；

c. 行动时滞指从做出决策到具体实施之间的时间间隔，处于认识时滞和决策时滞之后。

②外部时滞指从一项经济政策特别是宏观经济政策开始执行到其充分地发挥全部效果并达到预期目标之间的时间间隔，政策付诸实施后，它会随着时间的推移逐渐对经济产生影响。只有经过一定时间以后，政策才会完全发挥作用，才能达到预期目标。外部时滞由政策影响中间变量所需要的时间和中间变量影响目标变量所需要的时间两部分组成。

(2)货币政策和财政政策的时滞

①货币政策的时滞

货币政策由于从决策到执行所需的环节较少，其内部时滞比较短。货币政策实施以后一般不会马上对目标变量发生作用，而是首先作用于某个中间变量，再由这个中间变量去影响目标变量，因此货币政策的外部时滞比较长。

②财政政策的时滞

财政政策的制定和执行需通过立法机构讨论和表决，再由中央和地方政府执行，因而其内部时滞较长。较长的内部时滞使得财政政策对稳定经济的作用减弱。财政政策对收入的影响较为直接，因此财政政策具有较短的外部时滞。

(3)滞后性原理对宏观经济调控的意义

当经济体出现没有预先警告的扰动时，政策制定者必须首先区分扰动是永久的或至少要持续一段时间，还是瞬间的和短暂的，从而决定是否对扰动做出反应。

①暂时性扰动将影响这一时期的收入，但不会有永久性影响。如果扰动是暂时的，没有长久效应，而政策运作存在时滞，那么，最好的政策就是对扰动不做出反应。

②持久性扰动。在这种情况下，扰动产生的影响将持续几个季度，收入水平在没有干扰的情况下，在一段时间内，将低于充分就业水平。

a. 经济中小的扰动

面对经济中小的扰动时，政策就应该针对小的扰动做出小的反应，即微调。假如扰动在本质上具有不确定性，从技术上说，正确的政策反应是轻微的，在适合暂时冲击的零反应和适合永久扰动的充分反应之间。

b. 重大经济冲击

面对重大经济冲击时，应该积极运用货币和财政政策。政府和中央银行可以根据具体情况和不同目标，及时采取反周期性质的政策措施。

因此，如果干扰是暂时的，没有长期效应，而且政策运行也有时滞，那么，最好的政策就是靠市场自发调节。如果干扰不是暂时的就应该进行调控，货币政策具有较短的外部时滞和较长的内部时滞，财政政策具有较长的外部时滞和较短的内部时滞，在调控经济时，应当恰当的选用两个政策。

4. 什么是经济的自动稳定器？在当前中国经济进入新常态的背景下，哪些自动稳定器可能会发挥作用？(中国人民大学2016研)

答：(1)自动稳定器的含义

自动稳定器又称内在稳定器，是指经济系统本身存在的一种会减少各种干扰对国民收入冲击的机制，能够在经济繁荣时期自动抑制通胀，在经济衰退时期自动减轻萧条，无需政府采取任何行动。例如，一些财政支出和税收制度就具有某种自动调整经济的灵活性，可以自动配合需求管理，减缓总需求的摇摆性，从而有助于经济的稳定。

(2)自动稳定器发挥作用的工具

后金融危机时代全球主要经济体增速的普遍放缓宣告了全球经济已经步入深度调整期，处于全球经济调整期和过渡期的时代背景，同时受到国内经济阶段性因素的叠加影响，中国经济自2012年第二季度GDP增速“破8”以来，已经逐步进入到经济增速阶段性回落、经济结构深度调整的“新常态”时期。在当前中国经济进入新常态的背景下，即财政的自动稳定功能主要通过两方面来实现：

①自动调整税收。在现代税制中，所得税有着重要地位。因为所得税具有固定的起征点和累进的税率，当经济繁荣特别是过热时，均衡国民收入增加，不仅有更多的人进入交纳所得税的行列，还有许多人将按更高的税率交税。其结果是，税收自动增加，并且税收的增幅还会超过居民收入的增长幅度，即抑制总需求的进一步扩张，使经济增长降温。当经济衰退时，国民产出水平下降，个人收入减少；在税率不变的情况下，政府税收会自动减少，留给

人们的可支配收入也会自动地少减少一些，从而使消费和需求也自动地少下降一些。在实行累进税的情况下，经济衰退使纳税人的收入自动进入较低纳税档次，政府税收下降的幅度会超过收入下降的幅度，从而可起到抑制衰退的作用。

②政府转移支付的自动增减。在经济繁荣时期，税收自动增加，同时由于失业人数和需要救济的人数减少，政府转移支付减少，这会抑制消费和投资的过快增长，有助于遏制需求进一步膨胀；而一旦经济萧条，失去工作的人可立即从政府得到收入（失业救济金），以维持一定的消费需求，政府转移支付增加，这就能抑制消费和投资的过度减少，有助于减轻社会经济进一步下滑的程度。其他福利支出因经济波动而自动增减也有内在的反周期、促稳定的作用。

财政的内在稳定器作用的大小，取决于税收结构、转移支付结构及其水平。在边际消费倾向一定的条件下，边际税率越高，稳定经济的作用越大。比如，假设边际消费倾向为0.8，当税率为0.1时，则增加1美元投资就会使总需求增加3.57美元$\{1\times1/[1-0.8\times(1-0.1)]=3.57\}$；若税率增至0.25时，则增加1美元投资只会使总需求增加2.5美元$\{1\times1/[1-0.8\times(1-0.25)]=2.5\}$。可见税率越高，自发投资冲击带来的总需求波动越小，说明自动稳定作用越大。

(3)农产品价格维持制度。经济萧条时，国民收入下降，农产品价格下降，政府依照农产品价格维持制度，按支持价格收购农产品，可使农民收入和消费维持在一定水平之上。经济繁荣时，国民收入水平上升，农产品价格上升，这时政府减少农产品的收购并抛售农产品，限制农产品价格上升，也就抑制农民收入增长，从而减少了总需求的增长。

但由于政府税收和转移支付自动调整的幅度不大，从总体看，财政政策工具“自动稳定器”的作用很有限。它只能减轻经济萧条或通货膨胀的程度，并不能改变经济萧条或通货膨胀的总趋势。

第十九章　金融市场和资产价格

一、名词解释

1. 有效金融市场(浙江大学 2005 研)

答: 有效金融市场是指金融市场上各种证券的价格完全地反映了所有的可得信息，市场对未来证券价格的预期是合理的金融市场。在有效金融市场上，用所有的可得的信息对某种证券的报酬率所作的最佳预测等于该证券的均衡报酬率，因此在有效金融市场上，将不存在未加利用的盈利机会。根据市场有效性的程度，通常将有效市场划分为三种形态：弱式有效市场、半强式有效市场和强式有效市场。

2. 现值(浙江大学 2004 研)

答: 现值是指把未来的一定量资金按复利方式折现到现在时所具有的价值，常用符号 P 来表示。现值的基本计算公式为：

$$P=F(1+r)^{-n}$$

式中，P 表示现值，F 表示未来的一定量资金(即终值)，r 表示折现率(或贴现率)，n 表示年数。

现值分析法指在项目评估中，对投资方案进行财务分析时考虑货币的时间价值，对项目寿命期内的净现金流量进行折现分析的方法，是一种动态分析方法。用现值分析法来评估项目时，常用的分析指标主要有净现值和内部收益率等。

3. 套利(浙江大学 2004 研)

答: 从广义上来说，套利是指利用不同市场中某一方面(如汇率、利率、价格、风险水平等)的差异来获利的活动。其基本方式是在一个市场购进(或借入)某种资产(如货币、商品、证券等)，同时在另一个市场卖出(或贷出)同种资产。从狭义上来讲，套利则特指货币套利和利率套利。具体来说，套利主要有以下几种形式：

①货币套利，又简称为套汇，指利用不同外汇市场中同一种或多种货币的汇率差异，在汇率低的市场买进，同时在汇率高的市场卖出，以套取投机利润的活动。根据我国外汇管理条例的规定，凡在我国境内的企业或个人采取各种方式，用人民币或物资非法换取外宾、侨民或其它个人和团体的外汇的行为，统称为套汇。

②利率套利，又简称为套利，指利用不同市场中利率的差异进行牟利的投机活动。

③商品套利，又简称为套购，指利用不同市场中同种商品的价格差异，在价格低的市场买进，同时在价格高的市场卖出，以套取投机利润的活动。

④证券套利，指利用不同市场中同种证券的价格差异，通过贱买贵卖的方式以获取投机利润的活动。

⑤风险套利，又称之为收购套利。

4. 风险溢价(对外经济贸易大学 2012 研)

答: 风险溢价是风险规避者为规避风险而愿意付出的最大货币额。通常来说，风险溢价的大小取决于他面临的风险性选择。

如图 19－1 所示，风险溢价 CF 表示一个人为了在风险性选择和确定性选择之间保持无差异而愿意放弃的收入额。这里，风险溢价为4000美元，因为一份16000美元（位于C点）的确定性收入与一份期望收入为20000美元的不确定性收入（0.5的概率位于A点，0.5的概率位于E点）给该人带来的效用相等（都为14）。

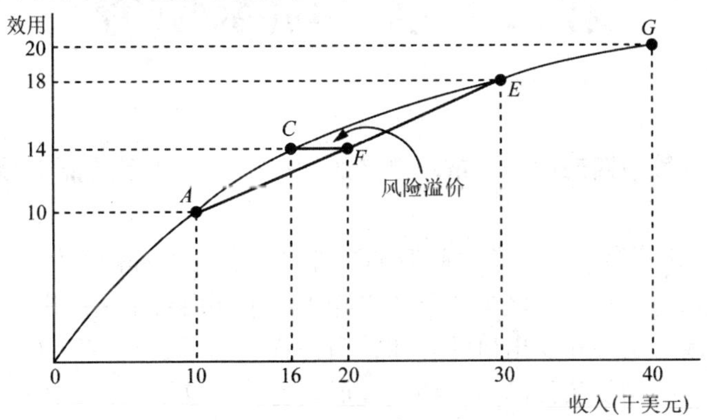

图19－1　风险溢价

风险溢价通常依赖于风险状况，风险越大，风险溢价越高，反之就越低。用期望值和方差的概念来表述，就是在期望值相等的情况下，方差越大，风险溢价越高。

二、简答题

在物价既定的条件下，汇率和利率的关系是怎样的？（清华大学2011研）

答：在物价既定的条件下，以直接标价法表示的汇率和利率呈正相关关系，即汇率提高（本币贬值）会导致利率上升，反之，汇率下降会导致利率下降。这是因为从$IS-LM-BP$模型看，汇率提高会使IS曲线向右移动，在LM曲线保持不变的情况下，新的内部均衡点的利率会有所提高。从经济意义上看，汇率提高本币贬值导致本国产品竞争力增加，从而出口增加，国民收入提高，进而货币需求增加，最后导致利率提高。

第二十章　国家债务

一、简答题

简答国民收入核算中四部门、三市场经济的均衡条件，并用其说明“双赤字”及其后果。（南开大学 2016 研）

答：（1）四部门是指私人、企业、政府和国外部门。在四部门经济中，由于有了对外贸易，要使经济达到均衡，就需要使国民总产出等于四个部门对本国产出的支出之和，即产出等于消费、投资、政府购买和净出口的总和，用公式表示是：$Y=C+I+G+NX$，将其移项化简，可得四部门经济均衡条件的另一种表现形式为：$S-I=NX$。

具体到三市场中，产品市场达到均衡的条件为计划支出等于实际支出，即 $Y=PE=C+I+G+NX$；货币市场达到均衡的条件为实际货币余额的需求等于其供给，即 $(M/P)^d=L(r,Y)=M/P$。外汇市场均衡的条件为外汇市场上本币的供给等于需求，其中，外汇市场上的本币供给来自于资本净流出，需求来自于净出口，因而其均衡条件为资本净流出等于净出口，即 $CF=S-I=NX$。

（2）“双赤字”分别指财政赤字和贸易赤字，其中，财政赤字意味着政府收入小于政府支出，贸易赤字意味着该国出口小于进口。“双赤字”会使一个国家的政府债务和贸易逆差不断积累，一方面，随着政府债务的积累，公众对于政府还债能力的担忧也会增长，若政府一直处于入不敷出的状态，势必会影响到公众对政府的信心，最终，财政状况的不断恶化很可能导致政府通过发行货币来偿还债务，通货膨胀率也随着上升，甚至会出现恶性通货膨胀；另一方面，持续的贸易赤字将使该国国内的部分生产厂商和劳动者受损，本币则通过进口不断流出，世界其他国家、机构或个人将持有更多该国货币或债券等资产，该国通货膨胀的部分代价将由其他国家分担，但是，若该国最终选择增加货币供给以稀释其债务，会使得世界市场对其货币币值和政府债务价值产生怀疑，进而引发债务危机，同时，持续的贸易赤字可能也预示着该国储蓄率过低，从增长理论来看，这将使得该国达到的稳态拥有较小的人均收入。

二、论述题

1. 为应对金融危机，美国政府实施了财政刺激计划，国债纪录屡创新高。2011 年 5 月 16 日，美国国债终于触及国会所允许的 14.29 万亿美元上限。2011 年 8 月 2 日美国国会通过了债务上限协议，同意将债务上限从 2.1 万亿美元提高至 2.4 万亿美元，但代价是未来十年内需削减 1.2 万亿美元规模的财政赤字。请根据宏观经济理论分析：

（1）美国债务危机产生的原因？

（2）试说明美国政府应该怎样选择债务融资与货币融资来弥补赤字？

（3）美国债务危机对中国经济的影响。（对外经济贸易大学 2012 研）

答：（1）美元的国际地位是诱发债务危机的根本原因。

美元是世界货币，具有储备和投资的功能，美国国债实际上也是世界各国竞相购买以获取稳定收益的投资对象。在这种情况下，美国国债的发行虽然是其国内行为，却具有世界影响。一方面，世界需要美国以财政和贸易双赤字为条件向全球输出美元货币，世界则每年向美国支付数百亿美元的“铸币税”；另一方面，由于缺乏美元币值稳定的有效机制以及美国长期举债过度，客观上诱使美国通过增发美元来稀释其负债。当美国财政赤字和公共债务累积到难以为继的程度时，市场必然对美元币值以及美国国债的投资价值产生怀疑，这是美国债务危机产生的根本原因。具体而言：

①预算赤字。联邦债务是每年的预算短缺和盈余的总和。

②储蓄赤字。“储蓄”一词在美国公民的生活中几乎不出现，因为美国公民几乎不储蓄，取而代之的是信贷，他们习惯于使用信用卡，提前支出自己将来的收入用于当前的消费。

③贸易逆差。近年来，美国在全世界的贸易当中贸易逆差越来越大，进口远大于出口。

④领导能力缺乏。对于美国的债务问题，联邦政府所体现出的是领导能力的缺乏。面对如此巨额的账单，联邦政府决定大量印制美元来支付，然而这样做的后果是导致美元的快速贬值。

(2)债务融资和货币融资的区别表现在：

①对货币发行量的不同效应

如果财政是向公众借贷，则公众手里会持有更多债券，但他们持有的高能货币数量不会变化，因为政府卖掉公债的货币最终又会通过公共支出回到公众手里。

如果政府财政向中央银行借款或出售公债，那么公众手里的国库券或公债数额不会发生变化，但他们持有的高能货币会增加，原因在于政府赤字的弥补是通过中央银行增发货币实现的。

②对投资的不同效应

货币融资法会增加名义货币存量，而债务融资法由于不可能改变名义货币存量，就不会产生这种效应。而短期内由于货币存量增加，利率下降，因而货币融资法会刺激投资。

③对价格水平的不同效应

与债务融资法相比，货币融资法会使价格上升得更高。因为货币融资法会增加货币存量，而货币存量的上升显然会提高价格水平。

综上所述，货币融资的三种效应归根结底是增发高能货币的效应。而债务融资虽然可以避免眼前的通货膨胀，却会增加未来的债务，这种债务会越背越重，从而产生未来的通货膨胀或税负压力。因此，针对美国严重的债务危机，应该选择货币融资法来弥补赤字。

(3)爆发的美国债务危机给世界经济特别是对以中国为首的发展中国家的经济发展带来深刻影响。这种影响既有积极的一面，如加强中国在国际货币体系中的话语权，但更多的是不利的一面，具体体现为：

①美国债务危机将给世界市场增加不确定性及风险，将冲击包括中国在内的各国对外投资决策与现有经济政策。因为美国债务危机引发的全球性危机，可能导致美欧经济出现第二次衰退，这将严重影响到我国的出口，国内出口型产业面临洗牌，继而影响我国以出口带动经济增长的模式。

②美国债务危机可能导致中国的房地产崩溃，进而银行坏账急剧增加，金融系统崩溃。

③面对欧美各国经济衰退的风险，中国货币政策也到了是否要调整的十字路口。一旦美国债务危机爆发，国际货币美元必然大幅贬值，人民币对美元升值，会造成人民币对内的大幅贬值，这将使中国国内产生通货膨胀。

2. 什么是政府赤字和债务？在理论上，政府债务或赤字影响宏观的渠道有哪些？基于这些理论，你怎么评价中国地方政府债务的影响？（中山大学2013研）

答：(1)政府赤字是政府支出的货币数量大于它以税收形式所获得收入的差额，即政府进行财政预算时，预算支出和预算收入的差额。

政府债务(亦称公债)是指政府凭借其信誉，政府作为债务人与债权人之间按照有偿原则发生信用关系来筹集财政资金的一种信用方式，也是政府调度社会资金，弥补财政赤字，并借以调控经济运行的一种特殊分配方式。政府债务是整个社会债务的重要组成部分，具体是指政府在国内外发行的债券或向外国政府和银行借款所形成的政府债务。

(2)在理论上，政府债务或赤字影响宏观经济的渠道主要有：

①如果经济中的资源初始时未充分利用，政府支出增加或税收削减会立刻对总需求产生相当数量的影响，国民收入会增加。这样，恰当控制的财政赤字给经济带来有利影响。通常，财政赤字的增加会通过乘数效应导致 GDP 增加和就业增加。

②过量的财政赤字会制约政府的宏观经济政策的实施效果。过量的财政赤字给政府增加了巨大的利息支出，束缚政府调控经济的能力。另外，政府靠发行债券来填补债务黑洞，这无疑等同于与私人企业争夺有限的资金，进而抬高银行利率，使经济形成恶性循环。

③财政赤字可能诱发通货膨胀。财政赤字导致货币总量增加，而现存的商品和劳务的总供给量并没有增加，这必然导致整个经济总存在通货膨胀缺口，引诱价格水平高企。

(3)中国地方政府债务对中国经济的影响

①短期内，中国地方政府债务的适当增加，加大政府支出，投资增加，有利于促进地方经济发展，改善居民生活水平。从中国经济发展历程来看，地方政府扩大基础设施建设，加大对教育、科技和社会福利性支出，政府债务发挥了重要作用。

②地方政府财政赤字和债务规模过大会威胁经济和社会的稳定。经济理论和实践都表明，价格稳定与财政赤字息息相关。财政赤字过高会威胁价格的稳定性，从而需要紧缩货币政策的制约。但过高的利率会导致地方政府无力偿还其巨额债务。财政危机会反过来要求货币当局提供贷款援助。在地方债务数据不全或者根本没有数据的情况下，金融机构的地方政府的贷款会增加不良资产和加剧金融风险。

③为了减缓过高债务带来的压力，地方政府会缩减开支，很大可能性是缩减用于公共服务的经费，从而导致公共服务的缩水。

④中国日益严重的地方债务问题也为经济发展埋下了严重的隐患。长期内，预算赤字增加会使得经济中的资本积累下降，从而对长期内的经济增长带来不良影响。更高的财政赤字带来更少的未来投资，从而导致更低的未来产出。

第二十一章　衰退与萧条

一、简答题

假定美国大萧条时期的经济事实为，道琼斯指数下降了80%、人均产出水平下降了30%、失业率从3%上升到25%、投资下降了85%、名义货币存量下降了25%、物价指数下降了20%和名义利率从6%下降到接近于0等。请画图分析这些事实之间可能存在的内在联系。（中山大学2009研）

答：1929年10月的股市崩溃及其引发的连锁反应，是对经济体的一次严重的负向冲击，可以用经典的 *IS－LM* 框架进行分析：先考察其对 *IS* 曲线的冲击，再分析对 *LM* 曲线的冲击，最后结合起来一起分析。

(1)“大萧条”的成因：对 *IS* 曲线的冲击

在股市崩溃的1921－1929年间，道琼斯指数一路上涨，股市异常繁荣，这反映在 *IS－LM* 模型中，经济体初始位于图21－1中 *A* 点。但是，1929年10月28日，道琼斯指数从298点下跌到260点，第二天继续下跌到230点，两天之内下跌了23%，比9月初的最高点更是狂跌了40%。几乎可以肯定的是，这次典型的股市崩溃仍然是由股市投机泡沫破灭所致。

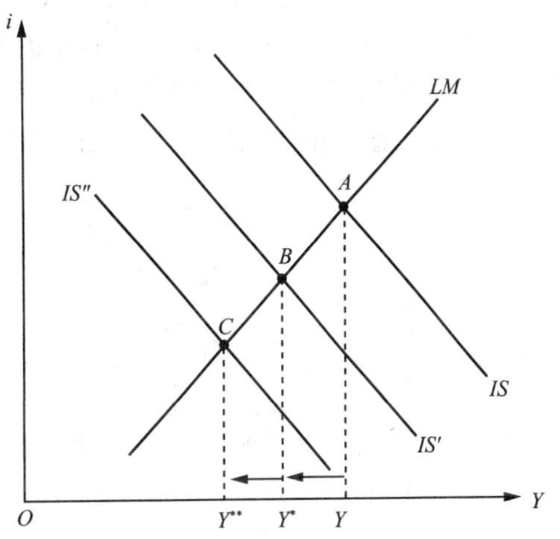

图21－1　股市崩溃对 *IS* 曲线的冲击

股市崩溃，不仅减少了经济活动主体的财富，而且增加了经济体的不确定性。平均而言，消费者和厂商在股市上的财富蒸发了80%，而且越来越多的人面临着失业进而遭受没有收入的威胁。面对股市崩溃，消费者和厂商无能为力，除了恐慌就是被动地静观其变，并推迟消费和投资，这反映在 *IS－LM* 模型中，如图21－1所示，*IS* 曲线将向左平移，经济体从 *A* 点运动到 *B* 点，从而导致产出从 Y 急剧下跌到 Y^*。

股市崩溃所带来的连锁反应，进而对 *IS* 曲线带来再次冲击。首先，在“大萧条”期间，银行面对存款逐渐流失的情况，不得不回收现有贷款，而那些无法从银行贷款的企业将无法从别的地方获得贷款来源，因此企业被迫取消投资计划，甚至因为资金链断裂而破产。其次，“大萧条”期间，民众有通货紧缩预期。因此，“大萧条”期间，信贷渠道不畅和通货紧缩预期将会导致 *IS* 曲线进一步向左移动，如图21－1所示，经济体将从 *B* 点进一步运动到 *C* 点，从而导致产出进一步由 Y^* 下跌到 Y^{**}。

(2)“大萧条”的成因：对 *LM* 曲线的冲击

在“大萧条”期间，经济体的名义货币存量大幅下降了25%，但由于一般物价水平也同比下降了20%，因此实际货币存量并没有呈现大幅下降，只是略微减少。这意味着，股市崩溃对 *LM* 曲线的冲击较小，也即 *LM* 曲线只是略微左移。如图21－2所示，假定经济体的初始位置为 *A* 点，产品市场和货币市场都处于均衡状态，股市崩溃后，*LM* 曲线只是略微左

移至 LM'，产出水平从 Y 稍微下降到 Y^*。

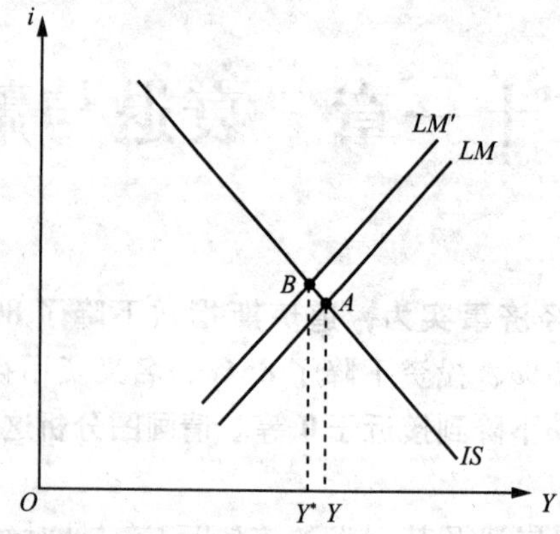

图 21－2 “大萧条”对 LM 曲线的冲击

(3)“大萧条”的成因：小结

通过前面的分析，用 $IS-LM$ 模型能较好地解释“大萧条”的成因，如图 21－3 所示，把股市崩溃及其引发的连锁反应视为一次严重的负向冲击，随着总支出的大幅度下降，IS 曲线大幅度向左移动；随着实际货币存量的略微下降，LM 曲线也略微左移，最终结果是经济体的产出水平从初始点 Y 大幅度降低为 Y^*。事实上，如图 21－4 所示，$IS-LM$ 模型较好地揭示了“大萧条”期间典型事实的内在逻辑。

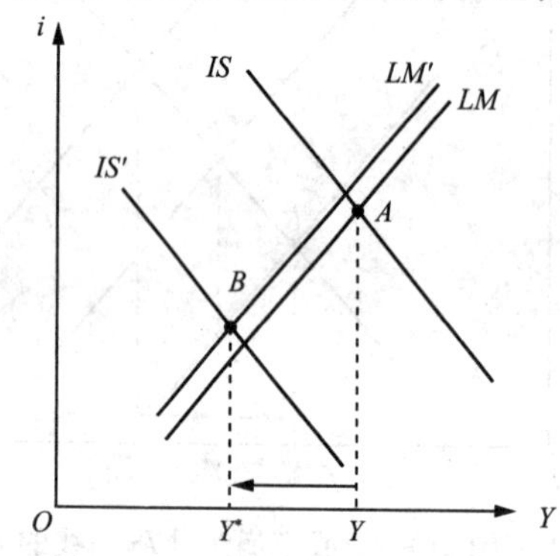

图 21－3 $IS-LM$ 模型与“大萧条”

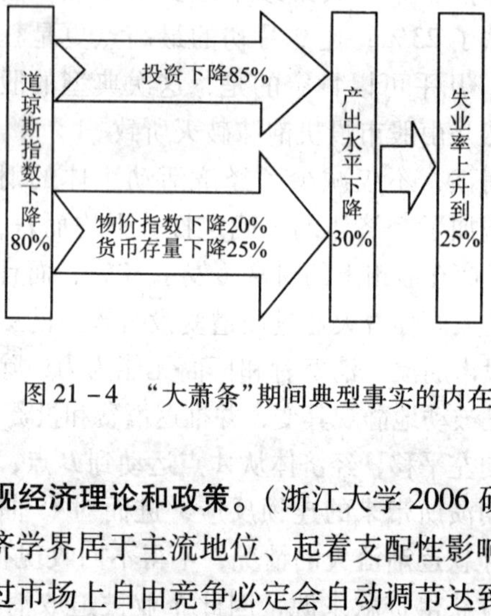

道琼斯指数下降80%

投资下降85%

物价指数下降20%
货币存量下降25%

产出水平下降30%

失业率上升到25%

图 21－4 “大萧条”期间典型事实的内在逻辑

二、论述题

论述并比较古典学派和凯恩斯主义的宏观经济理论和政策。（浙江大学 2006 研）

答：在 20 世纪 30 年代之前，在西方经济学界居于主流地位、起着支配性影响的是新古典经济学，该学派一直笃信资本主义经济通过市场上自由竞争必定会自动调节达到充分就业和市场出清的帕累托最优状态，因此不可能发生普遍性和持续性的生产过剩的经济危观。因此政府也只需充当“守夜人”的角色而无须干预市场。理论上完美均衡毕竟未能经受住 20 世纪 30 年代资本主义世界经济大萧条的考验，面对长期的萧条，面对近 40% 的社会生产力损失，新古典经济学家们既难以在理论上给予解释，又无法在政策上提出解决的措施。新古典经济学受到社会公众的普遍质疑，这被公认为是经济理论第一次真正意义上的危机。

英国著名的经济学家梅纳德·凯恩斯于 1936 年发表的《就业、利息和货币通论》正是当时西方经济理论危机的产物，凯恩斯在理论、方法和政策三个方面都提出不同于传统的观点和主张，因而被称为“凯恩斯革命”。

(1)在方法论上，凯恩斯回到了重商主义研究的宏观经济问题，开创了宏观经济的分析方法，即总量分析。凯恩斯还将实物经济和货币经济密切结合于一体，从而克服了传统经济学在分析过程中运用的“二分法”的不一致性。

(2)在理论上，凯恩斯反对萨伊定律(属于古典经济学)。萨伊定律认为“供给本身创造自己的需求”，需求是供给的函数。凯恩斯从理论上推翻了这种观点，认为供给是需求的函数，从而抛弃了“储蓄会自动地转化为投资”的传统观点，由于三大心理规律(边际消费倾向规律、资本边际收益规律和流动性偏好规律)的作用，导致有效需求不足，从而必然产生大规模失业、生产过剩的经济危机，凯恩斯从理论上说明了市场经济的不稳定因素和非均衡趋势。

(3)在政策上，凯恩斯反对新古典经济学的完全“自由放任”，凯恩斯反危机政策有三个特点：国家调节和干预经济生活是其前提，财政政策是其重心(财政政策最重要，货币政策也重要)，赤字财政是其手段。

第二十二章　通货膨胀与恶性通货膨胀

一、名词解释

通货膨胀税(中山大学 2007 研；湘潭大学 2007 研)

答：通货膨胀税指通货膨胀引起的一部分货币购买力由资产持有者向货币发行者转移的现象，这种转移犹如一种赋税，因而称之为通货膨胀税。通货膨胀税的计算公式是：$T=iM/(1+i)$。式中，T 为通货膨胀税，M 为一年中平均货币余额，i 为通货膨胀率，$i/(1+i)$ 为每一单位货币所丧失的购买力。

通货膨胀税的主要受益者是国家政府，政府在通货膨胀过程中，可以得到以下三方面的收益：①扩大货币供应量能直接增加其收入。②通过单位货币购买力的降低来减少未偿还国家债务的实际价值。③直接增加税收收入，因为通货膨胀会使企业和个人的收入在名义上增加，纳税等级自动上升，政府可获得更多的收入。

二、简答题

简述货币主义的主要观点。(浙江大学 2008 研)

答：货币学派是二十世纪 50～60 年代，在美国出现的一个经济学流派，亦称货币主义，其创始人为美国芝加哥大学教授弗里德曼。货币学派的主要观点有：

(1)货币至关重要。

(2)货币增长规则。货币政策最好按照规则办事，即货币应以一个固定比率增长而不是实行相机抉择调整。

(3)货币目标。在货币政策的执行中设定货币目标要比设定利率目标要好。

(4)长的和可变的时滞。货币政策对经济影响有长的和可变的时滞。

(5)私人部门的内在稳定性。货币主义者认为，私人部门是内在稳定的，而对经济的大部分扰动，都是由错误的政府政策引起的。他们信奉小政府，并且认为政府有内在增长的倾向。

(6)浮动汇率。货币主义认为汇率应该是由市场自由确定的另一种价格形式，而政府的干预则可能会把事情搞糟。

三、论述题

弗里德曼为什么认为“任何情况下通货膨胀都是货币现象”？(清华大学 2008 研)

答：(1)弗里德曼将通货膨胀定义为：“通货膨胀是引起物价长期普遍上涨的一种货币现象。”弗里德曼的这个定义坚持了两点：①通货膨胀是一种货币现象而非一般的经济现象，通货膨胀的发生总是与货币量的多少直接相关；②通货膨胀所表现出来的物价上涨是长期的和普遍的。因此，探讨通货膨胀问题，离不开对货币因素的分析。

基于这个定义，货币学派的经济学家认为，在判定是否发生了通货膨胀时，需要注意区分两个界限：

①相对价格变动和平均物价水平变动的界限。相对价格变动是指由于某些原因造成某些商品的价格上涨、某些商品价格下跌的状况。相对价格的变动属于物价体系内部的调整，只要货币量不发生变化，相对价格此涨彼跌的变动一般不会影响总体物价水平。而平均物价水

平的变动是指所有商品价格的普遍上涨或下跌状况，这种状况的出现通常是由于货币量过多造成的，因为所有商品价格的普遍上涨或普遍下跌导致的是物价水平的变动，而根据货币数量论的原理，物价水平的上下变动与货币量的增减变化之间存在同比例变动关系。因此，相对价格的变动，不能算作通货膨胀；只有平均物价水平的上升，才能看作是通货膨胀。

②一次性物价上涨和持续性物价上涨的界限。一次性物价上涨通常由某种因素造成，具有临时性和偶然性的特点；而持续性物价上涨是指物价持续不断地上涨，带有长期性和经常性的特点。根据货币学派的观点，一次性的物价上涨通常是由某种特殊原因造成的，与货币量无关，因此不能算作通货膨胀；而持续性的物价上涨只有在货币量发生变动后才可能出现，通常是由货币供应量的持续增长造成的，因此，只有持续性物价上涨才是通货膨胀的表现。

从上述分析可见，货币学派的通货膨胀定义特别注重货币因素，他们认为，个别商品的价格变动和一次性的物价波动可以由多种原因造成，但只要货币量不增加，平均物价水平是不会发生长期、普遍上涨的。因此，通货膨胀首先是一个货币问题，出现通货膨胀的直接原因就是货币量过多。没有货币因素导致的价格变化就没有通货膨胀性，只有因货币量过多造成的物价水平普遍地和持续地上涨才是通货膨胀。

(2)按照货币主义者的观点，只有在货币供给持续增长时，才会引起持续的通货膨胀，否则总供给曲线与总需求曲线的移动都不会引起持续的通货膨胀。货币供给保持不变，价格的上涨会减少实际货币量，提高利率。最终，通货膨胀将会消失。

弗里德曼认为，“通货膨胀无论何时何地都是一种货币现象。”这被称之为是弗里德曼命题，该命题在曾经发生过持久、高速通货膨胀的国家中得到了有力的实证支持：持久高速通货膨胀的国家，货币增长率也很高。

货币数量论将名义收入水平(PY)、货币存量(M)及货币流通速度(V)三者结合在了一起：

$$MV = PY \qquad ①$$

也可以根据方程①中的四项变量各自变化的百分比将数量方程表示如下：

$$\hat{m} + \hat{v} = \pi + \hat{y} \qquad ②$$

将方程移项，把通货膨胀率放在式子左边，则得到核心结论：

$$\pi = \hat{m} + \hat{v} - \hat{y} \qquad ③$$

式中，π 为通货膨胀率；$\hat{m}$ 为货币增长率；$\hat{v}$ 为货币流通速度变化率；$\hat{y}$ 为产量增长率。按照货币主义自然率假说的观点，就业量是技术水平、风俗习惯、资源数量等非货币因素所决定的，因此实际国民收入 Y 与货币数量 M 无关。按照弗里德曼的看法，V 在长期中又是不变的常数，因此，货币数量 M 能影响的只是价格 P 以及由货币所表示的常量。因此，弗里德曼认为，“通货膨胀无论何时何地都是一种货币现象。”

第二十三章 国际调整与相互依存

一、名词解释

1. 国际收支 J 曲线效应(中山大学 2001、2009 研)

答：当一国货币贬值后，最初会使贸易收支状况进一步恶化而不是改善，只有经过一段时间以后贸易收支状况的恶化才会得到控制并趋于好转，最终使贸易收支状况得到改善。这个过程用曲线描述出来，与英文字母“J”相似，所以贬值对贸易收支改善的时滞效应被称为 J 曲线效应。

本币贬值对贸易收支之所以存在 J 曲线效应是因为贬值对国际收支状况的影响存在时滞。西方经济学家认为，本币贬值对贸易收支状况产生影响的时间可划分为三个阶段：货币合同阶段、传导阶段、数量调整阶段。在货币合同阶段，进出口商品的价格和数量不会因贬值而发生改变，以外币表示的贸易差额就取决于进出口合同所使用的计价货币。如果进口合同以外币计值，出口合同以本币计值，那么本币贬值会恶化贸易收支。在传导阶段，由于存在种种原因，进出口商品的价格开始发生变化，但数量仍没有大的变化，国际收支状况继续恶化。在数量的调整阶段，价格和数量同时变化，且数量变化远大于价格变化，国际收支状况开始改善，最终形成顺差。因此，J 曲线效应产生的原因在于在短期内进出口需求弹性 $\eta_x+\eta_m<1$，本币贬值恶化贸易收支，而在中长期，$\eta_x+\eta_m>1$，本币贬值能使一国国际收支状况得到改善。

2. 马歇尔－勒纳条件(对外经济贸易大学 2001 研)

答：本国货币贬值能否改善一国贸易收支状况，取决于出口商品的需求弹性和进口商品的需求弹性。在进出口商品的供给弹性趋于无穷大的前提下，如果两者之和的绝对值大于 1，则本国货币贬值可以改善一国贸易收支状况。这一结论首先由马歇尔提出，又经勒纳发挥，因此称为“马歇尔－勒纳”条件。用公式表示为：

$$|\eta_x+\eta_m|>1$$

其中，η_x 表示出口需求价格弹性，η_m 表示进口需求价格弹性。

马歇尔－勒纳条件是弹性分析法的核心，也是一国是否采用货币贬值政策改善国际收支状况的理论依据，具有重要的理论价值和实用价值。但马歇尔－勒纳条件是以进出口商品供给弹性无穷大为前提，在充分就业条件下，这一假设显然并不存在。因此，马歇尔－勒纳条件的应用也有很大的局限性。

二、简答题

1. 如果一个国家处于经济衰退之中，想采取汇率贬值政策刺激总需求，从而摆脱衰退。

(1)采取什么措施才能引发贬值?

(2)其他国家会怎样反应?

(3)在什么时候，这就成为以邻为壑的政策?(中央财经大学 2010 研复试)

答：(1)造成一国货币贬值的主要原因是超量发行本国货币，所以如果想通过贬值刺激对外出口从而刺激总需求，国家可以实行扩张性的货币政策，印发超量货币，使本国利率下降，利率下降使得本国的资金外逃，本国货币需求下降，汇率下降，引发本国货币贬值。

(2)本国货币贬值使得本国出口商品相对他国产品价格更低，更具有竞争优势，出口量增加，出现贸易顺差，这样就影响到他国的就业、进出口等方面，减弱了其他国家的竞争力。为了减少这种影响带来的冲击，他国可以采取提高贸易壁垒、使用同样的方法使得自己本币贬值等。

(3)以邻为壑政策与竞争性贬值

本国货币扩张引起本币贬值，增加净出口，从而增加产出与就业，但是本国增加净出口相当于国外贸易余额的恶化，本国贬值使需求从国外商品转移到本国商品。国外的产出与就业因此下降。由于这个原因，因贬值引起的贸易余额的变动被称为以邻为壑的政策——它是输出失业，或以损害别国就业来创造本国就业的一种方式。

认识到货币贬值主要是将需求从一个国家转移到另一个国家，而不是改变世界需求水平，是重要的。这意味着，当各个国家处于经济周期的不同阶段——例如一国处于繁荣阶段(过度就业)，而其他国家处于衰退阶段，汇率调整才可能是有用的政策。在这种情况下，遭受衰退的国家进行贬值，则将世界需求转移到它这方面，并有助于减少各国对充分就业背离的程度。

与此相反，当各国的经济周期是高度同步的，如同20世纪30年代，或者在1973年石油冲击之后的情况那样，汇率变动对世界范围内的充分就业就起不到多大作用。如果世界总需求处于不正常水平，汇率调整并不能纠正总需求水平，基本上只是影响既定的世界需求在各国间的分配。这个时候本国货币贬值就成为以邻为壑的政策。

2. 简述如何促进开放经济的增长。(浙江大学2005研)

答：开放经济是指一国与国外有着经济往来，如存在国际贸易、国际金融往来，也就是对外有进出口和货币、资本的往来，本国经济与外国经济之间存在着密切的关系，即为开放经济。开放经济是与封闭经济相对立的概念。在开放经济中，要素、商品与服务可以较自由地跨国界流动，从而实现最优资源配置和最高经济效率。一般而言，一国经济发展水平越高，市场化程度越高，越接近于开放经济。在经济全球化的趋势下，发展开放经济已成为各国的主流选择。开放经济与外向型经济的不同在于：外向型经济以出口导向为主，开放经济则以降低关税壁垒和提高资本自由流动程度为主。在开放经济中，既出口，也进口，基本不存在孰重孰轻的问题，关键在于发挥比较优势；既吸引外资，也对外投资，对资本流动限制较少。

对外开放是否促进了经济增长？对外开放与经济增长之间相互影响的机制是什么？对于第一个问题，经济学家基于时间序列数据和面板数据的实证研究结果都得出了贸易开放度与经济增长存在正相关关系的结论。对于第二个问题，经济学家们试图用经济理论加以解释，但未能得到较为满意的答案。第一种观点认为，贸易开放度主要通过加快本国技术进步，提高要素生产率来促进经济增长；第二种观点认为，贸易开放度促进经济增长的渠道主要来源于贸易带来的规模经济效应；第三种观点认为，贸易开放度的提高能够优化国内资源在物质生产部门之间的要素优化配置，从而促进经济增长；第四种观点认为，开放经济的国家有更强的吸收先进国家技术进步和新思想的能力。一些学者认为，贸易开放度会通过提高国内的资源配置效率来实现经济增长。

因此，在经济全球化的背景下，一国如果想要促进本国的经济增长，首先需要建立良好的政治经济的制度环境，积极引进外国资本以弥补国内资本缺口。其次，发挥自身的比较优势，以开放的姿态参与国际竞争，将发展对外贸易作为经济增长的基本战略。

三、论述题

1. 我国当前宏观经济中出现了内外部失衡的情况，具体表现为通货膨胀和贸易顺差的同时存在。试用宏观经济学的有关理论并结合我国的实际情况分析发生通货膨胀和贸易顺差的主要原因，以及应运用怎样的政策组合来解决内外部失衡问题。（南开大学2008研）

答：当前我国国内经济面临的主要问题在于投资增长过快，信贷投放过多，及贸易顺差过大等，即内外失衡的局面，而且，在中国经济内外失衡的格局中，已经很难分清是谁导致了谁，二者互为因果，使局面变得更加困难。

(1)外部失衡：我国贸易顺差的原因

根据四部门的收入恒等式，整理可得：$(X-M)=$(私人储蓄 - 私人投资) + 公共净储蓄，可以简写为：$CA=S-I$，即 CA 反映了一国的储蓄与投资之间的关系。在封闭经济下，一国投资与储蓄必须相等；然而在开放经济下，一国投资与储蓄可以不必相等。当本国储蓄不足以支持本国投资($S<I$)时，可以通过产生经常账户逆差($CA<0$)的方法来以产品的净进口满足投资需要，形成国内资产，这会产生对外债务，实际上就是利用国外资本弥补本国的储蓄缺口；当本国储蓄超过国内投资需要时($S>I$)，则可以通过产生经常账户顺差($CA>0$)的净出口带来的资本流出而形成海外资产。因此，各国出现的经常账户顺差或逆差，就意味着资本从经常账户顺差国家流入逆差国家，为后者国内资本存量的增加提供融资，这体现了经常账户逆差的融资功能。从这一角度看，以进出口为直接表现的经常账户在本质上反映的是一国储蓄与投资之间的关系。那么，经常项目顺差，也就是 $CA>0$，意味着储蓄大于投资。

可见，经常项目顺差失衡是我国储蓄持续大于投资，国内需求相对不足的外在表现。国家财政收入的持续增长推动了政府储蓄的增加；企业又分为国有企业与民营企业，由于国有企业内部利润分配机制的不健全，导致企业利润很少向国有股东分红派息，提高了其储蓄率；相对来讲，民营企业从正规金融体系融资有一定的难度，为了满足扩大生产的需要，他们唯有通过储蓄来保留收益；家庭储蓄率居高不下是受传统观念的影响，存钱是为了“以防万一”、为了“买房子”、为了“供孩子上学”。

同时，国内产能过剩也是一个重要原因，主要依靠投资拉动的经济发展模式促成个别行业的盲目扩张，而忽视居民收入增长又使得居民消费对经济的贡献处于低水平，所以国内产能过剩推动企业在国际市场上寻找出口，从而使得出口增加，推动贸易顺差扩大。

(2)内部失衡：通货膨胀压力

按照现代货币主义的观点，通货膨胀是一种货币现象，是指货币发行量超过流通中实际所需要的货币量而引起的货币贬值现象。通货膨胀与物价上涨是不同的经济范畴，但两者又有一定的联系，通货膨胀最为直接的结果就是物价上涨。

从统计数据来看，中国的广义货币M2自1999年底到2007年2季度末从12多万亿增长到37.7多万亿，增长了3倍多；同期，各项贷款也增长近3倍，外汇储备则是增长近9倍。可以说，在这7年多的时间里，银行贷款和外汇储备快速增长，从而使金融市场上货币泛滥。当金融市场上货币泛滥时，先是从房地产市场上寻找出路，推高房地产市场的价格；当股市开始发展与繁荣时，大量的资金又流向了股市，从而吹大股市的泡沫。在这时，中国式通货膨胀就开始了。中国式的通货膨胀是由货币过多引起的，但并非过多的货币会平均式地同时流向各个行业导致各种商品的价格同时地等幅地全面地上涨，而是过多的货币先流入强势部门或行业(比如房地产)，然后由这些行业去投资或消费来推高商品或服务的物价水平。

于是，关联行业价格上涨，收入增加，从而使这些关联行业又增加投资或消费，再对这些行业需要的产品价格产生影响。

同时，近几年来，我国贸易大幅度顺差，而大量的贸易顺差导致大量外汇进入国内，外汇要兑换成本币才能在市场上流通，就增加了市场上的本币数量。外汇占款的持续增加，导致国内市场上货币供应量过多，这是导致我国通货膨胀的一个重要原因。

(3)内外失衡的关系及其治理：政策搭配

以上分析表明，中国已进入标准的“米德冲突”，即：一国如果要同时实现内部均衡和外部均衡，则必须同时使用支出调整和支出转换政策。单独强调任何一种政策，将导致一国内部均衡与外部均衡之间的冲突。换句话讲，就目前中国的宏观经济来说，通货膨胀和贸易顺差就像天平秤的两头，官方的经济政策偏重任何一头，另一头都将跷起，经济平衡都将会出现问题。

所以，要解决这些问题，不能单纯依靠汇率调整，应以内需结构调整为主，并综合运用各种政策组合来解决经济不均衡的现象，包括扩大消费内需、扩大商品和服务进口，以及鼓励和促进对外投资，扩大合格境内机构投资者(QDII)试点，并推进城市化这一未来经济增长的重要支撑。具体来说：

①最根本的是要加快推进经济增长方式转变，在保持经济总量平衡的同时，进一步明确政策取向。转变高投入、高消耗的粗放型增长方式，真正建立健康的经济增长方式将是我国接下来面临的重要任务。

②深化汇率形成机制，进行市场化改革，是促进经济内外平衡的重要途径。调整汇率主要不应是人民币单纯升值，而是加大汇率形成机制的改革力度。当前，应该逐步稳定汇率水平，以制止汇率不断升值的预期，抑制“热钱”流入。

③应持续扩大内需，中国必须由外需主导转向内需主导，这也是规避国际风险及中国经济结构调整的要求，具体政策包括：改善收入分配结构，完善社会保障机制，提高居民收入水平特别是低收入居民的收入水平等。

④发挥财政政策的作用，较大幅度地扩大公共服务支出。现在是适度扩大政府公共服务支出，加快推进向公共服务型财政转型的最佳时机。要控制财政收入用于固定资产投资的规模，将腾出来的资金用于加大对居民的转移支付力度，通过扩大公共服务支出，有效置换出居民的消费能力。通过政府扩大向全社会提供公共服务的消费支出，可以达到增加居民收入和增加政府部门消费的目标。

总之，要解决内外失衡的问题，必须坚持短期政策与长期政策相结合，治标和治本相结合，这样才能促使经济发展回到正确的轨道上来。

2. 宏观经济失衡的主要类型有哪些？假定某经济体处于就业不足且国际收支逆差状态，试用 *IS* – *LM* – *BP* 模型说明如何进行政策搭配以实现宏观经济内部、外部同时平衡目标。(武汉大学2013研)

答：(1)宏观经济失衡主要可以分为三种类型：

①国内经济和国际收支都不均衡；

②国内经济虽然均衡了，但国际收支却是失衡状态，这种情况以根据国内均衡是充分就业状态和非充分就业状态而分为两类；

③国内均衡和国外均衡虽然都实现了，但国内均衡不是理想的均衡，例如，可能处于小于充分就业的均衡。

从宏观经济管理的角度看，上述情况都需要进行调整，以实现理想的均衡状态。

(2)假定某经济体处于就业不足且国际收支逆差的状态，此时内外部均衡之间存在着相互冲突的关系。比如说，如果政府采取扩张性的财政政策、货币政策刺激国内总需求以解决就业不足问题，在国内总需求增加的同时，国际收支逆差会进一步扩大。这种情况下，政府在实现经济内外均衡目标上存在着行动上的冲突。

斯旺模型说明仅使用一种政策工具来同时解决内部均衡和外部均衡问题是不可能的。如图 23－1 所示，横轴表示国内实际支出或需求(D)或者是支出调整政策(EC)，它包括国内消费、投资和政府支出；纵轴表示汇率(E)或者是支出转换政策(ES)，E 上升表示本币贬值，E 下降表示本币升值。EE 曲线为外部均衡线，为正斜率，因为如果国内支出(D)增加，将带来进口增加，为保持外部均衡，货币应贬值；YY 曲线为内部均衡线，为负斜率，因为如果本币升值，出口减少，一国国内支出(D)必须增加，才能维持内部均衡。

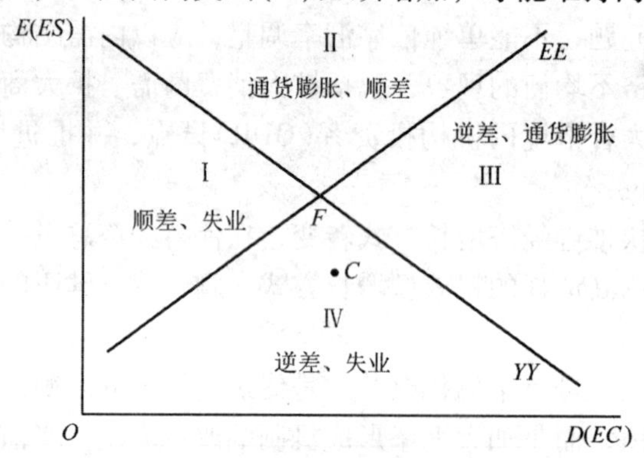

图 23－1　斯旺曲线

图 23－1 中，只有 F 点才同时达到内外部均衡。在 EE 曲线上方的任意一点都表示国际收支顺差，下方任意一点都表示逆差。在 YY 曲线上方的任意一点都表示通胀膨胀，下方任意一点都表示失业。

假定某经济体处于就业不足且国际收支逆差的状态，即处于图 23－1 中的Ⅳ区域的 C 点。一国政府可使用调整政策(调整支出)和支出转换政策(调整汇率)，使 C 点移动到 F 点。具体来说，该经济体可以使用支出转换政策使汇率上升(表示本币贬值)，同时使用支出调整政策使国内支出增加。

3. 评述汇率决定的购买力平价理论。(华南理工大学 2015 研)

答：(1)购买力平价理论的内容

购买力平价认为货币如果在各国国内具有相等的购买力，那么这时的汇率就是均衡汇率。购买力平价理论的主要内容为：一个国家货币的购买力之强弱，会影响对其他国家货币汇率的高低。根据购买力平价理论，一国的价格水平上升，该国的货币就会贬值，反之则升值。或者说，通货膨胀率高的国家的货币会贬值，通货膨胀率低的国家的货币会升值。

购买力平价的四个假设前提：①国际贸易必须完全自由；②所有的商品价格均呈同幅度的变动；③物价为影响汇率的惟一因素；④影响购买力的因素只有货币数量。

(2)购买力平价理论主张购买力比率来决定汇率

购买力平价理论主张两国之间的汇率必须由两国货币的购买力比率来决定。虽然购买力平价理论的四种前提假设条件偏离现实太远，但实际上，在外汇市场中，如果一个国家通货膨胀相当严重，每一单位该国货币的购买力逐日下降时，持有该弱势货币者将会转换成其它较强势的货币，这样确实会使该国货币贬值。

(3)购买力平价理论对汇率变动的解释

①购买力平价理论对短期汇率变动的解释

购买力平价理论的思想基础是，如果一国的货物相对便宜，那么人们就会兑换该国货币并在那里购买商品。购买力平价成立的前提是一价定律，即同一商品在不同国家的价格是相同的。由于购买力平价理论的假设前提在现实中难以完全满足，购买力平价理论不能很好地解释短期汇率的波动。因为在短期，汇率变化比价格变化快很多，即使是货币扰动也将会影响竞争力。与此相类似，当发生实际扰动时，因为调整过程将影响贸易平衡条件，购买力平价关系将不会起作用。

②购买力平价理论对长期汇率变动的解释

购买力平价理论给出了货币间兑换的实质，即购买力的比较。因此，该理论更多的是作为解释汇率长期变化趋势的一种理论。购买力平价理论认为汇率的长期变动主要反映了国家间通货膨胀率的不同。在长期，购买力平价理论会很好的起作用，尤其是在通货膨胀率比较高并且是由于货币变化造成的时候。

第二十四章　前沿课题

一、名词解释

1. 理性预期假说(中山大学 2005 研；浙江大学 2009 研)

答：理性预期假说是相对于货币学派的适应性预期而提出的，认为人们在参与经济活动时能根据经济环境的变化来不断调整自己的行为，同时积极地收集与自身利益相关的信息并以此合乎实际地预测未来，尽管人们有时会在经济环境变动的反应中犯错，但不会犯系统性错误。这意味着政府所采取的一切经济政策都会被公众觉察到并作出应有的反应。

于是理性预期学派认为，失业率并不取决于通货膨胀而是取决于经济中的随机冲击，实际失业率围绕自然失业率的波动并不是由通货膨胀系统地引起的，而是由随机冲击所引起的。这样，失业与通货膨胀就不存在那种稳定的替代关系了，无论短期还是长期都是这样。

2. 政策无效性定理(浙江大学 2005 研)

答：新古典宏观学派在弹性工资和价格以及理性预期这两个假设的基础上提出政策无效性定理，即认为在理性预期、价格工资灵活的情况下，被预期到的政府货币或财政政策实际上不能影响实际产出或失业。第一个假设来自于价格和工资具有弹性的古典假设，它意味着价格和工资可以迅速调整，以达到供求的平衡；第二个假设建立在统计学、不确定条件下的行为等现代新兴领域的研究基础上。理性预期假设认为，人们的预期建立在所有可以获得的信息的基础上。根据这一假设，政府无法“愚弄”人民。因为人们具有充分的信息，并且也能得到政府所能得到的信息。结论自然是政府的经济政策是无效的。

3. 真实经济周期理论(中山大学 2002、2005 研；浙江大学 2010 研)

答：真实经济周期理论又称实际经济周期理论，简称 RBC 理论，是新古典宏观经济学的代表性理论。真实经济周期理论认为，经济的实际冲击是经济周期波动的主要原因，实际冲击指对经济的实际方面发生的扰动，比如影响生产函数的冲击、影响劳动力规模的冲击、影响政府购买实际数量的冲击等。

真实经济周期理论认为，引起经济波动的实际因素很多，其中技术是最重要的因素。按照真实经济周期理论，在人口和劳动力固定的情况下，一个经济中所产生的实际收入便取决于技术和资本存量，从而总量生产函数可以表示为 $y=zf(k)$。其中，y 为实际收入，k 为资本存量，z 为技术状况。于是生产中的技术变动便反映在 z 值的变动上，z 值的变动表现为生产函数的变动。由此可知，技术变动能够引起产出、消费、投资及就业等实际变量的波动。值得注意的是，技术变动主要影响供给，所以真实周期理论等价于供给周期理论。真实周期理论认为，技术的冲击具有持续的影响，因而，产出的波动是持续的，而不是如同自然率假设认定的任何产出的波动都是对自然率水平的暂时偏离，工资和价格的弹性不是使经济回到自然率水平，而是使经济回到稳定增长的路径。

此外，真实经济周期论还认为，即使在短期内货币也是中性的。名义货币量的变化不能引起产出和就业等实际变量的变化。

4. 菜单成本(中山大学 2005 研；对外经济贸易大学 2011 研；北京大学 2011 研)

答：菜单成本是指不完全竞争厂商每次调整价格要花费的成本，这些成本包括研究和确定新价格、重新编印价目表、将新价目表通知销售点、更换价格标签等所支付的成本，是厂商在调整价格时实际支出的成本。因为产品价格的变动如同餐馆的菜单价目表的变动，所以，新凯恩斯主义者将这类成本称为菜单成本。另有一类成本是厂商调整价格的机会成本，它虽不是厂商实际支出的成本，但同样阻碍着厂商调整价格，也被称为菜单成本。

菜单成本理论认为，经济中的垄断厂商是价格的决定者，能够选择价格，而菜单成本的存在阻滞了厂商调整产品价格，所以，价格有黏性。菜单成本的存在是新凯恩斯主义为反击新古典主义的批判并证明其所主张的价格黏性的重要理由。

关于菜单成本能否引起价格的短期黏性，经济学家们的观点是不一致的。一部分经济学家认为，菜单成本通常非常小，不可能对经济产生巨大影响。另一部分经济学家却认为，菜单成本虽然很小，但由于总需求外部性的存在，会导致名义价格出现黏性，从而对整个经济产生巨大影响，甚至引起周期性波动。

5. 价格黏性(浙江大学 2008 研；对外经济贸易大学 2010 研；中央财经大学 2019 研)

答：价格黏性指价格不能随着总需求的变动而迅速变化。名义价格黏性指名义价格不能按照名义需求的变动而相应地变化，对名义价格黏性的一个有影响力的解释是菜单成本理论，这一理论认为，经济中的垄断厂商是价格的决定者，能够选择价格，而菜单成本的存在阻滞了厂商调整产品价格，从而致使价格有黏性。实际价格黏性是指各类产品之间的相对价格比有黏性。

新凯恩斯主义者以价格黏性代替原凯恩斯主义价格刚性的概念，并以价格黏性、工资黏性和非市场出清的假设与宏观层次上的产量和就业量等问题相结合，建立起有微观基础的新凯恩斯主义宏观经济学。

6. 适应性预期(中央财经大学 2018 研)

答：适应性预期是现代经济学中的预期概念之一。预期是指从事经济活动的私人经济在对当前的行动做出决定之前，对将来的经济形势或经济变量(主要指价格波动)所作的预测。预期分为适应性预期和理性预期，其中适应性预期是指根据以前的预期误差来修正以后预期的方式。“适应性预期”这一术语由菲利普·卡甘于 20 世纪 50 年代在一篇讨论恶性通货膨胀的文章中提出。由于它比较适用于当时的经济形势，因而很快在宏观经济学中得到了应用。适应性预期模型中的预期变量依赖于该变量的历史信息。

适应性预期在物价较为稳定的时期能较好地反映经济现实，西方国家的经济在二十世纪五六十年代正好如此，因此适应性预期非常广泛地流行了起来。适应性预期后来受到新古典宏观经济学的批判，认为它缺乏微观经济学基础。适应性预期的权数分布是既定的几何级数，没有利用与被测变量相关的其他变量，对经济预期方程的确定基本上是随意的，没有合理的经济解释。因此新古典宏观经济学派的“理性预期”逐渐取代了“适应性预期”。

二、简答题

1. 试说明新古典主义和新凯恩斯主义，并比较其异同。(清华大学 2005 研；中国人民大学 2012 研；南开大学 2016 研)

答：(1)新古典主义以个体利益最大化、理性预期、市场出清、自然失业率为假设条件，得出了宏观政策的无效性、适应性预期错误论的观点。新凯恩斯主义是 20 世纪 80 年代末在凯恩斯主义理论基础上发展起来的，它以非市场出清假设为理论前提，同时增添了经济当事人最大化原则与理性预期假说，得出了经济可以处于非充分就业均衡、货币工资黏性、经济周期等观点。

（2）新古典主义与新凯恩斯主义的相同点

虽然新凯恩斯主义与新古典主义存在很大的区别，但在某些假设和结论方面也存在相同点：

①新凯恩斯主义与新古典主义都赞同理性预期的假设。新凯恩斯主义虽然并不认为人们最终能够准确地预期到现实的情况，但是他们也认为，人们会尽量收集信息，使他们的预测能够趋于正确，实质上是认同了新古典主义的理性预期的假设。

②新凯恩斯主义与新古典主义都含有微观经济学基础。新凯恩斯主义与新古典主义都同意，宏观经济理论必须符合微观经济学的假设条件，特别是个人利益最大化的假设条件。

（3）新古典主义和新凯恩斯主义的主要分歧

①在基本假设方面，新古典宏观经济学与新凯恩斯主义经济学最明显的分歧是，前者坚持市场出清假设，而后者则坚持非市场出清假设。新古典宏观经济学家认为，工资和价格具有充分的伸缩性，可以迅速调整，通过工资价格的不断调整，使供给量与需求量相等，市场连续地处于均衡之中，即连续出清。与此相反，新凯恩斯主义则认为，当经济出现需求扰动时，工资和价格不能迅速调整到使市场出清。缓慢的工资和价格调整使经济回到实际产量等于正常产量的状态需要一个很长的过程。

②在解释经济波动方面，新古典宏观经济学与新凯恩斯主义经济学的分歧是，前者试图用实际因素从供给扰动方面解释宏观经济波动，后者则用货币因素从需求方面解释宏观经济波动。

③在政策主张上，新凯恩斯主义认为，由于价格和工资的黏性，经济在遭受到总需求冲击之后，从一个非充分就业的均衡恢复到充分就业均衡状态是一个缓慢的过程，因而刺激总需求是必要的。所以，为了避免较长时期的非充分就业持续出现，凯恩斯主义的需求政策仍然是有效力的。新古典主义宏观经济学中一个不变的主题是反对政府干预。

2. 凯恩斯主义、货币主义和新古典宏观经济学认为货币供给增加的长短期影响有什么不同？（中国人民大学 2011 研；南开大学 2011 研）

答：（1）凯恩斯主义认为，短期内货币供给增加会导致货币供给曲线右移，从而导致利率下降，而利率下降将会导致投资增加，投资增加将会导致国民收入提高，因此短期货币供给增加有效。但长期而言，当利率降到很低水平时，持有货币的利息损失很小，而持有债券的风险很大，因此人们手中出于投机动机而持有的货币变得很大甚至无限大，经济陷入所谓“流动性陷阱”（又称凯恩斯陷阱）状态，此时货币需求曲线从而 LM 曲线呈现水平状，此时如果政府增加货币供给量，则利率不会再下降，于是想通过增加货币供给使利率下降从而增加投资和国民收入的想法就不可能实现，因而货币政策无效。

（2）货币主义认为，在短期中，货币供给量可以影响实际变量，如就业量和实际国民收入。因为根据费雪的交易方程 $PY=MV$，如果货币流通速度 V 以及物价水平 P 在短期内不发生变化的话，增加货币供给 M 是可以增加实际国民收入 Y 的。在长期中，增加货币的作用主要在于影响物价水平以及其他用货币表示的量如货币工资等，而不能影响就业量和实际国民收入。根据货币主义的自然律假说，就业量和实际国民收入是技术水平、资源数量等非货币因素所决定的，因此交易方程中的 Y 和 M 无关，而 V 在长期又是一个不变的常数，因此增加货币供给只能导致价格水平上升，从而导致通货膨胀。

（3）新古典宏观经济学认为，增加货币供给无论在短期还是在长期都是无效的。根据新古典宏观经济模型，假如货币当局宣布打算提高货币供给，理性的当事人在形成他们的预期时会考虑这个信息并完全预见到货币供给的提高对一般价格水平的影响，结果，产量和就业会停留在自然律水平上不动。当货币工资在一个向上的价格预期下提高时，总需求曲线向右移动的效果就被总供给曲线向左移动所抵消。这样，经济停留在垂直的长期供给曲线上，因此即使在短期，产量和就业也没有变化，即货币是中性的。

3．假定价格如实际经济周期理论所描述具有完全伸缩性，另外产出波动如 RBC 中完全由技术冲击引起。

(1)假定央行保持货币供给不变，当产出波动时，物价水平如何变化？

(2)假定央行通过调整货币供给以保证物价水平稳定，请问随产出波动，货币供给如何变化？

(3)经济学家观察到，货币供给与产出呈正相关，请问是否可以用这一现象作为反对实际经济周期模型的证据，认为产出波动源自货币供给？（上海财经大学 2011 研）

答：实际经济周期理论假定物价具有完全的伸缩性，所以货币不具有实际影响，物价会随货币调整使货币市场保持均衡。这意味着实际总供给和总需求决定利率和产量，物价则自由调整以保证货币市场出清。

(1)当产量增加时，实际货币余额需求会上升。如果央行保持货币供给不变，则物价必须下降以使货币市场保持均衡。反之，当产量减少时，实际货币余额需求会下降。如果央行保持货币供给不变，则物价必须上升以使货币市场保持均衡。所以，物价与产量反方向变动。

(2)假如央行通过调整货币供给以保证物价水平稳定，则当产量增加时，实际货币余额需求会上升，为使物价保持稳定，央行必须增加货币供给。反之，当产量减少时，实际货币余额需求会下降，为使物价保持稳定，央行必须减少货币供给。所以，物价与货币供给同方向变动。

(3)货币供给与产出呈正相关并不能否定实际经济周期模型。如果央行执行(2)中的政策稳定物价，即使货币对产量没有任何影响，也将观察到货币与产量密切相关，只不过这一相关性来自于货币当局对产量波动的内生反应而已，并非货币供给影响到了产出。

4．货币经济周期理论与实际经济周期(RBC)理论对经济波动的根源和传导机制的看法有什么不同？（中国人民大学 2017 研）

答：(1)货币经济周期理论

卢卡斯等人的货币经济周期理论从不完全信息出发论证了货币政策无效。该论述的中心内容是，预期到的货币供给的变化只影响价格水平，而不影响产量；只有未被预期到的货币供给才影响产量。因此，货币经济周期理论认为货币因素是经济波动的根源，且未预期到的货币供给冲击引起了经济波动。

货币经济周期理论认为经济波动的传导机制是由于市场分割而造成的信息障碍，即经济当事人是有限理性的，他们的经验和技术通常是不足的，而经济交易又是复杂多变的，因此，当事人总是不能得到预期变量的完整和全部信息，而且当事人之间的信息往往是不对称的。这种信息障碍也是造成货币非中性的源泉。

(2)实际经济周期理论

实际经济周期理论是新古典宏观经济学的代表性理论之一。实际经济周期理论把经济波动看作主要由持续的实际(供给方)冲击引起，而不是由未预见的货币(需求方)冲击引起的。实际经济周期理论认为，供给面而不是需求面冲击是导致经济周期的根本原因，如技术进步引起的生产率冲击，能源价格上升的冲击等。宏观经济会受到一些实际因素的冲击，明显的两个例子是石油危机和农业歉收，还有诸如战争、人口增减、技术革新等。因此，该理论认为经济的波动是随机的，不可预测的。实际经济周期理论认为其中最常见、最值得分析的是技术的冲击，而且技术冲击是经济波动的动力之源，而总需求冲击如货币供给的变动即使在短期，也是中性的，因此不是经济周期波动的根源。

实际经济周期理论认为经济波动的传导机制是劳动供给的跨时期替代，即在不同时期配置工作时间的意愿。人们在不同时期中劳动投入的比率是由各时期的相对工资决定的，减少相对工资较少的时期的劳动量而增加相对工资较高的时期的劳动量，从而在工作总量不变的情况下获得更多收入，但这并不意味着劳动供给对工资的永久性变动很敏感。因此，如果技术冲击是暂时的，使得当期的实际工资暂时地高于标准，那么劳动者将以工作替代闲暇，提供更多的劳动，从而产出和就业均上升，而在预期实际工资较低的未来减少工作。因此，实际工资的变动会带来较大的供给变化。这样，外来冲击通过跨时劳动替代形成了经济波动。

5. 现代宏观经济学认为，短期的总供给曲线是向右上方倾斜的，但对于这一形状的总供给曲线的形成原因，却存在着多种解释，请叙述从不完全信息角度给出的一种可能解释。（中国人民大学 2016 研）

答：不完全信息是指市场参与者不拥有某种经济环境状态的全部知识。而不完全信息经济比完全信息经济更加具有现实性。

（1）在生产过程中，存在着企业和工人之间的信息不对称。当名义工资因价格上涨而提高时，由于工人具有“货币幻觉”，工人错误地相信他们的实际工资已经提高，而愿意提供更多的工作。这样，在短期内，名义工资的增加将伴随着更高的产出和更少的失业，因此，产品的供给量将会上升。而根据工资粘性，名义工资的调整慢于劳动供求的变化所以当物价上升时，工人的实际工资减少，厂商的利润增加，会使厂商扩大生产规模，直到产品的边际利润等于多雇佣工人的边际劳动成本，从而使就业增加，总供给增加；反之，总供给减少。

（2）在生产过程中，存在着企业之间的信息不对称。当物价水平下降时，实际上是各种物品与劳务价格都下降，但企业会更关注自己的产品，没有看到其他产品的价格下降，而只觉得自己的产品价格下降了，得出市场供大于求的悲观判断，从而减少生产，引起总供给减少；当物价水平上升时，企业也会没有看到其他产品的价格上升，而误以为只有自己的产品价格上升了，作出市场供小于求的乐观判断，从而就增加生产，引起总供给增加。当物价水平变动时，企业产生的这些错觉会使物价水平与总供给同方向变动。

（3）在生产过程中，也存在着企业和市场的信息不对称。由于价格存在粘性，企业调整价格存在菜单成本，短期中价格的调整不能随着总需求的变动而迅速变化。所以当物价上升时，企业产品的相对价格下降，销售增加，生产增加，总供给增加；反之，总供给减少。

根据以上原因可以得出，由于实际中存在着各种不完全信息的情况，导致短期总供给与物价水平同方向变动，即短期总供给曲线向右上方倾斜。

6. 简述理性预期和适应性预期区别，菲利普斯曲线属于哪种预期？（南开大学 2018 研）

答：（1）理性预期是在有效地利用一切信息的前提下，对经济变量作出的在长期中平均说来最为准确的，而又与所使用的经济理论、模型相一致的预期。理性预期包含三个含义：①作出经济决策的经济主体是有理性的。②为了作出正确的预期，经济主体在作出预期时会力图得到有关的一切信息。③经济主体在预期时不会犯系统性的错误。适应性预期是用经济变量的过去记录去预测未来，反复检验和修订，采取错了再试的方式，使预期逐渐符合客观的过程。

理性预期和适应性预期的区别主要有：

①参考信息不同。理性预期的参考信息是经济主体所拥有的全部信息，包括对经济变量之间因果关系的系统了解(当然包括有关的经济理论和模型在内)和有关的资料与数据，而适应性预期的参考信息仅是经济变量的过去记录。

②预期准确性不同。理性预期的结果是准确的。理性预期假设经济主体会随时随地修正预期值的错误。当预期值高于正确值时，降低预期值；当预期值低于正确值时，提高预期值。因此，从整体上看，在长期中，经济主体对某一经济变量的未来预期值与未来的实际值是一致的。而适应性预期的结果不一定是准确的。当反映在模型中的适应性行为未能真正赶上实际条件的变化时，适应性预期的结果便不符合实际。

(2)菲利普斯曲线是说明失业率和货币工资变动率之间交替关系的一条曲线。它是由英国经济学家菲利普斯根据 1861 ~1957 年英国的失业率和货币工资变动率的经验统计资料提出来的，故称之为菲利普斯曲线。西方经济学家认为，货币工资率的提高是引起通货膨胀的原因，即货币工资率的增加超过劳动生产率的增加，引起物价上涨，从而导致通货膨胀。所以，菲利普斯曲线又成为当代经济学家用以表示失业率和通货膨胀之间此消彼长、相互交替关系的曲线。

在短期中，菲利普斯曲线属于适应性预期。在预期通货膨胀率保持不变时，人们根据以前的误差来修正形成自己的预期，通货膨胀率与失业率存在替代关系，所以菲利普斯曲线向右下方倾斜。

在长期中菲利普斯曲线属于理性预期，每个经济主体都是理性的，工人预期的通货膨胀率和实际通货膨胀率是一致的，不存在失业与通货膨胀之间的替换关系，菲利普斯曲线是一条垂直的直线。

三、计算题

设卢卡斯供给曲线为 $y=y^*+\gamma(P-P^e)$，其中 $\gamma=20000$，潜在产量 $y^*=4000$ 亿元，总需求曲线为 $y=1101+1.288g+3.221\dfrac{M}{P}$。

(1)假设近期内预期政策不会变化，经济已处于潜在产量水平，货币供给为 $M=600$，政府购买为 $g=750$，价格水平为多少?

(2)假设中央银行宣布将把货币供给从 600 增加到 620，新的产量和价格水平各是多少?

(3)假设中央银行宣布将把货币供给增加到 620，但实际上增加到 670，新的产量和价格水平各是多少?(中央财经大学 2010 研复试)

解：(1)根据题意，近期内预期政策不变化，经济处于潜在产量水平，即 $y=y^*$，因此有：

$$4000=1101+1.288\times750+3.221\times\frac{600}{P}$$

解得：$P=1$。

(2)货币供给从 600 增加到 620 是中央银行宣布的，因此 $P=P^e$，产量仍是 $y^*=4000$。这时的价格为：

$$4000=1101+1.288\times750+3.221\times\frac{620}{P}$$

解得：$P\approx1.033$。

(3)中央银行宣布把货币供给从600增加到620，因此，这时 $P^e=1.033$，但实际增加到670。因此，卢卡斯曲线为：

$$y=20000(P-1.033)+4000=20000P-16660$$

总需求为：

$$y=1101+1.288\times750+3.221\times\frac{670}{P}=2067+\frac{2158}{P}$$

令总需求等于总供给：$2067+\frac{2158}{P}=20000P-16660$，解得：

$$P\approx1.04,\ y\approx4142$$

四、论述题

1. 新古典宏观经济学的理论与政策。(浙江大学2005研)

答：20世纪70年代的滞胀导致传统凯恩斯主义不能够进行解释，于是促进了货币主义和理性预期的发展，形成以卢卡斯为首的新古典宏观经济学派。

(1)新古典宏观经济学发展的背景、理论主张的简介

迄今为止，新古典宏观经济学经历了两个发展时期：第一个时期，提出理性预期、持续市场出清的假说，并在此基础上强调了货币冲击对经济周期的作用，提出了货币与产出的相互作用中货币作为诱因的理论，并认为政府的货币政策是无效的，它并不能影响总产量的变化，而只有未被预见到的货币供给变化才能真正影响到实际总产量。这一学派的主要代表人物有：美国芝加哥大学的经济学教授小罗伯特·卢卡斯、托马斯·沙金特、尼尔·华莱士等。第二个时期，新古典宏观经济学第二代对卢卡斯的货币经济周期理论提出了反对意见，从实际因素方面寻找经济波动的根源，提出了完全信息下真实均衡的变动，强调了技术冲击和货币的内在性等理论，并提出了相应的政策主张。第二代的主要代表人物有：芬·基德兰德、明尼苏达大学的爱德华·普雷斯科特、罗切斯特大学的罗伯特·巴罗等。

具体来说，新古典宏观经济学一般都接受以下四个命题：①私人经济是可以自身稳定的；②货币在长期是中性的；③货币在短期也是中性的；④凯恩斯主义积极干预的经济政策是有害的。第三个命题意味着，新古典宏观经济学家认为，短期的菲利普斯曲线也不存在。这是货币主义Ⅰ与货币主义Ⅱ的主要区别。目前，新古典宏观经济学和新凯恩斯主义一起并列为西方主流经济学派中的两大流派。

(2)“政策无效”的命题、主张及其意义

理性预期学派认为，菲利普斯曲线的交替关系即使在短期内也不存在。因为在理性预期条件下人们已经估计到货币供应量增长后可能发生的实际后果，从而采取了预防性的措施(比如预先要求提高货币工资增长率和利率)。这样，一旦货币供应量增加，就只能导致物价的上升，产生通货膨胀的变化，而不能使工资和利息率下降。所以，政策的变化连暂时的产量增加和失业率下降的目的都达不到。赫尔姆特·费里希对此说到：“理性预期导致十分不同的意义。由于经济当事人了解这个模型的各个参数，所以货币供应量增长率的任何变化不仅引起通货膨胀率的变化，而且也引起通货膨胀率预期的变化，从而不会对这一体系的实际变量产生影响。”在理性预期学派的经济学家看来，“在货币政策的反馈规则之间做出选择与具有合理预期的新古典主义经济中失业率的随机变化是无关的”。

根据这样的观点，理性预期学派推导出一个非常重要的命题，即货币政策无效性命题。

该命题认为，货币供给中的可预期部分对就业、产量或其他的实际变量均无影响，其中不能被预期的部分或货币供应量意外的不规则的变动，虽然能够对上述变量产生一定量的影响，但其作用只会加剧经济的不稳定与波动。因此，政府的经济政策，无论长期还是短期都是无效的，其结果都是引起通货膨胀。下面用 *AD - AS* 模型加以分析。

图 24 - 1 中，经济起初在 *A* 点处运行，该点是总需求曲线 AD_0、总供给曲线 $SRAS_0$ 和 *LRAS* 三条线的交点。假设货币当局宣布打算提高货币供给，考虑到理性预期，当货币工资在一个向上的价格预期之下提高时，总需求曲线从 AD_0 向右移到 AD_1 的效果就被总供给曲线从 $SRAS_0$ 到 $SRAS_1$ 的向左移动（当预期通货膨胀上升时，总供给曲线将会向左移动）所抵消。在这种情况下，经济将从 *A* 点直接移动到 *C* 点，停留在垂直的长期供给曲线 *LRAS* 上。也就是说，总供给曲线和总需求曲线分别从初始状态向左上方平移和右上方平移，新的均衡点仍然处在原来与自然失业率相一致的就业率水平上，只是价格水平因为货币政策的变化（增加货币供给量）而提高到了新的水平上。

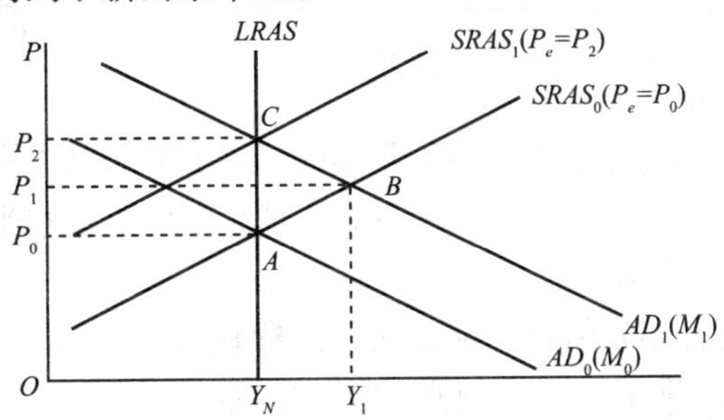

图 24 - 1　“政策无效性”主张

根据政策无效命题，理性预期学派认为，即便在短期内，菲利普斯曲线也是一条位于“自然失业率”水平上的垂直线。通货膨胀和失业率之间不存在任何替代关系。对此，卢卡斯说，“当扩张的货币政策反复推行时，它就不再能实现自己的目标。推动力消失了，对生产没有任何刺激作用。预期得到扩大，但结果却是通货膨胀，而不是别的”。

（3）新古典宏观经济学的基本政策主张

由于理性预期学派的一个主要的原则是：经济如果不反复遭受政府的冲击，基本上就会是稳定的。所以，他们认为，凯恩斯主义所主张的干预经济生活的财政政策和货币政策能够生效的暗含前提是：政府可以出其不意地实行某种政策以影响经济生活。但是，政府要取得社会的支持，就不能在经济政策上对社会搞突然袭击，而要按照既定的规则和程序办事，这样，在理性预期条件下，政府的经济政策就是无效的了。

对凯恩斯主义的“积极宏观政策”，新古典宏观经济学派的经济学家提出了三种批评看法：

①他们认为，日益增多的经验和理论证据表明，凯恩斯主义的经济政策在产量、就业或其他经济总量方面不会取得成效。即便在某些场合，凯恩斯主义的经济政策也许在一定程度上能影响经济生活，但它们不可能克服经济周期。

②新古典宏观经济学派经济学家认为，任何一种理论都应该明确地告诉人们经济政策的后果。政策的结果确定性越小，实施政策就要越小心谨慎，因为任何一项错误的政策都会将事情弄得很糟。而凯恩斯主义经济政策的结果大部分就是不确定的。因此，政策的制定就需要从容不迫，加倍小心，绝不能用那些曾经使用过的大规模的凯恩斯主义措施去刺激经济。

③新古典宏观经济学家认为，对于许多凯恩斯主义经济政策，即使知道它们的结果，也

仍然无法判断这种结果是不是符合公众的意愿。根据凯恩斯主义方法来制定经济政策的人，无法让经济中的个人去选择自己认为有良好结果的政策。他们是被迫选择这些政策的。其结果是，除非人们的偏好恰好和政策制定者的规定相配合，否则，这些经济政策很有可能使人们的处境普遍变得更糟。

2. 请说明卢卡斯供给曲线的含义，并说明推导要点；同时，以此为基础说明理性预期对于宏观经济学的意义。(中山大学2002研)

答：(1)卢卡斯供给曲线的含义

卢卡斯是宏观经济学理性预期均衡学派的学术创建人，该学派试图从微观基础和假定市场出清与理性预期出发来解释所有的宏观经济学现象。

卢卡斯供给曲线的数学形式为：$Y=Y^{*}+\gamma(P-P^{e})$，即供给曲线是预期价格水平的函数。如果实际价格水平等于预期价格水平，即$P=P^{e}$，那么供给的产量就是Y^{*}，如果价格提高了，而实际工资因此降低，那么厂商将供给多于Y^{*}的产量，若价格降低，那么厂商将供给少于Y^{*}的产量。

(2)卢卡斯曲线的推导

假定劳动力供给取决于实际工资。由于是实际工资而非名义工资决定了工人是否愿意工作以及工作多少小时，工人不得不通过某种方式来估计总的价格水平。下面给出劳动力的供给和需求曲线，如图24－2所示。

如果厂商和工人都拥有充分信息，那么实际工资将调整到W^{*}/P的水平，在此水平上有充分就业的劳动力数量N^{*}，产量处在充分就业水平Y^{*}。

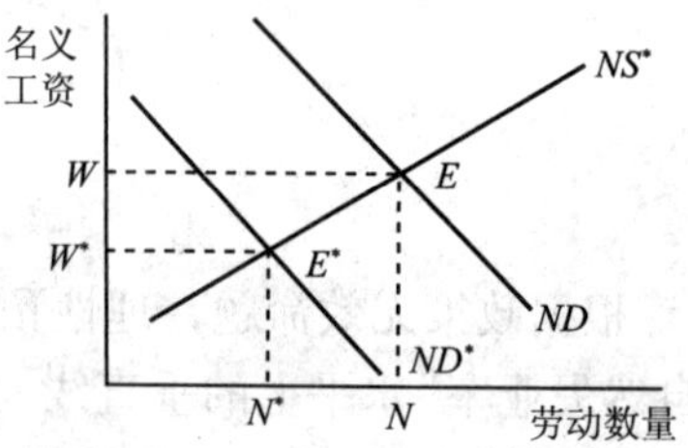

图24－2　劳动市场的均衡

假定工人和厂商在决定工作多长时间的时候关于实际总价格水平并不具有相同的信息，假设厂商和工人预期价格水平都为P^{e}，图24－2中显示了用纵轴表示的名义工资W，劳动力供给曲线NS^{*}对应于当工人认为实际价格水平为P^{e}时的供给曲线，劳动力需求曲线ND表示当厂商也相信实际价格水平为P^{e}时的劳动力需求曲线。现在假设在任何给定的时间，厂商都知道实际价格水平P，而工人却不知道实际价格水平，并相信它是P^{e}，特别地，假设实际价格水平超过了预期的价格水平P^{e}，这时，在任何给定的名义工资下，厂商需要比在价格P^{e}上所愿意的更多的劳动力。

由于工人方面的不完全信息，价格水平的上升将导致就业水平以及相应的产量水平的提高。类似地，当实际价格水平低于预期水平时，劳动力需求曲线将向左移动，名义工资和就业将要下降，相应的产量也将下降。

由此可以看出，产量随着$(P-P^{e})$的增加而增加。卢卡斯供给曲线表明厂商愿意供给的产品数量随着实际价格水平与预期价格水平的差增加而增加。

(3)理性预期对宏观经济学的意义

①理性预期是在充分利用信息和知识的前提下，对经济变量做出的预期，按照理性预期行为的结果必须和预期的结果相一致。

②理性预期学派对凯恩斯的理论和政策作出了批判，认为由于人们的预期是逐步接近于准确的，所以宏观经济政策是无效的；凯恩斯理论考虑的"适应性预期"意味着人们只运用过去的经验而不是全部有关将来的信息来谋取最大化利益，而且在凯恩斯主义理论体系中存在着同一类型的人有不同的函数或方程，行为不一致的人不是理性人，这违背了理性人的假设。

③理性预期学派对理性经济人预期形成过程的论述与分析比以往的各种观点前进了一步，更符合预期形成的过程。理性预期强调经济人的理性，在宏观经济学中引入了微观个体的理性行为，更加符合经济学的理性经济人假设。

3. 请论述实际经济周期理论(新古典理论中的代表学说之一)与新凯恩斯理论在劳动力市场、技术冲击、货币中性以及工资弹性方面的主要分歧。(南开大学2009研)

答：新古典宏观经济学和新凯恩斯主义经济学是目前西方宏观经济学中两个较有影响的理论流派。两者的主要分歧在于：

(1)劳动力市场

在劳动力市场上，新古典宏观经济学与新凯恩斯主义经济学最明显的分歧是，前者坚持市场出清假设，而后者则坚持非市场出清假设。

实际经济周期理论遵循新古典学派关于市场出清的假定，即劳动力市场上的工资和产品市场上的价格都具有充分的灵活性，可以根据供给情况迅速进行调整。所以，劳动力市场不会存在超额供给，始终处于自然失业率的水平上。

新凯恩斯主义者认为劳动力市场上工资是黏性的。黏性工资是指不能迅速地反映劳动力市场供求的变动，只能缓慢地根据劳动力市场状况改变而调整的工资。新凯恩斯主义学派黏性工资论认为，由于工资是黏性的，劳动力市场是不能出清的，存在着闲置的劳动力。

(2)技术冲击

在新古典宏观经济学看来，引起经济波动的实际因素很多，其中技术是一个重要的因素，技术变革是引起经济波动的实际因素中至关重要的一个。在人口和劳动力固定的情况下，一个经济社会中所生产的实际收入便取决于技术和资本存量，从而总量生产函数可以表示为$y=zf(k)$，其中，y为实际收入，k为资本存量，z为技术状况。于是生产中的技术变动便反映在z值的变动上，z值的变动表现为生产函数的变动。由此可见，技术变动能够引起产出、消费、投资及就业等实际变量的波动。值得注意的是，技术变动主要影响供给，所以实际经济周期理论等价于供给周期理论。

新凯恩斯主义对宏观经济波动的解释较为复杂。新凯恩斯主义对宏观经济波动的考察是用总需求曲线和总供给曲线(新凯恩斯主义的短期总供给曲线)并结合长期劳动合同的交错性质来说明的。首先，新凯恩斯主义为了与非市场出清的假设相一致，建立了解释工资和价格黏性的各种理论，其中包括长期劳动合同论。其次，新凯恩斯主义导出了短期总供给曲线。最后，利用短期总供给曲线，新凯恩斯主义通过考察经济遭受总需求冲击后恢复到正常状态的过程，说明经济经历了一次波动(衰退或高涨状态)。

(3)货币中性

实际经济周期理论认为，即使在短期内货币也是中性的，名义货币量的变化不能引起产出和就业等实际变量的变化。实际经济周期理论的代表人物基德兰德和普雷斯科特在其模型(简称基—普模型)中引入货币和银行系统，得出了产出决定货币的结论。基—普模型阐明了两点：一是内部货币(银行系统的存款)与产出的关系比外部货币(基础货币)更密切，产出运动引起内部货币变化；二是价格运动主要与外部货币有关，与内部货币关系不大。

新凯恩斯主义者则认为货币是非中性的，货币非中性源于黏性价格。新凯恩斯主义者认为，货币等名义变量的变动会导致产量和就业量等实际变量的波动，因此用政策来刺激总需求是必要的。

(4)工资弹性方面

新古典宏观经济学家认为，工资和价格具有充分的伸缩性，可以迅速调整，通过工资价格的不断调整，使供给量与需求量相等，市场连续地处于均衡之中，即连续出清。因此，新古典宏观经济学把表示供给量和需求量相等的均衡看作为经常可以得到的情形。

与此相反，新凯恩斯主义则认为，当经济出现需求扰动时，工资和价格不能迅速调整到使市场出清，缓慢的工资和价格调整使经济回到实际产量等于正常产量的状态需要一个很长的过程，例如需要几年的时间，而在这一过程中，经济处于供求不等的非均衡状态。

4. 评述经济学中关于经济周期成因的主要观点。(华南理工大学 2018 研)

答：经济周期，又称商业周期或商业循环，是指国民总产出、总收入和总就业的波动。这种波动以经济中的许多成分普遍而同期地扩张或收缩为特征，持续时间通常为 2 ~ 10 年。在现代宏观经济学中，经济周期发生在实际 GDP 相对于潜在 GDP 上升(扩张)或下降(收缩或衰退)的时候。

经济学中关于经济周期成因的观点主要有：

(1)消费不足理论。该理论认为，经济中出现萧条与危机是因为社会对消费品的需求赶不上消费品的增长，而消费品需求不足又引起对资本品需求不足，进而使整个经济出现生产过剩性危机。消费不足的根源则主要是由于国民收入分配不平等所造成的穷人购买力不足和富人储蓄过度。

(2)投资过度理论。该理论认为，无论是什么原因引起了投资的增加，这种增加都会引起经济繁荣。这种繁荣首先表现在对投资品(即生产资料)需求的增加以及投资品价格的上升上。这就更加刺激了对资本品的投资。资本品的生产过度发展引起了消费品生产的减少，从而形成经济结构的失衡。而资本品生产过多必将引起资本品过剩，于是出现生产过剩危机，经济进入萧条。

(3)创新理论。该理论认为创新是经济周期波动的主要原因。创新是指对生产要素的重新组合，例如，采用新生产技术、新的企业组织形式，开发新产品和开辟新市场等。创新浪潮使银行信用扩大，对资本品的需求增加，引起经济繁荣。随着创新的普及，盈利机会的消失，银行信用紧缩，对资本品的需求减少，这就引起经济衰退。直至另一次创新出现，经济才再次繁荣。

(4)心理周期理论。该理论认为，预期对人们的经济行为有决定性的影响，乐观与悲观预期的交替引起了经济周期中繁荣与萧条的交替。当人们对前途抱乐观态度时，投资和生产增加，经济走向繁荣；当人们对前途抱悲观态度时，投资和生产下降，经济走向衰退。

(5)太阳黑子理论。该理论认为，太阳黑子的活动对农业生产影响很大，而农业生产的状况又会影响工业及整个经济。太阳黑子的周期性决定了经济的周期性。具体来说，太阳黑子活动频繁就使农业生产减产，农业的减产影响到工业、商业、工资、购买力、投资等方面，从而引起整个经济萧条。相反，太阳黑子活动的减少则使农业丰收，整个经济繁荣。这是一种典型的外生经济周期理论。

(6)纯货币理论。该理论认为，经济周期是一种纯货币现象。经济中周期性的波动完全是由于银行体系交替地扩大和紧缩信用所造成的。根据这一理论，其他非货币因素也会引起局部的萧条，但只有货币因素才能引起普遍的萧条。

(7)货币主义经济周期理论。该理论认为，货币是影响总需求最基本的因素，经济周期归因于货币和信贷的扩张和收缩。

(8)政治周期理论。该理论将经济波动归因为政治家为重新当选而对财政政策和货币政策的操纵。

(9)乘数－加速数模型。其代表人物是萨缪尔森。该模型说明乘数和加速数的相互作用如何导致总需求发生有规律的周期波动。

①乘数原理：说明投资变动对收入变动的影响，投资数量的增长会通过乘数作用使收入增加，进而刺激消费，并进一步促进投资以更快的速度增长，从而产生循环放大效应。反之亦然。

②加速数原理：说明收入变动或消费需求的变动引起投资变动的理论。其含义包括：第一，投资并不是产量(或收入)的绝对量的函数，而是产量变动率的函数。即投资变动取决于产量的变动率，若产量的增加逐期保持不变(产量变动率为零)，则投资总额也不变。第二，投资率变动的幅度大于产量(或收入)的变动率，产量的微小变化会引起投资率较大幅度的变化。第三，若要保持增长率不至于下降，产量必须持续按一定比率增长。因为一旦产量的增长率变缓，投资增长率就会停止或下降。即使产量并非绝对地下降，而只是相对地放缓了增长速度，也可能引起投资缩减。第四，加速数与乘数一样都从两个方向发生作用。即当产量增加时，投资的增长是加速的，当产量停止增长或减少时，投资的减少也是加速的。第五，要使加速原理发挥正常作用，只有在过剩生产能力全部消除时才能实现。

③由萨缪尔森所提出的乘数－加速数模型的基本方程如下：

$$\begin{cases} Y_t = C_t + I_t + G_t & \text{产品市场的均衡公式} \\ C_t = \beta Y_{t-1},\ 0<\beta<1 & \text{简单的消费函数} \\ I_t = I_0 + V(C_t - C_{t-1}) & \text{加速原理} \end{cases}$$

式中，V 为加速数 K/Y(即资本－产量比率，一定时期每生产单位货币产量所需求的资本存量的货币额。注意，K 代表一定时期的资本存量，Y 代表一定时期的平均产量水平)，β 为边际消费倾向，Y_t 为现期收入，Y_{t-1} 为前期收入，G_t 为现期政府购买，I_t 为现期投资，I_0 为自发投资(指由出口、技术、政府政策等外生因素的变动所引起的投资)，$V(C_t - C_{t-1})$ 为引致投资(指由收入或消费的变动所引起的投资)。

由乘数－加速数模型的基本方程合并可以得到经济周期波动的描述方程(为一阶差分方程)：$Y_t = \beta Y_{t-1} + I_0 + V(C_t - C_{t-1}) + G_t$。

④基本思想：乘数－加速数模型描述了乘数和加速数交互作用导致经济周期变化的过程。投资影响收入和消费(乘数作用)，反过来，收入和消费又影响投资(加速数作用)。

(10)建立在信息障碍条件下的货币周期模型。其代表人物是卢卡斯。该理论的观点是，对价格和工资变动的错觉使人们提供的劳动或者过多或者过少，从而导致产出和就业的周期性波动。

(11)实际经济周期理论。代表人物是普雷斯科特。该理论认为，经济周期主要是由于总供给冲击所造成的，某一部门的创新或技术的变动所带来的影响会在经济中传播，进而引起经济的波动。实际经济周期理论与新古典经济增长理论相一致，以微观经济主体的偏好、技术、禀赋等假设为基础，通过完全竞争和市场出清实现一般均衡，因生产函数会受到随机技术冲击等实际因素的影响，从而经济会呈现出周期性波动的现象；该理论认为经济周期所产生的产出波动不是实际 GDP 对潜在 GDP 的背离，而是潜在 GDP 本身的变动。

综上所述，经济学中关于经济周期成因的主要观点可以划分为外因论和内因论。外因论是在经济体系之外的某些要素的波动中寻找经济周期的根源，如战争、革命、石油价格、发现金矿、移民、科学突破、技术创新，甚至太阳黑子和天气，等等。与外因论不同，内因论则在经济体系内部寻找经济周期的机制和原因。这种理论认为，任何一次扩张都孕育着新的衰退和收缩，任何一次收缩也都包含着可能的复苏和扩张。

5. 给出有学者争论市场和政府在经济发展中应该发挥的作用。

(1)根据新古典及其增长理论，分析在长期与短期中市场在资源配置中的作用。

(2)根据凯恩斯及其增长理论，分析在长期与短期中政府在资源配置中的作用。

(3)结合中国经济现状，对政府和市场在资源配置中的作用提出你的建议。(南开大学2017研)

答：(1)新古典主义有两个重要的基本假设，一是价格弹性及工资弹性；二是理性预期。根据这两个基本假设，可以得出一些基本结论。价格弹性和工资弹性意味着当市场供求不均衡的时候，价格和工资会迅速调整使得市场供求均衡，即市场会自动出清。理性预期指"在决策过程中，经济当事人会有效地利用他所获得的信息来形成对于未来结果的预期，在相同的条件下，经济当事人关于未来结果的主观概率分布与客观概率分布相一致"。理性预期会导致货币政策无效论：如果货币供给变动能被人们正确地预期到，那么人们就不会形成货币幻觉，也不会因为这种名义变量的变动去调整自己的实际经济行为，那么预期到的货币供给变化无法影响实际经济变量。理性预期还意味着政府实施突然性的政策会成为经济波动的原因：突然性的政策通常会改变人们的预期，也会影响人们对经济预期的准确性，从而带来一些不利波动。

新古典主义增长理论中最典型的代表就是索洛增长模型。根据索洛模型，在短期中市场会自动出清，厂商也会通过追求利润最大化目标而实现生产资源最有效的配置。在长期中经济会自动实现其稳态增长，这个增长率取决于人口增长率、技术增长率和折旧率，不过这不完全由市场决定；此外，经济是否位于黄金律水平又取决于储蓄率是否合适，这也不完全由市场决定。

短期来看，因为理性预期和价格弹性假设，应当让市场在资源配置中发挥主要作用，这是因为市场机制也能够让资源实现有效率的配置。短期中不建议政府进行政策干预，若要进行政策干预则不应实行公众已经预期到的货币政策，且在实行财政政策的时候应更偏向于固定规则的政策。

从长期来看，尽管市场能自发地让经济实现稳态增长，但是市场不能引导经济实现更高的增长率或引导经济达到黄金律水平。因此这个时候市场在资源配置方面的能力是有限的，需要政府通过政策来影响人口增长率、技术增长率、储蓄率等改善经济的供给侧，让经济实现一个更好的稳态增长。

(2)凯恩斯主义认为短期中名义工资、名义价格具有刚性，因此短期中供求不能自动实现均衡(市场不出清是常态)，资源配置也不能实现最优。此外，名义工资过高的时候，就业、生产就不足，经济容易陷入萧条。在经济陷入萧条之后，名义工资和名义价格的调整极为缓慢，通常要很久才能走出萧条。

由上可见，短期中市场机制不足以实现资源的有效配置，十分需要政府的干预。在市场不能自动出清的时候，政府可以通过财政政策或货币政策来影响经济的需求侧，调整资源配置，让市场出清。在经济倾向于萧条的时候，政府也可以通过刺激需求来调整资源配置，帮助经济产出提高到自然产出，使经济更快地走出萧条。

凯恩斯主义没有成型的增长理论。对于长期的经济，凯恩斯主义认为长期中价格具有弹性，经济会实现其自然产出。经济的自然产出被提高的过程，即为经济实现其增长的过程。

在这个意义上，政府在长期中应当把提高经济自然产出水平来作为资源配置的目标。

(3)党的十八届三中全会提出“使市场在资源配置中起决定性作用”，这强化和扩大了市场配置资源的作用，是一个重大理论创新。因此，在关于市场和政府在资源配置中的关系这一问题上，既要使市场在资源配置中起决定性作用，又要更好发挥政府作用。

强调市场配置资源的决定性作用，是深化经济体制改革的需要。我国虽然初步建立了社会主义市场经济体制，但仍存在不少问题，主要是市场秩序不规范，以不正当手段谋取经济利益的现象广泛存在；生产要素市场发展滞后；市场规则不统一，存在部门保护主义和地方保护主义；市场竞争不充分，阻碍优胜劣汰和结构调整，等等。习近平同志指出，遵循市场决定资源配置规律，是要“着力解决市场体系不完善、政府干预过多和监管不到位问题”，并且“有利于抑制消极腐败现象”。

市场决定资源配置，主要涉及三个方面的“决定”事项：①价格不再由政府决定，而是在价值基础上由竞争机制和供求机制决定；②企业的生产经营活动不再由政府计划决定，而是由反映市场供求关系的市场信号决定；③消费方面不再是短缺经济和卖方市场下消费者没有选择权的状况，而是由消费者自己决定，也就是“消费者自由选择、自主消费”。

市场在资源配置中起决定性作用，并不是起全部作用。例如，发展国防军事工业、航天事业等，需要党和政府根据国家安全和长远利益作出决定。另一方面，使市场在资源配置中起决定性作用，主要涉及经济体制改革，但必然要影响政治、文化、社会、生态文明等领域，如经营性文化发展应引入市场机制，而公益性文化发展不能由市场决定。各个领域的改革和发展应有利于经济体制改革，为发挥市场配置资源的决定性作用提供有利条件、起推动作用；同时应明确，经济体制改革应“紧紧围绕使市场在资源配置中起决定性作用”来推进，其他领域的改革也有各自“紧紧围绕”的内容。社会主义政治建设、党的建设等，应有利于推进经济体制改革，但不能引入市场机制，更不能由市场决定。

市场决定资源配置，还要求更好发挥政府作用。在《决定》中，“使市场在资源配置中起决定性作用和更好发挥政府作用”是不可分割的一句话。强化和扩大市场作用的同时需要更好地发挥政府作用。除了加强和改善宏观调控，政府在市场经济中的一项重要职责是市场监管。市场配置资源的作用越大、范围越广，政府监管市场的职责也越大。政府还应完善市场经济体系、维护公平竞争、引导企业科学发展、防止收入差距过分扩大等。

通过市场与政府的配合，资源才能实现有效的配置，我国经济才能更好更快地发展。

附录　指定多恩布什《宏观经济学》教材为考研参考书目的院校列表

多恩布什所著的《宏观经济学》（第12版）（中国人民大学出版社）被列为“十三五”国家重点图书，是我国众多高校采用的宏观经济学优秀教材，也被众多高校指定为“经济类”专业考研参考书目，具体如下表所示。

高校	对应学院（专业）
北京大学	深圳研究生院
中央财经大学	西方经济学（复试）
对外经济贸易大学	全球价值链研究院、国际经济贸易学院、金融学院、保险学院、中国世界贸易组织研究院；国际经济贸易学院（博）、金融学院（博）、国际商学院（博）、信息学院（博）、保险学院（博）、中国世界贸易组织研究院（博）
北京外国语大学	国际商学院
北京航空航天大学	经济管理学院（微观经济学与宏观经济学）（博）
北京理工大学	管理与经济学院（博）
中国政法大学	商学院
华中科技大学	经济学院（博）
中山大学	粤港澳发展研究院、岭南学院、国际金融学院
华南理工大学	经济与贸易学院
上海理工大学	管理学院
湘潭大学	数学与计算科学学院、商学院

说明：

（1）本表虽尽量确保准确，但难免有所遗漏，请学员查看所报高校（包括科研机构）当年招生简章及参考书目。本表仅供参考！

（2）部分高校将该书列为相关专业考博参考书目，在本表中在相关学院（专业）后标注了“（博）”字样。

（3）部分高校将该书列为相关专业考研复试参考书目，在本表中在相关专业后标注了“（复试）”字样。

（4）有些高校除了指定多恩布什《宏观经济学》教材作为考研考博参考书目，但同时还指定其他宏观经济学教材作为参考书目，如中山大学，不能有所偏颇。

（5）报考中国人民大学等不指定考研参考书目的名校或报考南开大学等专业课考试难度远高于指定考研参考书目难度的学员来说，多恩布什《宏观经济学》教材以及本配套教辅等同样具有很高的价值，可供学员强化阶段和冲刺阶段使用。